국제개발협력 평가의 이해

국제개발협력평가의 이해

초판 1쇄 발행 2023년 4월 24일

지은이 박수영
펴낸이 장길수
펴낸곳 지식과감성ⁿ
출판등록 제2012-000081호

교정 김서아
디자인 이은시
편집 이은지
검수 이주연, 이현
마케팅 정연우

주소 서울시 금천구 벚꽃로298 대륭포스트타워6차 1212호
전화 070-4651-3730~4
팩스 070-4325-7006
이메일 ksbookup@naver.com
홈페이지 www.knsbookup.com

ISBN 979-11-392-1027-9(03340)
값 17,000원

- 이 책의 판권은 지은이에게 있습니다.
- 이 책 내용의 전부 또는 일부를 재사용하려면 반드시 지은이의 서면 동의를 받아야 합니다.
- 잘못된 책은 구입하신 곳에서 바꾸어 드립니다.

지식과감성ⁿ
홈페이지 바로가기

Introduction to International Development Cooperation Evaluation

국제개발협력 평가의 이해

박수영 지음

들어가며

혁신과 개방의 물결 속에서 공적 업무에 대한 효과성 증대 요구가 점점 더 높아지고 있습니다. 이런 상황 속에서 공여국 시민들의 세금으로 이루어지는 개발 원조 사업 또한 사업 성과를 명확하게 증명하라는 요구에 직면하고 있습니다. 이에 따라 개발협력 실무자들의 평가 학습 필요성 또한 비례하여 증가하고 있습니다. 개발협력에서의 평가는 개념에 대한 체계적인 학습과 더불어 실제 수행에 대한 실용 지식이 필요한 복잡한 주제입니다. 이 책은 평가와 관련된 다양한 개념과 의미를 정리하고, 단계별 평가업무 수행법을 예시와 함께 소개하고, 평가를 위한 실제 분석 도구tools와 조사 방법을 설명합니다. 따라서 보다 많은 학생들과 개발협력 실무자들이 이 책을 통해 종합적으로 성과관리를 이해하는 한편, 실제 업무 수행이 가능할 수 있도록 준비하였습니다.

이 책은 크게 네 부분으로 구성됩니다. 첫 번째 부분에서는 평가와 관련된 개념과 배경 이론을 알아봅니다. 먼저 1장에서는 평가의 정의, 원칙, 기준, 유형에 대해서 알아봅니다. 이어서 2장에서는 개발협력평가에서 논리적 기초가 되는 프로그램이론과 변화이론에 대해서 살펴봅니다. 두 번째 부분은 평가 단계별 업무를 소개합니다. 3장부터 5장에 걸쳐서 평가업무를 기획, 수행, 종료의 세 단계로 구분하여 단계별 수행 사항을 확인합니다. 세 번째 부분에서는 데이터data 수집과 분석법에 대해 알아봅니다. 개발협력평가에서 많이 사용되는 데이터 수집법에 대해 6장과 7장에서 확인한 후, 표본 추출에 대해 이어서 학습합니다. 9장에서는 수집한 데이터의 분석법에 대해 서술합니다. 마지막으로 네 번째 부분에서는 평가와 관련된 최근 이슈들을 보다 심도 있게 살펴봅니다. 계량적이며 실증적 성과 측정 방법으로 주목받고 있는 영향평가에 대해 10, 11장에 걸쳐 자세히 알아보도록 하겠습니다. 이어서 12장에서는 인도주의 위기 상황 증대와 함께 주목받고 있는 인도주의활동평가 방법과 특성에 대해 알아봅니다. 성과관리와 평가가 점차 중요해지는 지금 평가자가 평가 수행에서 지켜야 할 윤리 원칙과 평가 품질 보증 방법에 대해 13장을 통해 확인합니다. 마지막으로 개별 사업이 아닌 개발협력기관의 조직성과관리에 대해 14장에서 알아보도록 합니다.

많은 개발협력기관에서 평가는 이후 예산 배분과 집행의 기준이자 사업 선정의 기초 자료로 활용되고 있습니다. 따라서 명확한 평가가 이루어지지 못한다면, 오히려 개발협력의 효율성과 효과성을 저해하는 결과를 초래할 수 있습니다. 예를 들어, 특정 개발 도상국에서 교육 사업이 보건 사업보다 성과가 더 탁월하다는 평가 결과가 있다면, 그에 따라 교육 사업에 더 많은 예산을 배정하는 경우가 있을 수 있습니다. 그러나 만약 평가에서 논리적 오류가 있어 예산 배정의 근거가 되었던 성과평가 결과 자체가 잘못된 것이었다면, 우리는 평가 결과를 기반으로 예측했던 효과를 거둘 수 없게 됩니다. 이러한 평가의 중요성을 생각할 때, 관련된 전문가에게 평가에 대한 깊은 지식과 다양한 경험, 엄격한 윤리 기준을 요구하는 것은 당연합니다. 독자 여러분들이 이 책을 통해 평가의 정확한 의미를 학습하고 평가업무에 대한 실용적인 지식을 습득하여 평가 역량을 강화하는 데 도움이 되기를 바랍니다.

목차

들어가며   4

제1장
평가의 주요 개념
13

1. 평가 정의   14
2. 평가 목적   20
3. 평가 기준   23
4. 평가 원칙   31
5. 평가 종류   34

제2장
프로그램이론과 변화이론
40

1. 이론적 배경   41
2. 프로그램이론의 구성   43
3. 논리모형과 변화이론   55
4. 의미와 한계   67

제3장
평가 기획
73

1. 사전 조사   74
2. 평가 질문 개발   76
3. 평가계획서 수립   84

제4장
평가 수행
95

1. 평가수행계획서 작성   96
2. 데이터 수집   100
3. 현지 조사   108
4. 수행 관리   111

제5장
평가 종료와 보고
114

1. 평가결과보고서 작성 — 115
2. 평가 결과 소통 — 128
3. 평가 결과 활용 — 130

제6장
데이터 수집 I
134

1. 데이터 수집 전략 — 134
2. 문헌 조사 — 138
3. 인터뷰 — 146

제7장
데이터 수집 II
156

1. 포커스그룹 — 157
2. 전문가 판단 — 160
3. 설문 조사 — 164

제8장
표본 추출
181

1. 의미 — 181
2. 방법 — 183
3. 비무작위표집법 — 186
4. 무작위표집법 — 193

제9장
데이터 분석
200

1. 분석의 의미 — 200
2. 정성 분석 — 202
3. 정량 분석 — 214
4. 지표와 범위 — 223

제10장
영향평가 I: 정성평가와 RCT
230

1. 기여도분석 — 231
2. 가장중요한변화법 — 235
3. RCT와 인과추론 — 237
4. RCT 수행 방법 — 240
5. RCT 설계 시 고려 사항 — 245
6. RCT의 한계 — 251

제11장
영향평가 II: 준실험설계법
254

1. 전후비교법 254
2. 단절적시계열기획법 259
3. 비동등집단설계법 262
4. 회귀불연속기획법 265
5. 이중차분법 267

제12장
인도주의활동평가
272

1. 주요 개념 273
2. 모니터링과 평가 주기 278
3. 실시간평가와 공동평가 279
4. 주의 사항 284

제13장
평가 품질과 윤리
294

1. 평가 품질 294
2. 평가와 정치 302
3. 평가 윤리 307

제14장
조직성과관리
316

1. 배경과 의미 317
2. 사례 분석 322
3. 의미와 한계 327

참고문헌 334

표 목차

〈표 1-01〉 평가의 다양한 정의들　15
〈표 1-02〉 OECD DAC 평가 기준　30
〈표 1-03〉 평가의 종류　34
〈표 2-01〉 프로그램이론의 서로 다른 정의　43
〈표 2-02〉 논리모형 예시　56
〈표 2-03〉 PDM의 구조와 내용　58
〈표 3-01〉 평가 질문 유형　77
〈표 3-02〉 OECD DAC 평가 기준별 표준 질문　80
〈표 3-03〉 평가 질문 점검표　83
〈표 3-04〉 예산을 고려한 표본규모 조절　85
〈표 3-05〉 평가계획서의 구성　89
〈표 3-06〉 평가팀 업무 일자 산정 양식　91
〈표 3-07〉 평가 예산 항목 예시　93
〈표 4-01〉 평가매트릭스 양식　98
〈표 5-01〉 평가결과보고서 구성 예시　116
〈표 5-02〉 평가결과보고서 품질확인서　123
〈표 5-03〉 관리자답변매트릭스　131
〈표 6-01〉 SDGs 지표 관련 데이터베이스　140
〈표 6-02〉 문헌 자료 분류 기준　144
〈표 6-03〉 문헌 자료 선정 기준표 예시　146
〈표 7-01〉 개방형 질문과 폐쇄형 질문 비교　172
〈표 8-01〉 95% 신뢰 수준과 5% 오차 범위에 필요한 최소 표본 크기　185
〈표 8-02〉 엑셀로 생성한 난수표　195
〈표 9-01〉 코드와 코딩 구조 예시　206
〈표 9-02〉 코드 색인 예시　208
〈표 9-03〉 평가매트릭스를 활용한 삼각측량법　213
〈표 9-04〉 에티오피아인종 명목 데이터 빈도표　217
〈표 9-05〉 시험 성적 등간 데이터 빈도표　217

〈표 9-06〉 성별 만족도 조사결과표   219
〈표 9-07〉 QQT targeting 예시   225
〈표 13-01〉 유용성 세부 기준과 설명   295
〈표 13-02〉 타당성 세부 기준과 설명   296
〈표 13-03〉 정당성 세부 기준과 설명   297
〈표 13-04〉 정확성 세부 기준과 설명   298
〈표 13-05〉 책무성 세부 기준과 설명   299
〈표 13-06〉 AEA의 평가자를 위한 원칙   300
〈표 13-07〉 UNEG 평가 윤리 가이드라인의 평가 원칙   312
〈표 14-01〉 네덜란드 중점 지원 주제와 국별프로그램 연계   325

그림 목차

〈그림 2-01〉 프로그램이론의 구조   44
〈그림 2-02〉 변화이론 예시   49
〈그림 2-03〉 프로그램이론 예시   54
〈그림 2-04〉 PDM의 논리 체계   62
〈그림 2-05〉 변화이론 도식화 예시   66
〈그림 2-06〉 구체화된 변화이론 도식의 예시   67
〈그림 3-01〉 평가 기획 절차   74
〈그림 4-01〉 평가 수행 절차   96
〈그림 5-01〉 평가 종료 절차   114
〈그림 5-02〉 그래프를 활용한 시각화 예시   119
〈그림 5-03〉 워드클라우드를 사용한 핵심 단어 표현 예시   120
〈그림 9-01〉 상자수염그래프   220
〈그림 9-02〉 표준정규분포 그래프   221
〈그림 11-01〉 전후비교법   255
〈그림 11-02〉 단절적시계열기획법   260
〈그림 11-03〉 단순 비동등집단설계법   263
〈그림 11-04〉 코호트 비동등집단설계법   264

〈그림 11-05〉 기초선 추가 비동등집단설계법   264
〈그림 11-06〉 회귀불연속기획법   267
〈그림 11-07〉 이중차분법   269
〈그림 14-01〉 개발협력기관 조직성과관리틀   321
〈그림 14-02〉 네덜란드 원조 성과체계   323

상자 목차

〈상자 1-01〉 OECD DAC의 평가 정의   17
〈상자 1-02〉 모니터링과 평가 비교   19
〈상자 3-01〉 사업 평가 기획 수립에 필요한 주요 문서 예시   75
〈상자 3-02〉 사업 관련 주요 이해관계자 예시   76
〈상자 4-01〉 평가수행계획서 목차 예시   99
〈상자 6-01〉 반구조화인터뷰 추가 질문 예시   149
〈상자 6-02〉 인터뷰 체크리스트   151
〈상자 6-03〉 인터뷰기법 사용 시 유의점   152
〈상자 7-01〉 포커스그룹 사용 시 유의점   159
〈상자 7-02〉 평가에서 델파이 기법 사용   164
〈상자 7-03〉 설문 조사 질문 작성에서 발생 가능한 실수   178
〈상자 7-04〉 설문 조사 시 유의점   179
〈상자 8-01〉 미국 대선 여론 조사와 표집틀의 중요성   184
〈상자 10-01〉 평가 협약서 주요 내용   242
〈상자 12-01〉 인도주의활동 원칙   275
〈상자 12-02〉 인도주의 지원 평가 기준   277
〈상자 13-01〉 뉘른베르크 강령   308
〈상자 13-02〉 터스키기 매독 실험   310

제1장
평가의 주요 개념

평가는 개발협력분야에 국한되어 사용되는 개념은 아니다. 학창 시절 우리는 학업 성취도를, 어학 능력을, 체력을 '평가' 받았다. 최근 들어, 많은 나라에서 정부는 대규모 인프라 사업을 추진하기 전에 사업이 환경에 미치는 영향에 대해 환경 영향 '평가'를 실시한다. 기업들은 신규 프로젝트를 수행하기 전에 프로젝트의 경제성 '평가'를 실시하고, 수익률을 측정한다. 평가는 우리 생활과 사회 전 분야에 걸쳐 다양한 의미로 광범위하게 활용되고 있다.

개발협력기관 역시 업무 효과성 증진과 책무성 강화를 위해 평가를 점차 더 다양하게 활용하게 되었다. 개발협력평가를 효과적으로 수행하기 위해서는 평가에 사용되는 주요 개념과 논리에 대한 이해가 선행되어야 한다. 따라서 이 장에서는 개발협력평가의 기본적인 개념 체계를 살펴본다. 우선 개발협력에서 평가의 정의와 의미를 확인하고, 개발협력평가의 두 가지 주요 목적을 알아본다. 이어서 개발협력평가 수행의 기초가 되는 평가 기준과 원칙을 학습하고 다양한 평가의 종류를 차례로 살펴본다.

1. 평가 정의

현대 사회에서 일반적인 의미의 평가evaluation는 정확성을 갖고 성과물을 측정하기 위해 이루어진다. 평가는 심사, 사정, 검사, 판단, 측정, 평정, 검토, 시험 등의 단어로 대체되거나 설명되기도 한다. 넓은 의미에서 평가는 "어떤 것의 장점, 가치, 의미, 중요성을 결정하는 체계적인 과정Evaluation is the systematic process to determine merit, worth, or value, or significance of some thing"이라고 정의될 수 있다(Scriven, 1991: 139). 이 정의는 이후 미국평가협회American Evaluation Association, AEA에 의해서도 채택되었으며, 많은 분야에서 활용되고 있다.

하지만 〈표 1-01〉이 보여 주고 있듯, 평가에 대해 합의된 정확한 정의는 여전히 부재하다. 우선 평가는 체계적인 조사 과정으로 이해된다. 여기에 에드워드 써치만Edward Suchman부터 마이클 스크리븐Michael Scriven, 캐롤 웨이스Carol Weiss 등의 학자들은 비교 기준이 필요하다는 점을 추가한다. 한편, 마이클 퀸 패튼Michael Quinn Patton이나 달린 루스-에프트Darlene Russ-Eft, 할리 프리스킬Hallie Preskill과 같은 학자는 평가의 정의에 책무성, 정보 제공과 같은 평가 목적을 포함한다.

반면, 써치만, 스크리븐 등은 평가를 대상에 대한 분석으로만 한정하고, 목적을 정의에 포함하지 않았다. 이들은 평가가 의사 결정이나 개선을 위해 활용되는 것은 평가가 종료된 이후 이해관계자의 판단에 따라 좌우되는 부분이므로, 이러한 목적은 평가 자체의 정의에 포함될 수 없다고 보았다.

하지만, 실제 상황에서 평가는 종료 이후뿐만 아니라 진행되는 도중에도 개선에 활용되는 경우가 있다. 결론적으로 평가가 산출한 결과는 미래를 위한 정보를 생산한다는 점에서 평가는 개선을 위한 정보 제공을 목적으로 하는 체계적인 조사 과정이라고 정리할 수 있겠다.

〈표 1-01〉 평가의 다양한 정의들

학자	정의
써치만 (Suchman, 1968: 2-3)	평가는 활동 프로그램이 무엇을 성취하는지에 대한 객관적이고 유효한 측정치를 확보하기 위해 과학적 방법론을 적용한다. 평가 조사는 바람직한 변화의 종류와 그러한 변화를 위한 수단, 그리고 그러한 변화를 인지할 수 있는 지표에 대해 질문한다.
스투플빔 (Stufflebeam, 1973: 129)	평가는 결정 대안 판단을 위한 유용한 정보를 기술하고, 확보하고, 제공하는 과정이다.
스크리븐 (Scriven, 1991: 139)	평가는 어떤 것 또는 그 과정의 결과물의 장점, 가치, 가격을 결정하는 과정을 일컫는다. 이 과정의 전부 또는 일부를 표현하기 위한 용어 또는 심사, 분석, 심의, 비평, 조사, 품평, 시험, 판단, 측정, 순위 매김, 검토, 연구, 검사… 등을 포함한다. 평가 과정은 일반적으로 가치, 장점, 가격에 대한 적용 가능한 기준을 확인하고, 기준에 대해 평가대상의 성과를 조사하고, 평가 완료 또는 관련된 평가들의 완성을 위한 결과의 통합 또는 합성으로 이루어진다.
패튼 (Patton, 1997: 23)	프로그램 평가는 프로그램을 판정하고, 프로그램 효과성을 개선하고, 미래 프로그래밍에 대한 결정 관련 정보를 제공하기 위해 프로그램의 활동, 특성, 성과에 대한 체계적인 정보의 수집이다.
베둥 (Vedung, 1997)	평가는 미래의 현실적인 상황에 역할을 수행하기 위해, 정부 개입의 산출물과 성과, 집행의 장점, 가치, 가격에 대한 회귀적이고 신중한 심사이다.
웨이스 (Weiss, 1997: 3-4)	평가는 암묵적인 또는 명시적인 기준에 대한 (개인, 사물, 아이디어) 현상 조사 및 가중치 부여이다. 공식적 평가는 프로그램이나 정책의 개선에 기여하기 위해, 암묵적이거나 명시적인 기준 대비 그 정책이나 프로그램의 성과 또는 수행에 대해 실시하는 체계적인 심사이다.

학자	정의
프리스킬과 토레스 (Preskill and Torress, 1999: 1-2)	우리는 평가 연구를 중요한 조직 이슈의 이해와 조사를 위한 지속적 과정으로 여긴다. 평가는 조직 업무 수행과 완전히 통합된 학습에 대한 접근법이며, 그러므로 (가) 평가 논리를 활용하여 중요 이슈를 탐구하는 조직 구성원의 관심과 능력과, (나) 조직 구성원의 평가 과정에 대한 참여, (다) 조직 내에서 사적인, 전문적인 개인의 성장을 초래한다.
로시 외 (Rossi et al., 2004: 28)	프로그램 평가는 사회 개입 프로그램의 효과성을 체계적으로 조사하는 사회 조사 방법론의 활용이다. 그것은 사회과학분야의 개념과 기법을 준용하며, 프로그램을 개선하는데 기여하고 사회 문제를 완화하는 사회적 행동에 정보를 제공한다.
도날드슨과 크리스티 (Donaldson and Christie, 2006: 250)	평가는 "그것이 효과가 있는가?", "누구에게 그것이 가장 효과가 있나?", "어떤 조건에서 그것은 효과가 있나?", "우리는 그것을 어떻게 개선할 수 있나?" 와 같은 핵심적 질문에 답하여 의사 결정을 위한 정보를 생성한다. 평가자는 프로그램 이해관계자에게 이러한 중요 질문에 대한 옹호 가능한 답을 제공한다.
루스-에프트와 프리스킬 (Russ-Eft and Preskill, 2009: 6)	평가는 프로그램, 과정, 산출물, 시스템 또는 조직이 얼마나 잘 작동하는지와 관련된 중요 질문들에 대한 답을 찾는 연구의 한 형태이다. 평가는 전형적으로 의사 결정 목적으로 수행되며, 다양한 이해관계자에게 활용되어야 한다.
교육적평가 기준 합동위원회 (Joint Committee on Standards for Educational Evaluation), 야브로우 등 (Yarbrough et al., 2010: xxv)	확인된 이해관계자를 궁극적으로는 조직적 또는 사회적 가치 개선에 기여하거나 책무성을 위해 이끌도록 하는 필요에 대응하여 의사 결정, 판단, 새로운 지식을 목적으로 하는 프로그램, 프로젝트 그리고 그것들의 하위 부분의 품질에 대한 체계적 조사를 해야 한다.
AEA	평가는 장점, 가치, 중요성, 가격을 결정하는 체계적인 과정이다.
첸 (Chen, 2015: 6)	프로그램 평가는 개입과 관련되어 특히 무엇, 누구, 어떻게, 왜, -인지 아닌지와 같은 질문에 대답하기 위한 체계적으로 실증 데이터와 맥락 정보를 수집하는 과정이며, 프로그램의 기획, 실행, 효과성 심사를 지원한다.

출처: Wanzer, 2021: 30.

개발협력development cooperation에서 평가의 정의는 위에서 서술한 일반적인 평가의 정의에 비하여 상대적으로 명확하다. 경제협력개발기구Organization for Economic Cooperation and Development: OECD의 개발원조위원회Development Assistance Committee: DAC는 1991년 개발협력에서 평가의 의미를 명확하게 정의하였고, 대부분의 개발협력기관은 평가 관리에 OECD의 정의를 활용한다. 〈상자 1-01〉은 OECD DAC이 정리한 개발협력에서 평가의 정의가 일반적인 평가 정의의 개념의 틀 안에서 확립되었음을 보여 준다. 일반적인 의미에서 평가가 판단이나 개선을 위해 유용한 정보를 제공하는 체계적인 조사라는 의미를 담고 있다. 개발협력 평가또한 의사 결정을 지원하는 정보와 교훈을 제공하는 체계적인 과정으로 정의된다.

〈상자 1-01〉 OECD DAC의 평가 정의

평가란 진행 중인 또는 완료된 프로젝트, 프로그램, 정책의 기획, 집행과 결과에 대해 가능한 체계적이고 객관적인 심사를 말한다. 평가의 목적은 개발 목표에 대한 충실성과 연관성, 개발의 효율성, 효과성, 영향력과 지속가능성을 측정하는 것이다. 평가는 유용하고 신뢰할 만한 정보를 제공하여 수원국과 공여국의 의사 결정 과정에 교훈을 제시할 수 있어야 한다.

An assessment, as systematic and objective as possible of an on-going or completed project, programme or policy, its design, implementation and results. The aim is to determine the relevance and fulfilment of objectives, developmental efficiency, effectiveness, impact and sustainability. An evaluation should provide information that is credible and useful, enabling the incorporation of lessons learned into the decision-making process of both recipients and donors.

출처: OECD DAC, 1991: 5.

OECD DAC의 정의는 개발협력평가에 대해 몇 가지 정보를 알려

준다. 첫째, 통상적인 믿음과 달리 평가는 진행 중인 사항에 대해서도 수행될 수 있다. 더 나아가 현재 개발협력에서는 사업 초기 기획 단계에 대한 사전평가의 중요성을 강조하고 있다. 둘째, 평가는 프로젝트나 프로그램program과 같은 개발협력 사업뿐만 아니라 정책이나 전략을 대상으로 할 수도 있다. 따라서 이 책에서는 평가의 대상이 되는 프로젝트, 프로그램, 정책 등을 모두 포괄하여 개입intervention 또는 평가대상evaluand이라고 지칭할 것이다. 셋째, 개발협력평가는 적절성, 효율성, 효과성, 영향력, 지속가능성을 측정한다. 2019년에 일관성coherence이 추가되어 현재 OECD DAC는 여섯 개 영역의 평가 기준evaluation criteria을 제시하고 있다. 넷째, 평가는 유용한 정보를 제공하여 정책 결정 과정에 유용한 교훈lessons learned을 제시해야 한다. 종합하면, 일반적인 평가의 정의들이 대부분 포함하고 있는 바와 유사하게 개발협력평가의 주요 목적 또한 체계적인 심사를 통한 교훈 제공이다.

한편, 평가와 유사한 개념으로 모니터링monitoring이 있다. 흔히, 모니터링과 평가는 M&EMonitoring&Evaluation로도 불리며, 한쌍처럼 여겨지기도 한다. 모니터링과 평가는 구분이 모호하고, 때로 혼용되어 사용되기도 하지만 둘은 다른 개념이다. 개발협력에서 모니터링과 평가의 차이는 그 분석의 깊이에서 기인한다. 모니터링은 단순히 계획 대비 실행 정도 또는 예산 집행 정도를 점검하는 데 반하여 평가는 모니터링에서 더 나아가 실행 차이 등의 이유를 분석하는 데 초점을 맞춘다. 즉, 모니터링에서는 문제 발생 또는 계획 달성 실패라는 결과만을 보여 주는 데 반해 평가는 '왜 문제가 발생했는지' 또는 '왜 계획 달성에 실패했는지'와 같은 원인을 깊이 분석한다. 〈상자 1-02〉는 모니터링과 평가의 차이를 구분하여 보여 준다.

〈상자 1-02〉 모니터링과 평가 비교

모니터링	평가
▷ 지속적	▷ 한시적
▷ 사업 목적을 그대로 인정	▷ 사업 목적을 상위 목표나 해결해야 할 개발 문제와 연계하여 평가
▷ 기수립된 지표를 그대로 인정	▷ 기수립된 지표의 적정성이나 유효성도 평가
▷ 기수립된 지표에 따라 사업 수행 과정 추적	▷ 사업 이외 보다 넓은 이슈 포함 가능
▷ 의도된 결과에 중점	▷ 의도된 결과와 의도하지 않은 결과 모두 분석
▷ 정량 평가 방법 사용	▷ 정량적, 정성적 방법 모두 사용
▷ 주기적으로 데이터 수집	▷ 다양한 자료 수집
▷ 인과 관계 분석 없음	▷ 인과 관계에 대한 설명
▷ 주로 사업 수행 부서가 직접 수행	▷ 주로 외부 또는 독립 평가 부서가 수행

개발협력사업 수행 형태가 개별 프로젝트 지원에서 국별 프로그램 지원, 공동 기금 지원(basket fund assistance), 재정 지원(budget support) 등으로 변화하면서 개별 사업에 대해 추진 중 또는 종료 직후 수행되는 평가는 점차 중간보고 및 종료보고 등의 형태로 축소 또는 통합되는 추세이다. 새로운 사업 수행 방식에 따라 분야별평가, 주제별평가, 국별평가, 공동평가 등에 초점을 맞추어 보다 심도 있는 분석을 수행하는 방향으로 평가 방식이 변화하고 있다.

2. 평가 목적

　개발협력에서 평가는 크게 두 가지 목적을 위해 수행된다. 하나는 학습lessons learning이며, 다른 하나는 책무성accountability이다. 평가의 첫 번째 목적인 학습은 평가를 통해 타 사업이나 추진 중인 사업을 개선할 수 있는 방법이나 지식을 생산하는 것을 의미한다. 평가를 통해 생산된 지식은 사업의 계속적인 추진 여부를 결정할 때, 사업 추진 전략을 효율적으로 수정할 때, 새로운 사업 추진 전략을 수립할 때 유용한 정보로 활용되게 된다. 이러한, 학습 중심 평가는 조직, 집단, 개인의 배움을 촉진하는 것을 목적으로 한다. 학습 중심 평가는 무엇이 효과적이었고, 무엇이 효과적이지 않았으며, 어떻게 성과를 개선할 수 있을지를 실제 사례를 통해 분석하므로 실질적이고 구체적인 학습이 가능하다는 장점이 있다.

　평가가 참여자의 학습을 촉진할 수 있지만 평가만으로는 조직적 학습을 이룩할 수는 없다. 학습하는 조직learning organization일수록 평가를 통해 지식을 생산하고 역량을 강화할 수 있다. 평가를 통해 학습과 개선을 달성하는 학습하는 조직은 학습을 촉진하는 조직 문화와 환경이 구축되어 있으며, 리더십leadership이 학습을 지지하고, 평가를 학습으로 활용할 인적, 재무적 자원을 확보하고 있어야 한다.

　한편, 평가를 통해 지식이나 개선 방안을 생산하는 일은 어떻게 보면 상대적으로 쉬운 부분이다. 어려운 부분은 이렇게 생산된 지식을 실제로 활용하는 환류, 즉 피드백feedback 부분이다. 개발협력기관은 평가를 통해 생산된 지식이 실질적으로 활용되도록 다양한 제도적 장치를 갖추며 노력하고 있지만, 여러 가지 현실적인 한계로 여전히 어려움이 있다. 이 부분은 후에 '제5장 평가 종료와 보고'에서 보다 상세히 다루도록 하겠다.

평가의 두 번째 목적은 책무성 확보이다. 책무성이란 원칙적으로 위임자가 어떤 업무를 대리인에게 위임할 때, 대리인이 위임자에게 업무의 진행 상황과 결과에 대해 보고할 의무를 의미한다. 예를 들어, 정부는 납세자인 국민에게 정부 업무를 보고할 책임을 갖는다. 많은 경우, 대리인은 위임자의 이익을 위해 위임받은 업무를 수행하므로 위임자는 곧 대리인이 수행한 업무 결과의 수혜자가 된다.

그러나 개발협력에서 책무성은 조금 더 복잡한 의미를 갖는다. 좁은 의미로 개발협력에서 책무성은 원조 사업을 위임한 납세자인 공여국 국민에 대한 공여국 원조 수행 기관의 보고 의무를 의미한다. 그러나 원조 사업의 경우 위임자와 수혜자가 동일하지 않다는 특성을 갖는다. 원조 사업 수행 결과에 대한 수혜자는 수원국[1] 국민이 되기 때문이다. 한편, 개입을 통해 수혜자만 발생하는 것은 아니다. 혜택이 아닌 다른 종류의 영향을 받는 사람들이 발생할 수 있으며, 심지어 피해자가 생길 수도 있다. 따라서 개발협력기관은 개입을 통해 영향을 받은 사람들에 대해서도 책무성을 갖게 된다.

---

1) 원조를 받는 국가를 이전에는 수원국가로 표기했으나 현재는 파트너국가라는 표현을 더 많이 사용한다.

수원국 관련 책무성에서 수혜자라는 개념이 개입의 다양한 영향을 받는 사람들로 확대되었듯이, 공여국 관련 책무성도 다양한 층위와 측면을 갖는다. 예를 들어, 책무성은 종종 외부와 내부 책무성으로 구분된다. 개발협력기관은 내부의 이사회에 대해서도, 국회 등의 외부 기관에 대해서도 책무성을 갖는다. 한편, 책무성은 특성에 따라 크게 재정책무성(financial accountability)과 성과책무성(performance accountability)으로 구분될 수도 있다. 재정책무성은 예산의 분배, 할당, 사용 문제에 대한 책임을 의미하며, 성과책무성은 결과에 대한 책임성을 의미한다. 일반적으로 개발협력에서 재정책무성은 감사나 회계에서 점검되며, 성과책무성은 평가를 통해 확인된다.

개발협력평가에서 책무성은 주로 개입을 수행한 기관이 주어진 조건 아래에서 성공적으로 업무를 수행했는가, 즉 성과책무성을 의미한다. 평가대상이 되는 개발 활동들이 의도했던 성과를 달성했는지, 달성했다면 달성 정도를 측정한다. 평가의 목적이 책무성 측정일 때 평가는 주로 계획과 실행 단계의 질을 측정하는데 초점을 맞추게 된다. 따라서 책무성을 목적으로 하는 평가는 주로 개입 수행 과정 또는 성과를 확인할 수 있는 종료 단계에서 주로 수행된다. 또한, 개입이 달성한 성과 정도를 확인할 수 있으므로, 고위 관리자나 이사회 보고 자료로도 활용된다. 일반적으로 평가의 목적이 책무성 측정인 경우, 그 평가를 총괄평가(summative evaluation)라고 부르기도 하며, 학습일 경우 형성평가(formative evaluation)라고도 구분한다.

3. 평가 기준

모든 평가는 평가대상의 이익 또는 가치를 평가하는 명확한 혹은 내재적인 기준 갖는다. 개발협력에서도 평가자는 평가 기준에 기초하여, 개별 평가를 위한 평가 항목들을 선정한다. 개발협력평가는 OECD DAC에서 권장하는 평가 기준을 주로 준거로 사용한다. OECD DAC의 평가 기준evaluation criteria은 1991년 처음 만들어졌으며, 적절성relevance, 효율성efficiency, 효과성effectiveness, 지속가능성sustainability, 영향력impact의 다섯 개 항목으로 구분되었다.

지속가능발전목표Sustainable Development Goals, SDGs 체제를 맞이하여 OECD는 2017년 평가 기준 개정 필요성과 가능성을 검토할 것을 결정했다. 이후 OECD DAC 개발평가네트워크The OECD DAC Network on Development Evaluation, EvalNet는 2년간 개정 작업을 추진했다. 2019년 OECD는 지난 30년간 개발협력평가에서 활용된 교훈을 분석하고, SDGs와 유엔기후변화협약UN Framework Convention for Climate Change, UNFCCC 체제의 파리협약Paris Agreement과 같은 새로운 개발 목표들을 반영하여 평가 기준을 개정한다. 평가 기준은 기존의 다섯 개에 '일관성coherence'이 추가되어 여섯 개의 기준 체계로 변화했다. 개발협력평가자는 수행하는 평가의 목적에 따라 여섯 개의 기준 모두 또는 일부에 대해 평가 항목을 세분화하고 평가 질문을 개발하여 평가를 수행한다. 물론 OECD DAC이 제시하는 여섯 개 평가 기준 외에 다른 기준을 추가하여 평가를 수행하는 것도 가능하지만, 이 책은 개발협력평가에서 가장 많이 활용되는 OECD DAC의 여섯 개 평가 기준에 대해 알아본다.

적절성

적절성relevance이란 '개입이 올바른 일을 하고 있는가Is the intervention doing the right things?'라는 질문에 대한 답이다. 즉, 적절성은 개입의 목표들과 기획이 변화하는 상황 속에서도 지속적으로 글로벌global, 수원국, 파트너partner/제도institution의 요구needs와 정책 우선순위priority, 또는 이해관계자stakeholder를 고려하여 적절하게 마련되었는지의 정도를 의미한다. 여기서 '적절하게 마련되었는지'란 개입의 목표들과 기획이 개입 대상 지역의 경제, 환경, 사회, 정치 경제, 그리고 역량 조건들에 얼마나 부합하도록 마련되었는지의 정도를 의미한다. '파트너/제도'란 개입을 주관하거나 실행 또는 자금을 제공하는 중앙, 지방 또는 지역 정부, 시민사회단체, 민간단체 또는 국제기구들을 의미한다.

적절성 평가에서는 첫 번째로 요구에 대한 충족도를 점검한다. 만일 평가대상이 중요한 개발 요구를 직접적 또는 간접적으로 충족시키지 못한다면 이는 적절성이 있다고 할 수 없다. 두 번째로는 이해관계자들에게 유효한 정책들과 우선순위에 부합했는지를 확인한다. 한편으로는, 개입이 개발 문제 개선을 위해 선택한 문제 해결 방법 즉, 사업 추진 시 사용된 관련 기술이 수원국에 기술적으로 적합한지도 확인할 수 있다. 적절성을 평가할 때는 목적뿐 아니라 수단도 평가한다. 평가자는 개입이 사용자나 다른 이해당사자의 생활 유형이나 사업 대상 지역 및 수원국의 정치 사회적 조건들을 고려하여 적절한지 여부를 확인한다.

적절성은 사업의 모든 단계에서 중요한 의미를 갖는다. 사업 수행 기관은 계획과 준비 단계에서 개발 활동의 적절성을 측정하고 그에 따라 적절한 전략을 수립해야 한다. 이후에 중간 및 사후평가 시 평가자는 계획 단계에서 수립된 전략의 적절성이 유효한지 분석한다. 즉, 적절성 측정은 서로 다른 우선순위나 수요 사이의 차이 또는 교환(trade-off)을 살펴보는 것이며, 개입이 변화 속에서도 적절하게 유지되도록 수정되는 정도를 분석한다.

일관성

다른 개입들과 평가대상이 되는 개입 간에는 일정 정도로 상호 지지 또는 약화의 관계가 존재한다. 따라서 개입이 효과적으로 성과를 달성하기 위해서는 다른 개입과의 관계 분석이 필요하다. 특히, 개발협력의 행위자가 다양해지고, 개발협력정책과 다른 분야 정책들 간의 연계성이 심화되는 지금, 개입 간의 상보성 강화는 보다 중요한 의미를 갖게 되었다. 다양한 행위자가 참여하는 인도주의지원활동의 증대도 일관성의 의미가 강조되는 원인이 되었다. 이러한 변화를 반영하여 2019년에 일관성이 평가 기준으로 추가되었다.

일관성(coherence)은 '개입이 얼마나 잘 어울리는가(How well does the intervention fit)?'에 대한 내용이다. 즉, 개입이 발생하는 국가, 분야 또는 제도 내에서 관련된 다른 개입들과의 정합성을 의미한다. 다시 말하면 일관성은 다른 개입들과 평가대상이 되는 개입이 서로를 지원하는지 또는 방해하는지 정도를 분석한다. 일관성은 내부일관성과 외부일관성으로 구분된다. 내부일관성은 동일한 기관이나 정부에 의해 수행되는 다른 개입과의 정합성 및 그 기관이나 정부가 준수해야 하는 관련 국제 규범이나 기준과의 정합성을 포함한다. 외부일관성은 같은 상황 속에 있는 다른 행위자의 개입과의 정합성을 의미한다. 즉, 다른 개입과의 조화, 상보성, 협력 정도와 중복 회피를 통해 추가되는 가치를 측정한다.

효과성

효과성 Effectiveness 은 '개입이 목표들을 달성하고 있는가 Is the intervention achieving its objectives?'를 측정한다. 효과성은 개입이 목표들과 성과를 어느 정도 달성했는지 또는 달성할 것으로 예상되는지를 측정한다. 단순히 말하면 효과성은 개입이 기획한 목표를 달성하여 의도한 성과를 생산해 냈는가를 측정한다. 따라서 효과성 분석은 현재 개발협력평가에서 중요하게 여겨지는 이슈이다. 효과성을 분석할 때는 성과 달성 경로, 이해관계자, 상대적 중요성을 고려하는 것이 바람직하다. 개입의 어떤 요소가 목표 달성에 기여했는지, 성과는 어떤 절차나 과정을 통해 달성되었는지를 파악하여, 계획 또는 의도했던 성과 달성 경로와 실제 결과의 차이를 비교한다. 또한, 개입의 성과가 서로 다른 이해관계자 집단에게 상이한 영향이 있었는지를 확인한다.

효과성을 평가할 때, 산출물 차원에서의 효과성이 상위 목표인 영향력 Impact 의 달성으로 이루어지지 않는 경우도 있다는 것을 유념해야 한다. 개입이 계획한 산출물을 생산했다는 사실이 개입이 의도한 성과목표를 달성하는 것으로 반드시 이어지는 것은 아니다. 예를 들어, 모성보건 증진을 목표로 보건소 건립 사업을 수행하고, 계획한 모든 시설을 완공했더라도 주민들이 보건소를 이용하지 않는다면 또는 수원국이 보건소 운영 예산을 지급하지 않는다면 모성 보건 증진이라는 성과목표는 달성하지 못할 것이다. 평가자는 개입이 생산한 성과 또는 달성한 목표 사이의 인과 관계와 상대적인 중요성을 고려하고, 의도하지 않은 결과가 발생하였는지 확인하여 결론을 도출한다.

효과성 평가는 현실적으로 매우 어려움이 많다. 개입의 효과성을 측정하는 데 기준이 되는 기준치 정보가 부재하거나 명확하지 않은 경우가 많으며, 개입의 결과를 객관적으로 입증하는 기록이나 설명이 없는 경우도 있다. 또한, 개발협력개입은 다양한 외부 효과에 노출되어 있다. 개입이 목표를 달성하는 데 영향을 미치는 외부의 변수가 다양하기 때문이다. 한편, 산출물에서 중장기 성과로 갈수록 개발 목표가 계량 가능하지 않거나 모호한 경우가 많아 측정하기 어려울 수도 있다. 따라서 평가담당자는 평가의 한계를 명확히 인지하고 관련 상황을 현실적으로 분석하여 평가를 수행한다.

효율성

효율성 efficiency 은 '자원이 얼마나 잘 활용되고 있는가 How well are resources being used ?'를 의미한다. 효율성은 개입이 경제적이고 시의적절한 방식으로 수행되었는지 또는 수행될 것인지를 측정한다. '경제적 economic'이란 자금, 전문성, 천연자원, 시간 등의 투입 요소들이 가용한 다른 방식에 비해 가능한 가장 비용 효과적인 방식으로 산출물, 성과목표, 영향이라는 개발성과로 전환되었는지를 의미한다. '시의적절한 timely'이란 의도한 기한 내에 또는 변화하는 상황에 따른 수요를 고려하여 적절하게 수정된 기한 내에 개입이 수행되었는지를 의미한다. 한편, 효율성은 개입의 자원 활용 관리 체계 효율성을 측정하여 평가될 수도 있다. 따라서 효율성을 분석할 때는 경제적 효율성, 관리 효율성, 시의적절성의 세 가지 요소를 모두 고려하는 것이 바람직하다.

영향력

영향력impact은 '개입이 어떠한 변화를 가져왔나What difference does the intervention make?'에 대한 답이다. 즉, 개입이 유의미한 긍정적인 또는 부정적인, 의도한 또는 의도하지 않은 영향을 발생시킬 것으로 예측되는가 또는 발생시켰나를 측정한다. 영향력은 개입이 최종적으로 어떤 유의미한 결과를 도출하였는지와 잠재적으로라도 혁신적인 변화의 효과transformative effects가 있었는지 다룬다. 즉, 개입으로 인해서 장기적으로 또는 더 넓은 범위에서 사회적, 환경적, 경제적 영향이 어떻게 발생하는지를 분석한다.

영향력 평가는 어떤 의미에서는 효과성 평가의 확대라고 볼 수 있다. 효과성이 개입 종료 직후 단기 목표의 달성 정도를 분석한다면, 영향력은 개입 종료 후 삼 년 정도 이후의 장기적 시점에서 개입이 초래한 다양한 영향을 다룬다. 이를 위해 영향력을 분석할 때는 개입이 포함된 시스템이나 기준을 통합적으로 조사하거나 수혜자의 복지 수준에 대한 잠재적 영향 정도 또는 인권, 성평등, 환경에 대한 이차적인 영향 등을 분석한다. 영향력 평가 또한 효과성 평가와 유사한 외부 효과 및 기준치 정보의 문제점을 가질 수 있다는 점에 유의해야 한다.

지속가능성

지속가능성sustainability은 '혜택이 지속될 것인가Will the benefits last?'를 확인한다. 즉, 개입이 완료된 이후 개입이 의도한 혜택이나 이익이 장기적으로 지속될 가능성을 확인한다. 따라서 평가자는 지속가능성을 평가할 때, 개입의 순수한 편익을 유지하는 데 필요한 시스템의 재정적, 경제적, 사회적, 환경적, 제도적 역량capacity을 분석한다. 지속가능성에 영향을 미치는 요소들은 다양하다. 수원국 우선순위, 주인 의식과 참여가 높을수록 지속가능성이 높다. 또한 개입이 수원국의 제도적 문화적 환경과 부합하고 개입을 인수한 기관의 재정적 역량이 높을수록 지속가능성은 높아질 것이다. 개입에 사용된 기술이 수원국의 환경에 부합하며, 운영 및 관리 조직의 역량이 높을수록 역시 지속가능성은 강화될 것이다.

환경적 영향이나 다른 요소와의 관계를 고려할 때 지속가능성 분석은 회복력resilience, 위험 또는 잠재적인 교환trade-offs을 포함하는 것이 바람직하다. 한편, 평가가 수행되는 시기에 따라서 지속가능성은 다른 방식으로 수행된다. 사후평가에서는 실제 순편익net benefits의 흐름을 분석할 수 있지만, 사업 종료 전에는 중장기적으로 순편익이 지속될 가능성을 측정하는 방식으로 수행될 수 있다.

〈표 1-02〉 OECD DAC 평가 기준

적절성	개발 사업의 목표들이 수혜 대상의 필요와 우선순위를 충족하고 수혜국과 공여국의 정책에 부합하는 정도
일관성	개입과 다른 정책 간의 정합성
효과성	사업 목표의 달성 수준
효율성	다른 대안을 감안할 때 개발 사업으로 인한 비용이 얼마나 합리화될 수 있는가. 즉 여러 투입물이 경제적으로 사용되어 산출물 및 성과로 전환된 정도
지속가능성	평가대상 정책 시행 후 또는 사업 종료 후 긍정적 효과가 장기적으로 지속될 수 있는 정도
영향력	개발 사업의 긍정적 또는 부정적, 의도한 또는 의도하지 않은 효과의 전체적인 결과

〈표 1-02〉는 OECD DAC의 여섯 개 평가 기준을 정리하여 보여준다. 하나의 개입을 평가할 때, 여섯 개 기준을 모두 적용할 수도 있다. 다만, 앞서 서술한 바와 같이 평가대상의 성격과 평가의 범위, 시기, 평가 예산, 평가 일정 등에 따라 여섯 개 기준을 모두 평가하는 것이 어려울 수 있다. 평가자가 평가대상의 특성과 평가의 목적 등을 고려하여 각 평가별로 중점적으로 평가가 필요한 기준을 몇 가지 선정하고, 기준별로 세부 평가 질문을 작성한 뒤 평가를 수행하는 것도 가능하다.[2]

---

[2] 평가 기준이 실제 평가 질문으로 개발된 예시는 '제3장 평가 기획'의 〈표 3-02〉 참조.

4. 평가 원칙

개발협력평가업무를 수행할 때 평가자가 준수해야 할 원칙들이 존재한다. 다양한 개발협력기관들은 기관별로 평가업무 수행을 위한 지침이나 가이드라인guideline을 수립하고, 기관별로 준수해야 한다고 판단하는 사항들을 정리하여 평가업무 수행의 원칙으로 제시한다. 기관별로 차이는 있으나, 파트너십, 공정성, 객관성, 투명성, 진실성의 다섯 개 원칙은 공통적으로 자주 포함된다. 평가 원칙은 결국 평가를 의뢰하거나 수행하는 기관과 평가자가 평가를 기획하고 수행할 때 준수해야 하는 기준이다. 따라서 평가 원칙은 실제로는 평가 윤리 기준으로 나타난다. 평가 원칙이 실제 평가 수행자가 지켜야 할 윤리 기준으로 어떻게 구현되는지는 '제13장 평가 품질과 윤리'에서 구체적으로 논의한다.

파트너십

파트너십partnership 원칙은 개발협력평가의 특징을 보여 주는 원칙이다. 앞서 기술한 것처럼 개발협력업무는 위임자와 수혜자가 같지 않으므로, 이중의 책무성을 지니게 된다. 따라서 위임자에 대한 책무성을 강조하는 과정에서 수혜자에 대한 고려를 소홀히 하지 않기 위해 개발협력평가는 수원기관, 수혜자와 같은 개발협력 파트너partner의 평가 참여를 장려하며, 가능한 경우, 파트너와의 공동평가를 장려한다.

공정성

공정성impartiality 원칙 또한 다양한 이해관계자를 갖는 개발협력사업의 특성을 반영한다. 앞서 서술한 바와 같이 개발협력기관은 공여국과 수원국 모두에 대해 이중의 책무성을 갖는다. 당연히 공여국과 수원국의 의견은 다를 수 있다. 그러나 공여국과 수원국도 단일한 집단은 아니다. 공여국 내의 여러 이해관계자 사이에서도, 수원국 내의 이해관계자 간에도 입장 차이는 있을 수 있다. 예를 들어, 수원국 중앙 정부와 지방 정부 간에는 개입에 대한 의견 차이가 있을 수 있다. 수혜 지역 주민과 정부 간의 입장 차이도 존재할 수 있다. 평가자는 평가에서 다양한 이해관계자의 서로 다른 입장을 고려하여 평가를 수행하도록 노력해야 한다.

객관성

객관성(objectivity) 원칙은 평가의 정보가 객관적 사실에 기초함을 의미한다. 객관성은 평가의 파급 효과를 고려할 때 반드시 지켜져야 할 중요한 사항이다. 위의 평가 목적 부분에서 기술한 바와 같이 평가는 이후 정책, 전략, 사업 수립 및 수행에 영향을 미친다. 따라서 평가 결과는 사실에 기초하여야 한다. 평가의 객관성은 가치 판단과 사실을 구분하는 데서 출발한다. 사실은 객관적이고 믿을 수 있는 관찰과 추론의 결과에 기초해야 한다. 평가자는 객관적으로 믿을 만한 관찰과 추론에 기초하여 평가를 수행한다.

투명성

투명성(transparency) 원칙은 평가 과정의 투명성을 의미한다. 평가자는 평가의 진실성을 위해 평가 참가자들이 신의 성실의 원칙에 따라 평가를 수행하도록 하며, 모든 평가 과정을 투명하게 진행한다.

진실성

진실성credibility 원칙은 평가의 정확성을 의미한다. 평가자는 평가 조사 및 분석 기법을 명확하게 보고서에 기술해야 한다. 확인된 사실과 결론은 명료하게 정리되어 다른 이해관계자들의 이해를 돕는다. 기준치 정보와 같은 가치 판단의 근거도 기술한다. 평가보고서는 가치 판단과 제언, 그리고 사실 확인과 결론을 명확히 구분하여 작성한다.

유용성

유용성usefulness 원칙은 평가의 제언과 결론이 실제 활용 가능함을 의미한다. 평가가 정책 결정에 영향을 미치기 위해서, 평가는 명확하고 간결한 방식으로 유용한 결과를 제시해야 한다. 이를 위해 평가는 다양한 이해관계와 서로 다른 단체의 입장을 충분히 반영한다. 또한 평가 결과는 쉽게 접근이 가능해야 하며, 평가 과정은 평가 목적을 명확히 하고, 의사소통과 학습을 촉진하며, 피드백을 지원하도록 수행되어야 한다. 평가 결과는 또한 정책 결정 과정에서 시의적절한 시기에 제공되어야 한다.

5. 평가 종류

개발협력평가는 평가 시점, 대상, 초점 등에 따라 〈표 1-03〉과 같이 다양하게 구분된다. 하나의 평가가 분류 기준에 따라 여러 항목에 속할 수도 있다. 예를 들어, 한 개의 평가는 시기상 사후평가, 준위상 성과평가, 목적상 총괄평가, 주체상 외부평가, 행위자 수로는 단일기관평가, 대상으로는 프로그램평가로 다양하게 구분될 수 있다. 한편, 〈표 1-03〉이 보여 주는 평가 구분은 절대적이지 않다는 점에 주의한다. 예를 들어, 평가는 수행 주체에 따라 내, 외부평가로 나뉘지만 둘 간의 구분이 명확하지는 않다. 외부평가라 하더라도 내부자의 참여는 필요하며 내부평가에 외부자가 참여하는 경우가 있다. 〈표 1-03〉의 평가 이외에도 개발협력기관은 필요에 따라 다양한 평가를 수행할 수 있다.

〈표 1-03〉 평가의 종류

시기	실시간평가 (Real time Evaluation)	주로 인도주의지원에 대해 지원을 수행하면서 동시에 실시하는 평가를 의미한다.
	진행평가 (On-going Evaluation)	개입의 시작부터 종료 시점까지 지속적으로 반복적으로 이루어지는 평가를 의미한다.
	사전평가 (Ex-ante Evaluation)	사업 심사라고도 한다. 사업 기획, 수행, 평가의 일원화된 추진을 위해서 사업 기획 단계에서부터 평가에 대한 상황을 염두에 두어 평가 지표 개발 등 평가계획을 포함하여 사업계획을 수립하는 행위를 의미한다.

시기	중간평가 (Interim Evaluation)		사업 수행 중에 이루어지는 평가를 의미한다. 일반적으로 점검 ____라는 이름으로 사업 수행 중에 간단하게 수행된다.
	종료평가 (End-of-project Evaluation)		사업 종료 시에 이루어지는 평가를 의미한다.
	사후평가 (Ex-post Evaluation)		넓은 의미로는 개발 활동이 종료된 후 일정 시간 뒤에 수행하는 평가를 의미한다. 일반적으로 프로젝트와 같은 개별 사업에 대해 사업 종료 후 일정 기간이 지난 후에 수행하는 평가를 말한다. 주로 사업의 지속가능성과 영향력, 효과 등을 측정하여 유사 사업에 대한 제언이나 전략적 교훈을 얻기 위해 수행된다. 사후평가는 단일 사업에 대해 또는 여러 개 사업을 묶어 수행할 수 있다.
준위	과정평가 (Process Evaluation)		논리모형에서 투입부터 활동까지를 점검하는 평가이다. 과정평가는 개발 활동의 실행 단계에서 계획 대비 실행 과정을 확인하는 방식으로 수행되며, 결과를 평가할 때에도 즉각적인 산출물 위주로 평가가 진행된다. 대부분의 과정평가는 중간, 종료평가의 형태로 이루어진다.
	성과/영향평가 (Outcome/Impact Evaluation)		논리모형에서 산출물이 상위 목표로 이어지는 성과를 평가한다. 과정평가에 비하여 상대적으로 개발 활동의 성과 달성을 점검하는 평가이다. 즉, 개입으로 인한 성과를 분석하며, 일반적으로 사후평가의 형태로 이루어진다. 개입이 초래한 영향력을 평가하는 영향평가가 가장 널리 알려져 있다.
목적	형성평가 (Formative Evaluation)		학습을 목적으로 하는 평가로 주로 개입의 실행 과정에서 실행의 적절성을 수시로 평가하고, 개선 사항을 제시하는 평가를 의미한다. 형성평가와 아래의 총괄평가는 모두 교육계에서 교수법의 적절성을 평가하고 학습 효과를 개선 방향을 도출하기 위해 개발되었다. 개발협력에서는 과정평가의 형태로 주로 나타난다.
	총괄평가 (Summative Evaluation)		책무성을 목적으로 하는 평가로, 주로 개입 종료 후 개입이 수행의 가치가 있었는지 확인한다.

주체	내부평가 (Internal Evaluation)	내부평가는 평가대상과 관련된 기관의 관리자들이 수행하는 평가를 의미한다. 평가대상을 수행한 기관에서 평가 또한 시행하는 바, 자기평가(self evaluation) 라고도 부른다. 내부평가는 공정성이 취약할 수 있으나, 기관 및 관련 기관에 존재하는 다양한 정보에 대한 접근성이 보장되는 바, 학습이라는 평가 목표를 달성하는데 보다 유리하다. 다만, 내부평가와 외부평가가 명확하지 않은 경우도 있다. 예를 들어, 평가 수행 기관에 독립된 평가 담당 부서가 수행한 평가를 내부평가로 분류해야 하는지에 대한 논의가 있다. 특히, 최근 평가 목적에서 학습의 중요성이 강조되면서 심도 있는 학습에 유리한 내부평가가 새롭게 주목받고 있다.
	외부평가 (External Evaluation)	평가대상을 수행한 기관이 아닌 제3자에 의해 수행되는 평가를 외부평가라 부른다. 개발협력에서는 특히 수원기관이나 공여기관, 사업수행기관과 같이 사업에 관여한 기관을 제외한 외부기관이나 전문가에 의한 평가를 외부평가라고 지칭한다. 외부평가는 평가의 독립성, 공정성이 어느 정도 보장될 수 있다는 장점이 있어 책임성 평가에 유리하지만, 평가에 필요한 정보에 대한 접근성에 한계가 있다는 단점이 있다.
	참여평가 (Participatory Evaluation)	영향 받은 사람들을 포함한 이해관계자들이 평가의 기획, 수행, 결과해석에 참여하는 평가를 말한다.
행위자 수	단일기관평가 (Single agency Evaluation)	한 개의 기관이 수행하는 평가를 말한다. 개입 수행 기관이 직접 수행하는 평가도 포함된다.
	공동평가 (Joint Evaluation)	둘 이상의 기관이 평가를 수행하거나, 둘 이상의 기관을 평가 대상으로 하는 평가이다. 주로 공여기관과 수원기관, 또는 한 분야에서 유사 사업을 수행하는 다수 기관들이 연합하여 수행한다. 공동평가는 각기 다른 기관들이 참여하므로 협의를 통해 평가 목적, 방식, 팀 구성 등을 정립하여 수행한다.
	시스템평가 (System-wide Evaluation)	특정 시스템 전체에 대한 평가를 의미하며 시스템 내의 모든 행위자에게 참여가 열려 있다. 예를 들어, 츠나미평가연합의 2004년 인도양츠나미국제대응평가가 있다.

대상	프로젝트평가 (Project Evaluation)	가장 고전적인 의미의 평가이며 가장 많이 수행되어 온 평가이기도 하다. 프로젝트라는 특정한 목표를 갖고 자원을 동원하여 일정 기간 동안 수행되는 개입에 대해 수행하는 평가이다. 개발협력사업의 양식이 단일 프로젝트 수행에서 프로그램, 섹터지원(Sector Wide Approach, SWAp), 재정지원 등으로 변화하면서 평가의 중심이 프로그램평가, 분야별평가, 국별평가 등으로 변화하고 있다.
	프로그램평가 (Programme Evaluation)	프로젝트평가와 동일하며 평가대상이 프로그램인 점이 다르다.
	클러스터평가 (Cluster Evaluation)	공통된 개입 지역, 유사한 행위자들, 유사한 개입을 통합하여 수행하는 평가로 예를 들어, 파키스탄 지진 이후 NGO지원 평가와 같은 평가를 의미한다. UN기관에서는 UN클러스터조율 시스템(UN Cluster Coordination System)에 따른 평가를 의미하기도 한다.
	파트너평가 (Partner Evaluation)	단일한 파트너가 수행한 개입들에 대한 종합적 평가를 의미한다. 예를 들어, 노르웨이 원조 기관인 노르웨이개발협력청(Norwegian Agency for Development Cooperation, Norad)은 노르웨이난민위원회(Norwegian Refugee Council)가 수행한 개입에 대한 파트너평가를 수행한 바 있다.
	분야별평가 (Sector Evaluation)	분야별평가는 수원국의 특정 개발 분야에 대한 다수 원조 기관과 수원국의 개발 노력을 종합하여 이루어진 제도적 변화, 분야별 변화도 측정, 제도 변화로 인한 성과 등을 종합적으로 측정하는 것을 목적으로 한다. 분야별평가는 또한 개발 기관이 수행하는 사업들을 분야별로 분류하여 특정 시기의 분야별로 시행된 사업에 대해 총괄평가를 시행하는 방식으로 이루어지거나, 개발 기관의 분야별 지원 정책 및 전략의 유효성 및 타당성 또는 전략 및 정책과 사업의 연계성에 대해서 이루어지기도 한다.
	국별평가 (Country Programme Evaluation)	국별평가는 국별지원전략(Country assistance strategy)이나 국별지원프로그램(country program)에 따라 수행되는 전체 지원을 통합하여 특정 수원국에서의 개발 활동을 종합적으로 진단하는 평가를 의미한다. 국별평가는 주로 공여국의 지원 활동과 국별지원전략 및 수원국의 개발 정책에 부합하는 정도와 국별지원전략이 개발 정도에 미치는 영향 등을 측정하여, 차기 국별지원전략 수립 및 수원국과의 정책 대화에 반영하는 것을 주요 목적으로 한다.

대상	주제별평가 (Thematic Evaluation)	주제별평가는 젠더, 환경, 인권, 제도 개선 등과 같은 다양한 개발 주제(theme)에 대한 평가를 의미한다. 예를 들어, 젠더 주제 평가라면 사업 또는 정책의 성평등적 측면을, 환경 주제평가 라면 사업 및 정책 수립, 실행에서 환경에 대한 영향 고려 등이 어느 정도 이루어졌는지를 측정한다.
	형태별평가 (Modality Evaluation)	형태별평가는 개발 사업 수행 양식별 차이에 초점을 두어 수행되는 평가를 의미한다. 원조 기관들은 주요 사업 형태에 대해 정보를 수집하여 향후 교훈(lessons learned)으로 활용하는 것을 목적으로 형태별평가를 수행한다. 그러나 형태별평가의 경우 사업 형태는 동일하다 하더라도 건별로 다른 목적을 갖는 다양한 사업(예를 들어, 보건 지원 프로젝트와 농업 개발 프로젝트)을 통합적으로 아우르는 평가 목표를 수립하기 어렵다는 약점을 갖는다. 따라서 사업에 대한 형태별평가는 주로 다양한 이해관계자의 성과 측정 또는 투입 자원 이용의 적정성 등을 평가하는데 그치는 경우가 많다. 형태별평가는 사업 형태 관련 제반 시스템이나 전략, 정책을 평가하는 쪽으로 확대되고 있다.
기타	기술평가 (Technology Evaluation)	특정 기법이나 기술에 대한 평가로 흔히 이루어지지는 않는다. 2010년 아이티 지진 이후 영국적십자사가 수행한 대중위생모듈평가가 있다.
	정책평가 (Policy Evaluation)	개별 프로젝트를 가능하게 하거나 바람직하게 하는 가정, 믿음, 이해 등을 조사하는 평가이다. 이 평가는 정책 자체의 효율성뿐만 아니라 정책의 수행 과정에 대한 평가도 병행할 수 있다.
	제도평가 (Institutional Evaluation)	기관의 조직 내부 역학 관계, 정책 도구, 서비스 수행 메커니즘, 업무 관행과 이들 간의 연계성에 대한 평가이다. UNICEF 는 2010년 아이티 지진 이후 조직 대응에 대한 제도평가를 외부평가로 수행한 바 있다.
	규범평가 (Normative Evaluation)	개입의 결과를 계획 또는 특정 규범적 기준과 비교하여 분석하는 평가이다. 예를 들어, 긴급재난위원회(Disasters Emergency Committee)는 국제적십자위원회 와 시민 단체들에 대해 긴급 구호 윤리 지침에 따라 남아프리카 위기 대응개입에 대해 평가를 수행한 바 있다.
	메타평가 (Meta Evaluation)	복수의 평가 결과를 종합 분석하는 평가 또는 하나 이상 평가의 품질에 대한 평가를 의미한다.

짚어 보기

1. OECD DAC의 평가 정의를 설명해 본다.
2. 평가의 주요 목적 두 가지를 설명해 본다
3. OECD DAC의 평가 기준을 설명해 본다.

생각해 볼 문제

1. OECD DAC 평가 기준 사이의 관계와 평가 기준의 한계에 대해 논의해 본다.
2. 각 평가 원칙을 준수하기 위해서 실제 평가 수행자가 할 수 있는 일이 무엇인지 원칙별로 논의해 본다.

제2장
프로그램이론과 변화이론

제1장에서 우리는 개발협력평가가 개입을 다각적으로 분석하여 정보와 교훈을 제공하는 체계적인 조사라는 점을 확인했다. 연구를 위해서 분석의 이론적 개념틀conceptual framework이 필요하듯, 개입을 분석하기 위해서도 분석의 준거가 되는 논리적인 틀이 필요하다. 개발협력평가에서 이러한 논리적인 틀은 다양한 이름으로 불린다. 프로그램이론program theory, 변화이론theory of change, 변화프로그램이론program theory of change, 성과사슬results chain, 개입모델intervention model, 인과관계경로causal pathway, 논리모형logic model과 같은 용어들이 서로 호환되며 자유롭게 사용되고 있다.

기관마다 같은 용어를 서로 다른 개념을 지칭하는 데 사용하기도 하고, 다른 용어를 같은 개념을 의미하는 데 사용하기도 한다. 용어의 혼용은 개념의 혼선으로 이어지며, 체계적인 평가 수행을 어렵게 한다. 따라서 평가에 대해 더 깊게 알아보기 전에 다양한 개념들에 대한 정확한 이해가 필요하다. 이 장에서는 개발협력평가에서 분석의 틀이 되는 프로그램이론의 의미와 이론적 배경을 확인하고, 프로그램이론의 구성 요소를 살펴본다. 그 뒤, 프로그램이론에 기반하여 파생한 변화이론, 논리모형, 프로젝트기획매트릭스Project Design Matrix, PDM의 서로 다른 의미와 수립 방법을 확인한다. 마지막으로 프로그램이론 활용의 장단점과 주의 사항을 분석하도록 하겠다.

1. 이론적 배경

앞 장에서 서술한 바와 같이 개발협력은 다양한 개발 도상국(이하 '개도국')의 환경 속에서 특정한 정책, 전략, 프로그램, 프로젝트와 같이 개입intervention을 수행한다. 개발협력에서 평가는 특정한 개입을 체계적으로 조사하여 교훈을 도출한다. 개입을 체계적으로 조사하고 분석하기 위해서는 기반이 되는 논리적인 분석틀analytical framework이 필요하다. '특정 상황 속에서 개입에 영향을 미치는 어떠한 요소들이 존재하는가?', '특정 개입은 어떤 결과를 발생시켰는가?', '특정 개입의 결과는 의도한 것인가?', '개입은 어느 정도 효과적으로 결과를 달성하였는가?', '개입이 달성한 성과는 적절한가?', '개입이 종료된 이후에도 지속적으로 성과를 창출할 수 있는가?'와 같은 다양한 평가 질문들에 효과적으로 답하기 위해서 평가는 개입과 성과물들 사이의 논리적 연결 관계를 체계적으로 분석해야 한다. 개입을 결과로 변화시키는 방법 또는 이유를 포함한 일련의 논리 체계를 개발협력평가에서는 프로그램이론program theory이라고 지칭한다. 즉, 프로그램으로 대표되는 개입이 어떠한 인과 관계 또는 논리 체계 따라 특정한 결과를 달성하는지에 대한 체계적인 가설이 프로그램이론이다.

평가에서 프로그램이론의 활용은 1967년 에드워드 써치만Edward Suchman이 그의 책《평가연구Evaluative Research》에서 프로그램이론의 필요성을 언급하며 시작됐다. 써치만은 프로그램이라는 개입의 실패 원인을 실행 실패implementation failure와 이론 실패theory failure라는 두 항목으로 분류했다. 실행 실패는 프로그램이 의도한 활동을 실제로 집행하지 못하는 경우를 의미한다. 이에 대해, 이론 실패는 프로그램이 의도한 효과를 이끌어 내지 못한 경우를 의미한다.

이후 휴이-치 첸Huey Tsih Chen과 피터 로시Peter Rossi는 프로그램의 투입부터 성과까지 연결하는 논리적인 연결 관계인 프로그램이론에 기반하여 장기 목표 달성 정도를 분석하는 이론기반평가theory-based evaluation의 필요성과 방식을 논의했다. 특이한 점은 첸과 로시가 주장한 프로그램이론의 이론은 사회과학 이론이라는 점이다. 첸과 로시에 따르면, 프로그램이론은 개입에 따라서 그때그때 자의적으로 만들어지는 것이 아니라, 이미 수립된 사회과학 이론에 기초하고 있어야 한다. 즉, 첸과 로시가 주장한 프로그램이론은 현재 활용되는 프로그램이론과는 약간 다르다.

1980년대 후반 이론기반평가는 인기 있는 아이디어가 됐고 여러 학자들이 다양한 논문을 출간하며, 서로 다른 용어를 사용하여 프로그램이론을 정의했다(〈표 2-01〉 참조). 서로 약간의 차이가 있지만 결국 프로그램이론은 프로그램으로 지칭되는 개입의 투입부터 성과로 이어지는 인과 관계에 대한 가정의 연계라고 정의될 수 있겠다. 이론기반평가는 프로그램이론을 통해 프로그램의 투입부터 최종 성과까지 세분화된 단계별 논리를 설명하는 논리 체계를 제시하여, 평가의 유효성을 강화할 수 있다는 장점을 인정받으며 다양하게 활용된다.

〈표 2-01〉 프로그램이론의 서로 다른 정의

학자	정의
비커만 (Bickman, 1987: 5)	프로그램의 작동하는 방식에 대한 상식적이고 타당성 있는 모델
홀리 (Wholey, 1987: 78)	프로그램 자원, 활동, 중간 성과와 최종 성과를 연결하는 인과 관계 가정의 사슬
첸 (Chen, 1990: 40)	사회적 활동을 안내하거나 설명하는 상호 연관된 가정, 원칙 또는 제안
패튼 (Patton, 1997: 218)	투입과 활동, 활동과 산출물, 산출물과 성과, 성과와 최종 목표 상이를 연결하는 목적들의 연계 사슬
웨이스 (Weiss, 1998: 55)	프로그램의 투입과 예상되는 산출물 간의 인과 관계에 대한 설명
로시 외 (Rossi et al., 1999: 98)	프로그램이 채택한 전략 및 전술과 프로그램이 생산할 것으로 기대되는 사회적 혜택 간의 관계에 대한 가정들
퍼넬과 로저스 (Funnell and Rogers, 2011: 19)	프로그램이론이란 프로젝트, 프로그램, 전략, 이니셔티브initiatives, 정책과 같은 개입이 어떻게 중간성과사슬을 거쳐 최종적으로 관측된 또는 의도한 성과를 달성하는지를 보여 주는 구체적인 모델 또는 이론

2. 프로그램이론의 구성

개요

이상적인 프로그램이론은 〈그림 2-01〉과 같이 변화이론과 실행이론으로 구성된다. 변화이론은 문제분석problem analysis, 개입틀intervention framework, 결과사슬outcome chains로 구성된다. 실행이론은 개입구성program features, 성과목표와 특성targets and attributes, 조건과 가정pre-conditions and assumptions으로 구성된다.

<그림 2-01> 프로그램이론의 구조

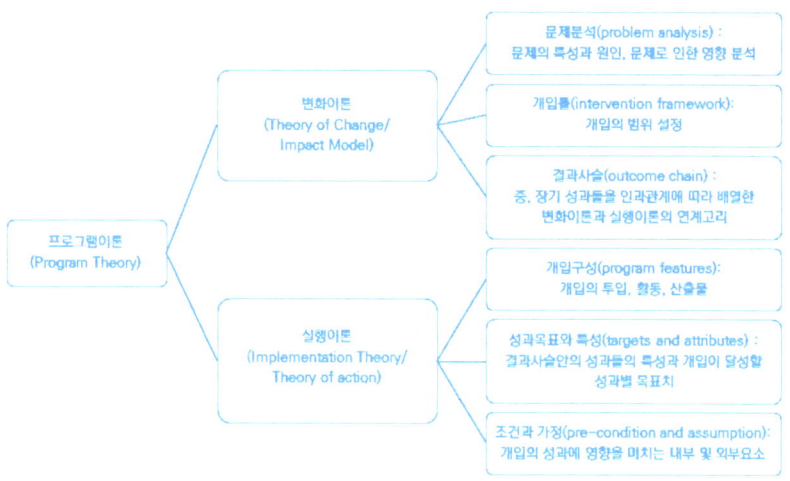

변화이론theory of change은 영향모델impact model 또는 프로그램적이론programmatic theory이라고 불린다. 변화이론은 긍정적인 변화를 필요로 하는 문제의 특성과 원인, 문제가 초래하는 영향을 분석하고, 해결해야 할 문제의 범위를 명확히 한 뒤, 문제를 긍정적으로 변화시켜 얻게 될 성과들의 인과 관계를 도출한다. 따라서 변화이론은 프로그램이라는 개입이 발생시킬 중장기적 성과 사이의 기제mechanism를 분석한다. 개발협력에서 중장기적 성과는 개입을 통해 발생한 수혜자나 이해관계자 집단의 태도, 관계, 생각, 역량 등의 변화이다. 따라서 변화이론은 변화를 위한 심리적, 사회적, 물리적, 경제적 과정에 대한 분석을 포함하게 된다.

실행이론implementation theory은 활동이론theory of action이라고도 불린다. 실행이론은 변화이론에서 도출된 결과사슬이 서술하고 있는 중장기 성과를 달성할 수 있도록 실제 개입을 수행하는 방법에 초점을 둔다. 따라서 실행이론은 실행 실패와 연관되며 개입이 수행되는 방법에 초점을 두고, '만약 개입이 계획대로 수행되었다면, 의도한 성과가 발생할 것이다'라는 이론적 가정을 검증한다. 실행이론은 변화이론을 실제로 활성화할 수 있는 개입 구성 요소들의 특성과 목표치를 도출하며, 개입의 성과 달성에 영향을 미치는 내, 외부 조건들에 대한 분석을 포함한다.

정리하자면 프로그램이론은 프로그램으로 지칭되는 개입의 투입부터 성과들의 논리적 인과 관계에 대한 종합적인 가설 또는 설명 체계라고 정의할 수 있다. 이 설명 체계는 변화이론과 그에 기초한 실행이론으로 구성된다. 변화이론은 개발 문제를 해결하여 긍정적인 변화를 달성하기 위한 최적의 인과 관계들을 상위 개발 목표부터 하위 성과까지 역순으로 보여 준다.

실행이론은 이에 기초하여 긍정적 변화를 달성하기 위해 실제 개입이 수행해야 할 일련의 활동들과 내, 외부 조건과 가정들을 제시한다. 즉, 변화이론이 도출한 중장기 성과들을 달성하기 위해 투입되는 자원, 활동, 산출물과 같은 구성 요소와 실행에 수반되는 전제 조건이나 영향을 주는 외부 요인들에 대한 이론을 실행이론이라고 구분한다.

만약 성평등 촉진을 통한 경제 성장 달성이라는 긍정적 변화를 위해서 성주류화 정책 도입 프로젝트를 수행한다면, 프로젝트의 산출물인 성주류화 정책부터 성평등 촉진과 경제 성장이라는 장기 성과까지의 인과 관계가 변화이론이 된다. 그리고 프로젝트의 구성 요소가 되는 투입, 활동, 산출물들의 관계와 이들을 측정할 수 있는 성과목표치, 개입이 기초하고 있는 가정들이 실행이론이 된다.

변화이론

변화이론을 수립하기 위해서는 우선 개발 문제에 대한 건실한 분석이 필요하다. 개발 문제를 특정하고 문제 사이의 인과 관계를 수립하기 위해서는 대상 지역에 대한 정보를 우선 확인해야 한다. 먼저 이전에 수행된 개입에 대한 기존 평가나 연구 자료를 검토하고 전문가와 이해관계자들의 의견을 수렴한다. 또한, 대상 지역에서 개입을 기획하고 실행한 경험이 있는 기관의 관리자와 직원, 다른 공여기관(other agency), 수원기관(partner agency), 시민 단체, 수혜자 등 이해관계자의 다양한 경험과 관점을 조사한다.

다만, 실제로는 개입이 대응해야 할 개발 문제 또는 주제가 이미 정해진 경우가 많다. 실제 개입을 시작할 때는 기존의 국별지원전략이나 이미 수행된 성공 사업과의 연계, 또는 수원국의 요청에 따라서 개입의 주제나 분야, 문제가 이미 한정되는 경우가 많기 때문이다. 이런 경우는 주어진 개발 주제 또는 문제에 대한 분석을 직접 수행하고 그 특징을 분석한다. 우선, 개발 문제를 보다 구체화할 수 있도록 문제의 특성과 심각성 정도를 확인한다. 예를 들어, 문제의 규모, 역사와 변화 및 심각성 정도를 분석할 수 있다. 그 뒤 확인된 문제가 기회가 아닌 문제라고 여겨지는 이유를 조사하고, 역으로 문제가 아닌 기회나 강점이 있는지 확인한다.

 문제가 특정되면 문제의 원인 관계를 확인한다. 문제가 발생한 이유와 원인들을 확인하고, 원인들 사이의 관계와 기여도를 분석한 뒤 인과 관계 경로를 수립한다. 또한, 예상되는 문제 해결 방안들을 제시해 본다. 마지막으로, 문제로 인한 영향을 확인한다. 문제가 개인, 가계, 집단, 마을, 사회 또는 특정 지역 단위에서 사람들에게 직, 간접적으로 주는 영향을 확인한다. 문제의 직접적, 간접적 피해자들을 확인하고 문제의 인과 관계와 파급 효과들에 대한 분석을 수행한다. 즉, 문제분석은 개입이 해결하고자 하는 문제의 원인과 특징, 문제로 인한 결과에 대한 다각적이고 심도 있는 검토이다.

 문제분석을 통해 문제의 복잡성과 심각도, 특성 등을 확인했다면, 다음 단계에서는 개입의 범위를 명확히 할 개입틀을 확인한다. 개발 문제는 서로 연계되어 있고 광범위하게 퍼져 있을 수도 있다. 따라서 문제분석을 통해 도출된 문제들의 인과 관계는 매우 복잡하고, 다양한 층위에 거쳐 폭넓게 영향을 미치고 있을 수도 있다. 그러나 개입은 기간과 예산에 한정이 있다. 따라서 문제분석을 통해 도출된 인과 관계의 경로에서 기간, 예산, 특정 조건 등을 고려하여, 적정 범위를 도출해야 한다. 개입틀을 확정하기 위해서는 우선 기관의 비교 우위를 확인한다. 둘째로는 개입이 활용할 주요 전략과 정책 수단을 확인한다. 세 번째로 예산 등의 제약 요소를 고려한다. 이를 기반으로 문제분석을 통해 도출된 인과 관계 경로에서 이후 개입이 달성할 성과의 범위를 선정한다. 마지막으로 개입의 범위를 재확인하고 개입을 통해 달성할 중심 성과가 적정한지 확인한다.

개입들이 확정되면 마지막으로 개입의 중기와 장기 성과들을 구체화하여 결과사슬(outcome chain)을 완성한다. 결과사슬에서 결과는 개입으로 인한 중장기 성과들을 의미한다. 즉, 개입의 결과로 나타나는 개인, 집단, 마을 등의 변화와 그로 인한 최종적인 개발 목표와 각 성과들 사이의 인과 관계를 표현한다. 결과사슬은 프로그램이론의 핵심이며 변화이론과 실행이론의 연결 고리가 된다. 결과사슬 내의 개발 목표부터 역순으로 이어지는 성과들 사이에는 서로 인과 관계로 연계(contingent) 되어 있다고 여겨진다. 이는 사다리 올라가기와 유사하다. 사다리를 오르기 위해서는 한 계단을 올라야 다음 계단을 오를 수 있듯이 하위 성과를 달성해야 그 다음 단계의 성과로 나아갈 수 있다. 그러나 사다리의 계단이 있다고 해서 사다리를 올라가는 사람이 자동적으로 다음 계단으로 이동할 수 있는 것은 아니다. 한편, 사다리를 오르는 중에도 외부의 힘이나 변화에 의해 넘어질 수 있듯이 결과사슬도 성과 관련 조건이나 가정들의 영향을 받을 수 있다.

결과사슬을 작성하기 위해서는 우선 개발 목표로부터 이어지는 가능한 성과들을 모두 도출한다. 성과들을 모두 확인하면, 성과들을 최상위의 개발 목표부터 인과 관계에 따라 배열한다. 배열이 끝나면, 인과 관계를 재확인하고 특성에 따라 그룹화한 뒤, 그룹별로 명칭을 붙인다. 순환 관계를 보이는 성과가 있는지 확인한다. 가능한 성과들이 모두 서로 연결되는 순환 관계를 피한다. 도출된 결과사슬의 유효성을 이해관계자들과 재확인하고, 결과사슬이 일관성 있는 논리를 갖추고 있는지 점검한다.

결과사슬을 구성할 때는 몇 가지 사실에 유의한다. 첫째, 결과사슬은 프로그램이론의 핵심이 되는 성과들 간의 인과 관계 논리 구조이지만, 개입의 활동이나 프로세스(process)를 보여 주는 흐름도가 아니라는 점이다. 결과사슬에서 활동이 나타난다면 이는 이 활동들로 도출될 성과로 변환해야 한다. 두 번째로 바람직한 결과나 성과의 개수는 없으며, 개입의 특성에 따라 결과사슬의 성과 개수는 달라진다. 결과사슬의 인과 관계가 불분명할 수도 있다. 결과사슬 내의 모든 성과 단계가 동일한 간격을 갖는 것은 아니다. 다만, 아무런 논리적 설명이나 연관성 없이 단계 간의 격차가 지나치게 큰 경우, 문제가 될 수 있다는 점에 주의한다. 결과사슬은 동일한 목표를 갖는 병렬 구조를 가질 수 있다. 마지막으로 결과사슬은 이론적 가정이므로 개입의 전 단계에 걸쳐 논리성을 확인하고 수정, 보완한다.

〈그림 2-02〉 변화이론 예시

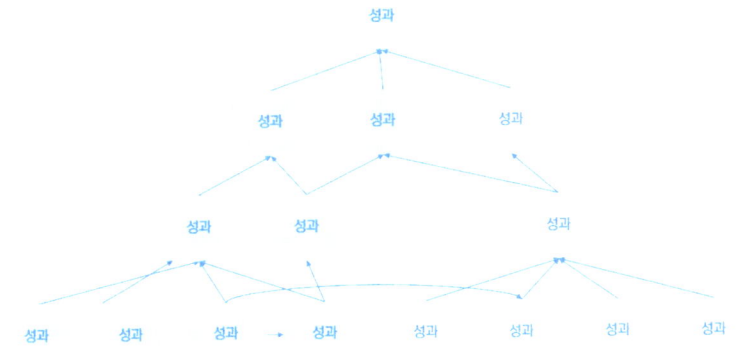

〈그림 2-02〉는 도식화된 변화이론의 일반적인 형태를 보여 준다. 문제분석을 통해 달성해야 할 성과들이 인과 관계와 함께 도출되었고, 개입틀에 따라 이후에 실행이론이 개발될 결과사슬이 음영이 있는 성과 상자로 나타난다. 한편, 개입틀에 포함되지 않은 성과들은 외부 조건과 가정이 된다. 이제 해당하는 결과사슬 내의 성과들을 달성하기 위한 개입 기획인 실행이론을 수립한다.

실행이론

실행이론은 변화이론을 실제 개입으로 활성화시키는 기획이라고 할 수 있다. 변화이론이 도출한 결과사슬 내부의 각 성과들의 특성과 개입이 달성할 목표치를 확정하고, 성과 달성을 위한 투입과 활동들, 산출물을 정리한다. 마지막으로 개입의 조건과 가정들을 확인하여 개입을 수행하면서 변화하는 가정이나 조건들에 따라 대응이 가능하도록 한다. 개발협력기관은 실행이론의 항목들을 보다 구체화하고 세분화하여 개입의 기획 문서 작성에 활용할 수 있다.

만약, 어떤 개입의 변화이론이 사회 규범 변화와 동료 압박 강화를 통해 마을의 행동 변화와 이익 확대가 가능하다는 이야기를 보여 준다면, 개입은 이 변화이론을 활성화하기 위해 실제로 어떤 일을 수행해야 하는가? 개입은 마을 공동 활동을 수행할 수도 있고, 규범 변화를 위한 교육을 수행할 수도 있고, 동료 멘토 활동을 시작할 수도 있고, 마을 규약을 개선할 수도 있고, 또는 공공 홍보 캠페인을 수행할 수도 있다. 또는 이 중 몇 개를 선택하여 수행할 수도 있다.

'활동을 수행한다면 주요 수혜 그룹은 누가 될 것이며, 그 이유는 무엇인가?', '개입은 얼마만큼의 자원을 투입해야 하는가?' 이러한 질문에 대한 답변과 답변의 이유를 보여 주는 것이 실행이론이다. 실행이론은 또한 개입을 수행하고 모니터링과 평가를 실시할 때 고려해야 하는 요소들, 즉 개입에 영향을 미칠 수 있는 가정들과 조건에 대한 정보를 명확히 보여 준다.

실행이론 구성 요소 세 가지 중 첫 번째는 성과목표와 특성이다. 변화이론에서 도출된 결과사슬의 각 성과들은 구체적인 내용이 없이 바람직한 성과가 기술된 문장들이다. 누구를 위해서, 언제까지, 어떤 성과가 달성되어야하는지에 대한 내용은 결여되어 있다. 따라서 성과의 특성을 정량적, 정성적으로 구체화하고 어느 정도 달성되었을 경우, 성공으로 판단될 수 있는지 각 성과별 목표치를 작성하는 것이 필요하다. 예를 들어, 어떤 변화이론의 성과 중 하나가 '마을 여성의 보건 역량 개선'이라고 한다면, 이 성과를 구체화하기 위해서 마을 여성, 보건 상황, 개선에 대한 세부 사항이 추가적으로 기술되어야 한다. 따라서 이 문장은 '개입 대상 마을의 15세에서 55세 사이 여성의 80% 이상이 생식에 대한 이해도가 다른 마을의 같은 연령대 여성과 비교하여 50% 이상 증진된다.'와 같이 구체화될 수 있다.

성과목표와 특성은 우선 성과 문장의 각각의 용어를 구체적으로 정의함으로써 시작된다. 그 뒤 각각 성과에 대해 육하원칙에 따라 누가, 언제, 어디서, 어떻게, 왜, 무엇에 해당하는 세부 사항을 기술한다. 이후 기술된 세부 사항을 이해관계자들과 논의하고 이해관계자의 요구와 세부 사항을 비교하여 적절히 구성되었는지 확인한다. 다음으로 기존 연구나 이전의 개입 관련 문서 등을 검토하고 성과 특성 중 누락되거나 수정할 부분이 있는지 확인한다. 마지막으로 개입이 해결할 개발 문제의 특성과 수혜 대상 그룹, 필요 자원, 제약 조건과 기회 요소를 고려 시, 성과 특성이나 목표치가 현실적으로 달성 가능한지 확인한다.

실행이론의 두 번째 요소는 조건과 가정이다. 의도한 성과들을 달성하기 위해서는 성과 달성을 촉진하거나 저해할 수 있는 요소와 가정들을 확인하고 체계적으로 정리하는 것이 필요하다. 우선 개입에 영향을 줄 조건과 가정들을 정리하고 각 조건과 가정이 개입 내부에 있는지 외부에 있는지 구분한다. 이때, 결과사슬 전체에 영향을 미치는 조건과 가정뿐만 아니라 각 성과별로 영향을 줄 수 있는 조건과 가정 또한 분석한다. 내부 조건과 가정은 개입이 통제 가능한 요건들을 의미한다. 예를 들어, 개입 자금 지원자의 영향, 개입 관리 측면 또는 인력과 관련된 요소들을 의미한다. 또한 개입 관련 요소들의 작동 가능성과 여부에 대한 가정들도 포함한다.

외부 조건과 가정은 개입의 직접적 관리 방안에 포함되지 않으나 여전히 성과들에 중대한 영향을 미칠 수 있는 요소들을 말한다. 이러한 외부 조건과 가정은 주로 개입을 둘러싼 환경과 관련을 갖는다. 예를 들어, 개입과 관련된 정치, 경제, 산업 환경, 날씨 및 기후, 천연 재해의 유형과 빈도, 위기나 긴급 상황들, 개입이 해결할 개발 문제의 규모와 특성의 변화 가능성과 정도와 같은 요소들이 개입을 둘러싼 거시적 외부 조건과 가정이 된다. 개입과 보다 가까운 외부 요소로는 정부 정책, 법령 및 우선순위, 기관의 정책과 우선순위 변화, 개입과 경쟁 관계, 병렬 관계 또는 의존 관계의 다른 개입들, 미디어나 비평가 등 여론 형성 관련 그룹의 영향을 예로 들 수 있다. 외부 조건 분석에는 미시적인 외부 요소도 포함해야 한다. 개입 대상 마을에서 발생하는 개입에 영향을 줄 수 있는 위기 상황이나 사건들을 분석에 포함한다.

프로그램이론을 구성하는 마지막 요소는 개입구성으로 개입이 수행해야 할 활동과 필요 자원, 산출물을 포함한다. 즉, 투입, 활동, 산출물이 개입구성의 주요 구성 요소가 되며, 이들은 모두 변화이론의 결과사슬에 포함된 성과들과 연계를 갖는다. 따라서 개입구성은 이후 실행계획 수립의 기본이 되며, 모니터링과 평가의 준거가 된다. 활동과 결과사슬의 연계를 확실히 하기 위해 투입부터 활동, 활동부터 산출물, 산출물과 각 성과들의 연결 관계를 명확히 나타내는 것이 중요하다. 개입구성이 완료되면 개입구성요소에 대한 조건과 가정들을 보완한다. 이제 프로그램이론이 모두 완성되면 이해관계자 등을 통해 검토를 수행하고 프로그램이론을 수정, 보완한 뒤 확정한다.

〈그림 2-03〉은 변화이론과 실행이론 구성을 통해 완성된 프로그램이론이 도식화된 형태를 보여 준다. 이해를 위해 프로그램이론을 도식화하여 표현하였지만, 프로그램이론은 텍스트 또는 다른 형태의 도식으로도 다양하게 표현된다. 〈그림 2-02〉의 변화이론에서 도출된 결과사슬 내의 성과들과 각 성과들을 달성하기 위한 실행이론이 〈그림 2-03〉에 도식화되어 있다. 각 성과별로 산출물, 활동, 투입과 지표와

목표치, 내, 외부 조건과 가정이 논리적 관계에 따라 나타난다. 한편, 현재 개발협력현장에서는 프로그램이론보다는 논리모형, PDM, 변화이론이 더 많이 사용되고 있다. 따라서 다음 절에서는 현재 모니터링과 평가, 성과관리에 보편적으로 사용되고 있는 논리모형과 변화이론에 대해 살펴본다.

〈그림 2-03〉 프로그램이론 예시

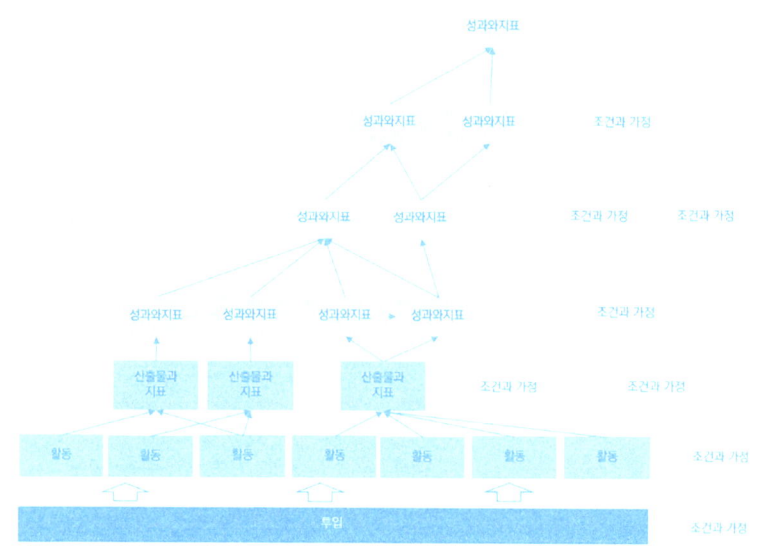

3. 논리모형과 변화이론

논리모형

　프로그램이론에 대한 논의가 시작된 1960-70년대 이후 일군의 학자들은 논리모형(logic model)에 대해 논의하기 시작했다. 논리모형의 논리는 프로그램이론이 기초하고 있는 논리와는 약간 차이가 있다. 논리모형에서 논리는 투입부터 장기 성과까지의 수직적이고 단선적인 단계별 가정 체계를 의미한다. 예를 들어, 〈표 2-02〉에서 논리모형은 좌측에서 우측으로 다음과 같은 단계별 가정에 따라 짜인다. 만약 투입란에 적시된 자원이 모두 제공된다면, 다음 단계인 활동란의 활동들이 수행될 것이다. 다음으로 만약 활동이 모두 수행되면 산출물이 모두 생산될 것이다. 이어서 산출물이 모두 생산되면, 중간 성과가 달성될 것이다. 최종적으로 중간 성과가 달성되면 장기 성과 달성에 기여할 것이다. 투입-활동-산출물-중간성과-장기성과로 이어지는 논리모형은 성과사슬, 개입모델, 인과관계경로라고도 불린다.

　논리모형의 단선적 관계는 성과들 사이의 다층적이고 복잡한 관계를 인정하고 분석하는 프로그램이론과는 차이를 보인다. 프로그램이론의 논리가 정글짐(jungle gym)과 같다면, 논리모형의 논리는 사다리와 같다고 볼 수 있다. 최종적인 목표에 도달하기 위해 정글짐은 다양한 경로를 보여 주지만, 사다리는 하나의 경로만 존재하는 것과 같다. 또는 프로그램이론에서 투입부터 장기 성과에 이르는 단 하나의 경로만을 추출하여 실제 개입을 기획하고 수행하는데 보다 편의성을 높인 모형이라고도 볼 수 있다.

논리모형은 표나 그림으로 도식화되어 표현된다. 다양한 형태 중 가장 널리 활용되는 형태는 〈표 2-02〉와 같은 파이프라인(pipeline) 형 논리모형으로 투입부터 활동, 산출물, 중간 성과, 장기 성과까지 개입과 성과를 일직선형 과정으로 나타낸다. 캘로그재단(Kellogg Foundation)이 2004년 《논리모형개발가이드(Logic Model Development Guide)》에서 이 형태를 소개하며 파이프라인형 논리모형은 가장 광범위하게 쓰이는 모델이 되었다.

〈표 2-02〉 논리모형 예시

투입 (input)	활동 (activities)	산출물 (outputs)	중간성과 (mid-term outcome)	장기성과 (long-term outcome)

출처: WK Kellogg Foundation, 2004.

현장에서 개입을 기획하고 평가할 때, 개입별 상황을 고려하여 개입이 수행할 활동과 생산할 산출물, 산출물을 통해 달성할 성과에 대한 수직적 논리 체계를 제공하는 논리모형은 실제 개발협력사업 기획과 평가에서 널리 쓰이게 된다. 사회과학이론에 기초하고 있으며, 개입과 직접적 연관이 적은 중장기 성과에 대한 복잡한 가정들과 조건들을 포함하는 프로그램이론은 사업 수행에 활용되기에는 너무 복잡하고, 비효율적으로 여겨졌다.

반면, 논리모형은 개입의 시작부터 종료까지의 논리 체계narrative 를 단순화하여 제시하기 때문에 개입 기획과 관리에 다양하게 활용될 수 있다는 강점이 있었다. 논리모형에 성과지표관리체계와 가정들을 추가하여, 미국 국제개발청the United States Agency for International Development, USAID 은 개입의 기획 요소들을 한눈에 확인하고 모니터링과 평가까지 수행 가능한 매트릭스matrix 를 고안했다. 이 매트릭스를 논리모형틀logical framework 이라고 부르며, 이 틀을 사용한 사업 기획관리법을 논리모형틀접근법logical framework approach 이라고 부른다.

논리모형틀과 PDM

1970년대 USAID가 처음 고안했고, 이후, 여러 원조 기관들에 의해 사용된 논리모형틀과 논리모형틀접근법이라는 두 용어는 서로 혼용되어 쓰이기도 하지만 엄밀히 말하면 다른 개념이다. 간단히 말하면, 논리모형틀은 문서이며, 논리모형틀접근법은 논리모형틀을 이용한 프로젝트 기획 및 관리 방법project design methodology 이다. 논리모형틀은 PDM, 로그프래임logframe, 로그프래임다큐먼트Logical Framework Document, 로그프래임 매트릭스Logframe Matrix 등의 다양한 이름으로 불린다. 이름은 각기 다르지만 프로젝트의 목표체계, 성과측정을 위한 지표와 목표치, 프로젝트 목표체계 논리를 뒷받침하는 가정과 위험으로 구성된다는 점은 동일하다.

프로젝트 성과관리를 위한 논리모형틀 중 가장 대표적인 형태는 PDM이다. PDM은 16개의 칸, 4행과 4열로 구성되며, 〈표 2-03〉과 같은 정형화된 양식을 갖는다. PDM은 겉으로 보기에는 매우 단순해 보인다. 그러나 PDM 작성은 많은 정보를 바탕으로 수많은 질문과 가정을 통한 논리 분석을 요구하는 매우 복잡하고 어려운 절차다. PDM은 개입의 기획 단계에서 수립되고 이후 개입을 수행하는 과정에서 개입 계획 변화에 따라 계속 수정된다.

〈표 2-03〉 PDM의 구조와 내용

Narrative Summary (개입요약)	Objectively Verifiable Indicators (객관적확인지표)	Means of Verification (입증수단)	Assumptions (가정)
Goal(목표) 개입이 기여하는 섹터 수준 또는 국가 수준의 장기적 개발 목표	상위 수준 파급 효과 즉 목표 수준을 측정하기 위한 질문이나 지표 등의 방법 (수량, 질, 시간 포함)	필요 정보 수집 방법: 데이터 수집 주체, 빈도, 정보 수집원 기입	개입의 장기적 지속가능성을 위해 충족되어야 할 가정
Purpose(목적) 개입의 직접적 목적, 개입의 직접적 결과에 의한 (수혜자 그룹의) 행동, 태도, 자원 등의 측면의 통합적이며 측정 가능한 변화	각각의 목적 달성도를 측정하기 위한 질문이나 지표 등의 방법 (수량, 질, 시간 포함)	필요 정보 수집 방법: 데이터 수집 주체, 빈도, 정보 수집원 기입	목적에서 목표로 연계되기 위해 충족되어야 할 가정
Outputs(산출물) 목적 달성을 위해 개입이 산출해야 하는 결과물, 서비스 또는 생산물	산출물 생산 정도를 측정하기 위한 질문이나 지표 등의 방법. 일반적으로 개발행위의 결과물 (수량, 질, 시간 포함)	필요 정보 수집 방법: 데이터 수집 주체, 빈도, 정보 수집원 기입	산출물에서 목적으로 연계되기 위해 충족되어야 할 가정
Activities(활동) 산출물 생산을 위해 개입이 해야 하는 활동들	Inputs(투입/투입자원) 개발 행위의 결과는 산출물 수준에서 측정되므로 이 칸에는 투입 요소를 기입		활동에서 산출물로 연계되기 위해 충족되어야 할 가정

PDM의 구성 요소

PDM은 네 개의 구성 요소가 네 개의 열에 배치된다. 첫 번째 열인 개입요약narrative summary은 〈표 2-02〉의 논리모형을 세로로 배치한 형태와 유사하며, 투입부터 성과목표까지의 개입의 논리를 일렬로 보여 준다. 개입요약은 목표위계objective hierarchy, 개입논리intervention logic, 활동설명activity description 등과 같이 다양한 이름으로도 불린다. 개입요약의 각 요소들은 개입의 투입부터 수행할 활동과 산출물, 그리고 상위의 개발 목표와의 연계성을 계층적으로 보여 주는 중요한 부분이다. 개입요약은 개입의 논리모형이며, 목표goal, 목적purpose, 산출물outputs, 활동activities, 투입inputs 으로 구성된다. 따라서 PDM의 개입요약은 논리모형과 동일하게 투입부터 목표까지 수직적 논리 체계를 갖는다.

목표goal는 영향력impact, 전체목표overall objective, 장기성과long-term outcome, 개발 목표development objective 등으로도 불린다. 목표는 개입이 달성에 기여하는contribute 장기적 개발성과를 의미한다. 즉, 개입 수행만으로는 달성이 불가능하지만 다른 개입들과 함께 달성에 기여할 수 있는 상위 수준의 성과를 말한다. 목적purpose은 프로젝트목적project purpose, 성과outcome, 프로젝트개발목적project development objective 등으로도 불린다. 개입이 계획한 모든 산출물outputs을 생산함으로써 거둘 수 있는 직접성과 말한다. 목적은 주로, 수혜자 그룹이 되는 집단의 행동, 태도, 활동의 변화 또는 관련 제도의 변화를 의미한다.

산출물outputs은 요소목적component objective이라고도 불리며, 개입이 생산해 낸 모든 서비스와 재화를 의미한다. 산출물은 모두 일정한 달성 시기를 갖는다. 활동(Activities)은 개발활동(development activities)이라고도 불리며, 산출물을 생산하기 위해 개입이 수행하여야 할 모든 행동들을 의미한다. 활동은 각 산출물에 따라 번호를 부여하고 주로 시간 순서로 배열하여 정리한다. 투입(Inputs)은 투입 자원으로도 불린다. 개입에 투입되는 자원들로, 인적 자원, 물적 자원, 자금 등 모든 사항을 포함한다. 즉, 개입요약은 개입의 구성 요소와 직접적으로 생산된 산출물, 산출물을 통해 개입이 달성하게 되는 성과(Outcome), 그리고 개입이 기여하는 더 큰 개발목표(Goal) 간의 수직적 논리 관계를 보여 준다.

두 번째 열의 객관적확인지표(Objectively Verifiable Indicators: OVI)는 지표(Indicators), 성과질문과지표(performance questions and indicators), 성과지표(performance indicators) 등으로 불린다. OVI는 개입요약의 각 단계별 요소들의 실제 달성 정도를 모니터링하고 평가할 수 있는 지표와 목표치(Target)로 구성된다. 지표를 기술할 때에는 지표와 함께 달성해야 할 목표치를 같이 서술한다. 각 지표들은 양, 질, 시간 등 구체적이며 객관적으로 측정 가능한 정량 정보를 활용하여 가능한 한 상세하게 서술한다.

입증수단(Means of Verification: MoV)은 모니터링체계(monitoring mechanism), 정보원(sources of information) 등으로 불리며, OVI를 실제로 확인할 수 있는 정보의 출처를 의미한다. MoV에는 단순히 정보 출처만이 아니라 정보 수집 책임자, 수집 빈도, 수집 방법, 수집 시기, 수집 형식 등을 상세하게 서술한다.

네 번째 열 가정(assumptions)은 중요가정(important assumptions), 가정과위험

assumptions and risks 등으로도 불린다. 개입요약이 개입의 각 목표별 수직적 논리 관계를 보여 준다면 가정은 수직적 논리 관계로 상승하기 위한 수평적 논리 관계를 보여 준다. 예를 들어, 활동 수준에서 가정이란 활동이 산출물로 이어지기 위해서 해결되어야 하는 예측 가능한 위험 risk 을 말한다. 이처럼 각 목표가 한 단계 위의 목표로 이어지기 위해 해결되어야 할 또는 회피되어야 할 위험들을 가정이라 한다.

따라서 몇몇 기관에서는 가정 대신 위험이라는 용어를 사용하기도 한다. 위험은 개입에서 잘못될 수 있는 부정적 상황을 서술하는 반면, 가정은 개입이 계획대로 수행되기 위해 충족되어야 할 조건들로 긍정적으로 표현한다. 어떤 용어를 사용하건 가정을 분석하는 목적은 개입에 영향을 미치는 외부 효과들을 확인하여 개입이 의도한 개발성과를 달성하도록 하는 것이다.

종합하면 PDM에는 〈그림 2-04〉와 같은 수평적 논리와 수직적 논리가 존재한다는 것을 알 수 있다. 수직적 논리는 PDM의 개입요약 구성 요소들 사이의 수직적 상관관계로, 하위 요소의 이행은 차상위 요소의 달성으로 이어진다는 논리이다. 수직적 인과 관계는 각 개입요약과 수평적으로 놓이는 가정의 제약을 받으며, 이를 PDM의 수평적 논리라 말한다. 개입요약은 가정열에서 동일한 행에 위치하는 조건들이 모두 충족되었다는 가정 하에서만 계획에 따라 이루어지게 된다. 만약 동일한 행의 가정이 충족되지 않는 경우, 수직적 논리에 의한 결과 도출은 불가능해진다. 수평적 논리와 수직적 논리의 합은 '만약-그렇다면 인과 관계 if-then causality'로 표현된다. 즉, PDM의 논리는 '개입요약의 하위 요소를 이행하고 같은 행의 가정이 충족된다면, 개입요약의 상위 요소가 달성된다.'는 형식으로 완성된다. 예를 들어, 만약 활동들을 모두 수행하고 같은 행의 가정이 충족된다면, 그렇다면 산출물을 생산할 수 있다.

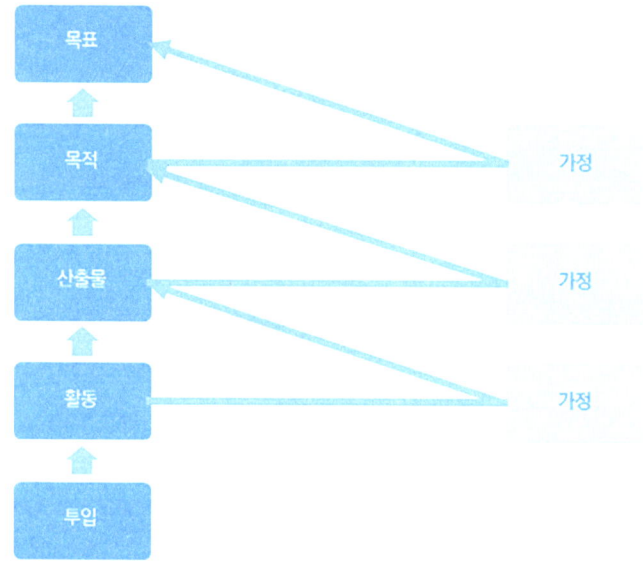

프로그램이론과 PDM

PDM은 프로그램이론을 개발협력현장에 맞춰 실용적으로 축약한 성과관리 도구로 이해할 수 있다. PDM의 개입요약은 프로그램이론의 실행이론에서 개입구성과 결과사슬의 요약으로 볼 수 있다. 개입요약의 투입, 활동, 산출물은 실행이론의 개입구성이며, 목적과 목표는 결과사슬의 성과 중 산출물과 직접적 인과 관계를 갖는 결과이다. 한편,

PDM의 OVI와 MoV는 프로그램이론의 성과목표와 특성을 지표와 지표를 확인할 수단으로 구분하여 기술한 것으로 볼 수 있다. PDM의 가정은 프로그램이론에서 조건과 가정과 유사하다. 다만, 프로그램이론에서는 개입과 성과목표와 관련되는 내, 외부 조건과 가정을 폭넓게 분석한다면, PDM은 개입의 투입에서 산출물까지 단계의 외부 가정에 집중한다.

프로그램이론은 성과들 사이의 복잡한 인과 관계들을 보다 구체적으로 보여 줄 수 있으나, PDM은 개입-산출물-목적-목표로 구성되는 단일한 수직적 인과 관계만을 보여 준다는 한계가 있다. 프로그램이론은 도식화하면 다양한 형태로 표현될 수 있지만 PDM은 매우 정형화된 틀을 갖는다는 차이도 있다. 프로그램이론은 또한 결과사슬을 통해 개입이 실제 수행하는 활동과 산출물이 장기 성과로 어떻게 연계되는지를 확인할 수 있다는 장점이 있다. 프로그램이론은 개별 개입의 즉각적인 결과가 다른 수준의 변화들에 어떤 영향을 미치고 어떻게 장기 성과로 이어지는지에 대한 인과 관계를 보여 준다. 그러나 PDM은 개입의 직접적 이익이 구체적으로 어떻게 파급 효과로 나타날 수 있는지를 구체적으로 설명하지 못한다.

실제 개입을 수행하는 현장에서는 시간적, 공간적 제약 등으로 인해 매번 복잡한 분석을 수행하고 관리하는 것이 가능하지 않을 수도 있다. 따라서 복잡한 프로그램을 장기적으로 수행하는 경우는 프로그램이론이, 단기의 간단한 개입 수행에는 PDM이 더 적합할 수도 있다. 다만, PDM을 개발하기 위해서도 PDM의 목적과 목표가 어떤 상황에서 어떤 개발 문제를 해결하기 위한 것인지에 대한 문제분석과 개입틀 분석은 여전히 필요하다.

프로그램이론과 변화이론

앞서 서술한 바와 같이 변화이론은 원래 프로그램이론의 구성 요소 중의 하나로서, 개입의 문맥과 상황에 대한 분석과 그에 기반한 단기, 중기, 장기 성과들의 결과사슬을 의미했다. 그러나 현재 PDM을 활용한 직선적이고 단선적인 사업관리에 대한 대안으로 변화이론이 프로그램이론의 일부가 아닌 독립적인 성과관리 도구로 사용되는 경우가 있다. 심지어, 변화이론은 논리모형의 동의어로 사용되거나, 프로그램이론과 동일시되기도 한다.

논리모형을 활용한 사업관리는 이해관계자들이 개입에 대해 충분한 이해를 갖고 개입이 참여적으로 수행되는데 한계가 있다는 비판이 있다. 또한 논리 체계가 취약하다는 지적도 있다. 개입이 어떤 절차와 과정에 따라 변화를 초래하는지를 포괄적으로 보여 주지 못하며, 장기 성과와 단기, 중기 성과 간의 관계에 주의를 기울이지 못해서, 의도한 성과를 달성하지 못한다는 비판도 있다. 변화이론을 통해 장기 변화까지의 단계별 변화들을 명확히 하는 것은 프로그램과 같이 복잡하고 규모가 큰 개입을 보다 효과적으로 평가할 수 있게 할 뿐만 아니라, 프로그램의 장기 목표 달성에 중요한 요소들을 분석할 수 있도록 하는 장점을 가질 것이라는 주장이 제기된 것이다.

특히, 대규모의 복잡한 프로그램이 증가하면서 PDM에 대한 대안으로 일부 개발협력기관은 변화이론의 사용을 장려하고 있다. 이와 함께 변화이론이라는 용어는 성과관리와 평가에서 새로운 조명을 받게 되었고 초기와는 약간 다른 정의를 갖게 되었다. 최근 변화이론은 바람직한 변화 또는 목표가 실현되는 방법에 대한 믿음과 가정들 또는 그 믿음과 가정을 도식화한 산출물이라고 정의된다.[3] 또는 변화이론은 기본적으로 특정 문맥에서 바람직한 변화가 어떻게 그리고 왜 일어날 수 있다고 예상되는지에 대한 포괄적인 설명과 도해라고도 정의된다.[4]

그러나 결국 현재의 여러 도식화된 변화이론은 프로그램이론의 구성요소로서 본래의 변화이론과 차이를 확인하기 어렵다. 현재 변화이론은 단기부터 장기 성과까지의 인과 관계 모델이며, 성과 사이의 인과 관계에 대한 가정들을 포함하여, 바람직한 변화가 왜 그리고 어떻게 일어날 수 있는지를 보여 주는 논리 체계이며 주로 도식화하여 구현된다. 이는 프로그램이론에서 문제분석을 통해 도출된 중장기 성과들의 인과 관계라는 변화이론의 의미와 동일하다.

다만, 변화이론은 개발 목표와 그 하위 성과들 간의 인과 관계만을 보여 주며, 성과를 달성할 개입에 대한 분석이 부재하다. 따라서 변화이론만으로 개입을 관리하는 것은 불가능하다. 개발협력개입을 관리하기 위해서는 변화이론과 실행이론을 모두 합친 프로그램이론이 필요하다. 변화이론을 실제 적용하고 활용할 때, 혼동되는 부분은 변화이론이

---

3) Annie E. Casey Foundation
4) www.theoryofchange.org

원래 프로그램이론의 일부였으며, 실제 작동을 위해서는 실행이론이 필요하다는 부분이 간과되었기 때문이다.

〈그림 2-05〉 변화이론 도식화 예시

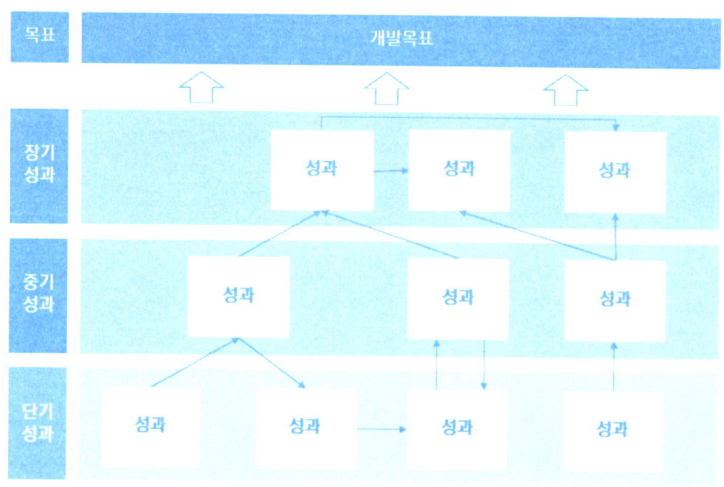

〈그림 2-05〉의 변화이론은 장, 단기 성과들과 그 관계만을 보여 준다. 최근의 변화이론은 이러한 한계를 인식하고 〈그림 2-06〉과 같이 실행이론 부분을 포함하고 있다. 도식들은 화살표나 상자를 달리하여 가정과 전제 조건을 구분하기도 하고, 단기 성과별로 산출물과 활동들이 구체적으로 추가 기입되기도 한다. 또한, 개입과 직접적인 연관을 갖는 성과들은 지표를 함께 표기하도록 하고, 성과 달성과 관련이 있는 조건이나 가정들은 테두리를 달리하여 구분하여 표기하고 있다. 결국, 변화이론이라는 이름으로 프로그램이론이 작성된 것이다. 그러나 이렇게 변화이론과 실행이론을 모두 도식화하면서도 이를 프로그램이론이 아닌 변화이론이라고 부르는 경우가 빈번하다.

〈그림 2-06〉 구체화된 변화이론 도식의 예시

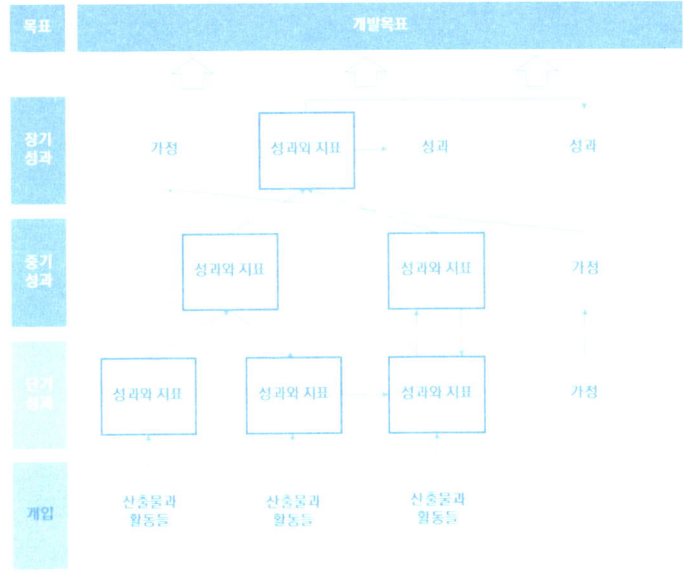

4. 의미와 한계

프로그램이론의 활용

프로그램이론은 개발 문제분석을 통해 달성할 성과들의 인과 관계를 도출하고 성과를 달성하기 위한 개입을 지표, 목표치와 함께 보여준다. 따라서 프로그램이론은 개발 수요나 기회 측면에서 현재 상황을 확인하고 개선을 위해 필요한 활동들을 파악하여 바람직한 상황을 도출하기 위한 전략적 기획 또는 정책 개발에 유용하게 활용될 수 있다. 프로그램이론을 활용하여 현실적으로 달성 가능한 목표를 수립하고, 책무성을 명확히 하며, 목표 달성 전략에 대한 이해관계자들의 공통된 이해를 구축할 수 있다. 개입이 시행되기 전에 작성된 프로그램이론은 개입 방안이 적정한지를 확인하는 사전평가에도 유용하게 사용된다.

프로그램이론은 또한 개입의 실행 단계에서 모니터링이 필요한 지표들을 도출하고 관련자들에게 개입의 추진 상황을 이해시키는 데에도 활용될 수 있다. 개입을 추진하는 과정에서 개입 자체가 변화하거나 개입에 대한 이해가 달라지거나 의도한 변화에 수정이 있다면 프로그램이론을 그에 따라 수정해야 한다. 평가에서 프로그램이론은 수집이 필요한 데이터data와 분석 방식 결정에 활용될 수 있으며, 평가 보고 방식의 틀을 구축하는데도 유용하다. 평가를 기획하고 업무 조건Terms of Reference, TOR을 수립할 때, 프로그램이론이 있다면, 기존 프로그램이론의 적절성과 포괄성, 정확성을 반드시 확인하고 필요시 수정한다. 한편, 프로그램이론은 특히 영향평가의 주요 구성 요소이며 모든 영향평가에 활용되어야 한다.

유의 사항

개발협력에서 정책, 전략이나 사업 기획, 모니터링, 평가에 프로그램이론을 활용하도록 권장된다. 올바르게 활용된다면 프로그램이론은 많은 이익을 거둘 수 있다. 프로그램이론은 이해관계자의 합의 도출에 유용하다. 계획의 허점이나 기회를 확인해 보다 나은 기획이 이루어지도록 도울 수도 있다. 또한 실현 가능한 목표 체계 구축에도 도움이 된다. 사업이나 정책의 성과와 과정을 측정하고 유의미한 지표를 설정하는 데도 이롭다. 프로그램이론은 또한 개입의 성공 또는 실패 요인을 확인하고, 개입을 확산시키거나 재생산하는 방안을 마련하는데도 활용 가능하다. 다양한 프로젝트, 지역, 평가로부터 수집된 많은 정보를 정리하여 미래를 위해 과거로부터 배울 수 있는 자료로도 활용 가능하다.

그러나 프로그램이론이 늘 성공적으로 쓰이는 것은 아니다. 가장 흔한 문제 중 하나는 프로그램이론의 논리성 문제이다. 실제로 개입이 어떻게 효과적으로 작동하는가에 대한 설명 없이, 프로그램이론이 개입과는 별도의 도식으로 존재하는 경우가 있다. 프로그램이론이 도식으로 존재할 뿐 실제 개입 수행에 활용되지 않는 것이다. 이런 경우 데이터 수집, 보고, 평가에 모두 어려움이 발생한다.

한편, 프로그램이론을 구현한 많은 도표가 실제 명확하게 이해되지 못하는 경우가 많다. 지나치게 단순화되어 있거나, 중요 요소를 누락하거나, 또는 단순히 도표의 존재만으로 개입이 실행될 환경의 영향이나 지원 없이도 개입이 의도한 영향을 산출해 낼 것으로 그려지는 경우도 있다. 지나치게 복잡하고 많은 상자와 세부 내용으로 인과 관계에 대한 일관된 설명이 불가능한 경우도 있다. 어떤 경우 도표 자체가 비논리적이어서 그려진 상자나 화살표들이 적절히 설명되지 못하거나, 긍정적 결과와 부정적 결과가 일관성 없이 혼재하기도 한다.

프로그램이론을 수립하기 위해서는 고도의 전문성이 요구된다. 프로그램이론으로 인한 문제점은 프로그램이론 자체보다는 수립 과정에서의 문제로 인해 발생한다. 제대로 된 프로그램이론을 수립, 관리하기 위한 역량이 우선 뒷받침되어야 한다. 프로그램이론이 부정확하게 구축되면 잘못된 개입이 실행되고 연쇄적으로 모니터링과 평가에도 오류와 왜곡이 발생하게 된다. 또한 잘못된 정보로 인한 판단 실책으로 이어질 수도 있다. 그렇게 되면 개발협력기관은 프로그램이론을 시간 낭비로 여기게 될 수 있으며, 중요한 의견이 간과될 수도 있다. 프로그램이론이 잘못 수립되거나 부실하게 관리되어, 프로그램이론 자체가 불필요하게 여겨지거나 잘못 이용되지 않도록 주의한다.

짚어 보기

1. 프로그램이론의 정의와 구성 요소를 설명해 본다.
2. PDM의 구성 요소를 설명해 본다.

생각해 볼 문제

아래의 사례를 바탕으로 프로그램이론을 수립하고 서로 비교 분석해 본다.

사례 가나다공화국 마바사마을 보건 프로그램

가나다공화국은 아시아에 위치해 있다. 면적은 한반도의 약 1.5배로 북부는 아열대성, 남부는 열대 몬순 기후이다. 인구는 약 9,000만 명이며, 85%는 가나다족, 나머지는 약 50여 개의 소수 민족으로 구성된다. 가나다공화국은 2000년대 이후 지속적인 경제 성장을 이루었다. 1인당 GDP는 약 3,000달러 수준이나, 소수 민족이나 고산 지역 중심으로 경제 발전의 불균형이 심한 상태이다. 가나다공화국 정부는 국가 보건 정책을 통해 국민 모두가 기본적 보건 서비스에 접근할 수 있도록 하는 프로그램을 수행 중이며, 우리는 이러한 가나다공화국의 노력을 지원하기 위해 산악 지역에서 보건 분야 사업을 추진하기 위한 조사를 수행하기로 하였다.

지원 대상 지역인 마바사마을은 해발 2,000미터 이상의 고산 지역에 위치하고 있으며, 소수 민족인 마바사족이 모여 살고 있다. 마바사족은 북부 국경 지대에 살고 있으며, 가나다족과는 다른 전통, 문화, 언어, 생활 방식을 갖고 있다. 마바사족은 가나다공화국의 공식 언어인 가나다어의 문해율이 30%로 전국 평균에 비해 낮다. 마바사족은 마바사어에 대한 자긍심이 높으며 가나다어를 배우는 것을 중요하게 여기지 않는다.

마바사족은 약 50만 명으로 각 마을당 평균 200-250명이 거주하고, 해발 1,500미터 이상의 고산 지역에서 거주한다. 전통적 경작 방식으로 자급자족 경제 체제를 유지하고 있으며, 닭 등의 가축도 기른다. 마바사족은 산 아래 평지 마을의 시장에서 가축, 옷감, 채소 등을 판매해 소득을 거두고 있으나, 소득은 매우 적다. 또한, 시장에 대한 접근도 어려워, 차량이 올 수 있는 곳까지 오토바이 또는 보행으로 장거리를 이동해야 하며, 반나절 가까운 시간이 걸린다. 우기에는 시장이 있는 평지 마을로의 접근은 거의 불가능하다.

가나다공화국은 평균 수명 증가, 영아 사망률 감소, 출산율 감소 등 보건 지표에서 상당한 개선이 있었으나, 마바사마을은 가나다공화국 평균에 비하여 보건 상황 개선에 어려움이 있다. 특히, 산악 지역의 전염병과 열대성 질병, 만성 설사로 시달리고 있다. 기생충 감염율도 가나다공화국 전국 평균에 비하여 높은 상태이다. 마바사마을은 집에 화장실이 없으며, 대부분의 마을 주민은 수

풀에서 용변을 본다. 정화 시설이 된 화장실 미비는 높은 기생충 감염율의 주요 원인이다. 마을 근처 강은 오염이 되어 있으며, 수질은 식수로 사용하기 부적합하다. 마바사 여성들은 먼 곳에서 물을 길어 오기 때문에 물긷기를 가장 힘든 노동으로 꼽고 있다. 마바사족의 영양 상태도 불량하여, 단백질과 지방 섭취 부족으로 인한 영양실조에 시달리고 있다.

마바사족은 남성원로 중심의 의사 결정권으로 마을 대소사를 결정한다. 여성의 지위는 낮으며, 다산을 미덕으로 삼아 가구당 평균 아동 수는 5명이다. 아이를 낳지 못하는 여성은 사회적으로 비난을 받고, 심하면 부인의 지위를 잃을 수도 있다. 여성들은 하루 종일 가사 노동에 시달리며, 물 긷기와 땔감 모으기, 식사 준비, 텃밭 가꾸기, 육아, 옷감 짜기 등의 많은 일을 수행한다. 남자들은 주로 농사와 농지 개간을 담당한다. 마바사마을 여성들은 가나다공화국 평균에 비해, 임신과 출산, 과로, 빈혈 등으로 인한 질병에 시달리는 것으로 확인된다. 특히, 월경을 불경시하여 월경하는 여성은 월경 기간 동안 단백질 섭취가 금지되고, 집이 아닌 별도의 거주지에 머물러야 한다. 의료 시설의 부재와 훈련받은 산파의 부족 등으로 인해 마바사족의 신생아 사망률은 전국 평균 보다 1.5배 가량 높다. 마바사족 여성들은 출산 시 서로 도움을 주고받으나 많은 신생아는 감염으로 출생 직후 사망한다. 영아 사망의 주된 원인은 설사와 홍역과 같은 치유 가능한 질병이다. 가나다족은 전국적으로 90%에 가까운 영아가 정부 면역 프로그램에 따라 예방 접종을 받지만, 접근이 어려운 마바사마을은 정기적인 보건 인력 방문이 어려워 예방 접종을 받지 못한다.

가나다공화국 보건부는 다양한 보건 프로그램을 수행하여 지방 행정 지역마다 지역 보건 센터를 운영하고 있다. 그러나 지역 간 격차가 극심하여, 도시 빈민가 주민이나 산악 지역 소수 민족은 충분한 의료 서비스를 받지 못한다. 대부분의 의사는 대도시의 종합 병원에 근무하며, 마바사족은 약초 등 전통 약품에 의존하여 질병을 치료한다. 마바사족 거주지에서 가장 가까운 보건 센터는 가는데 4시간이 소요되며, 우기에는 방문이 거의 불가능하다. 보건 센터의 인력이 부정기적으로 마을을 방문한다. 3개월의 훈련 과정을 거친 보건 인력은 주요 증상에 대한 간단한 치료법을 설명하고 주민 대상 의료 보건 서비스를 안내한다. 그러나 보건 인력은 마바사어를 구사할 수 없어 통역을 필요로 하며, 먼 거리, 날씨 등을 이유로 마을을 자주 방문하지 않는다. 우리는 가나다공화국 보건부로부터 마바사마을 여성 주민 대상으로 5년 동안 500만 불 규모의 보건 사업을 추진해 줄 것을 요청받았다.

제3장
평가 기획

　평가업무는 개발협력프로젝트와 동일하게 기획-수행-종료의 세 단계로 구분되어 수행된다.[5] 첫 번째 단계인 평가 기획은 개별 평가 수행을 위한 밑그림을 그리는 단계이다. 〈그림 3-01〉은 평가 기획 단계의 업무를 크게 세 부분으로 구분하여 보여 준다. 우선 사전 조사를 통해 평가계획 수립에 필요한 제반 현황을 확인한다. 두 번째로는 평가 영역별로 평가 질문 초안을 작성한다. 마지막으로 조사 결과를 종합하고 평가 수행 방식을 확정하여 TOR을 포함한 평가계획서를 작성한다. 다른 프로젝트와 마찬가지로 평가 또한 기획의 질이 평가 품질에 중요한 영향을 미치기 때문에, 면밀한 준비를 통해 충실한 계획이 이루어질 수 있도록 해야 한다. 이 장에서는 〈그림 3-01〉의 평가 기획 절차에 따른 수행 방법을 순차적으로 살펴보고, 평가 기획에 유의해야 할 요소와 대응 방안에 대해 알아본다.

---

[5] 이 책에서 소개하는 평가 기획-수행-종료와 보고의 세 단계 평가 절차는 제1장에서 소개한 모든 종류의 평가에 동일하게 적용된다. 다만, 평가대상, 시기, 목적 등에 따라 세부 내용은 달라질 수 있다. 예를 들어, 중간평가를 실시할 때는 평가 기획에서 평가 질문을 개발할 때, 효율성과 적절성을 확인하는 데 중점을 둔다면, 종료평가나 영향평가에서는 효과성과 영향력을 확인하는 질문을 개발하는 데 초점을 맞춰야 할 것이다. 참고로 이 책의 평가 절차 설명은 실제 현장에서 가장 많이 활용되는 개별 사업에 대한 사후평가에 초점을 두고 기술하였다.

〈그림 3-01〉 평가 기획 절차

평가 기획
▷ 사전 조사
▷ 평가 질문 개발
▷ 평가계획서 수립

평가 수행

1. 사전 조사

평가 질문을 구성하고 평가계획서를 수립하기 위해서는 첫 번째로 평가대상에 대한 정보를 수집해야 한다. 평가 관련 정보 수집의 가장 기초 단계는 관련 문헌 수집이다. 평가자는 평가계획 수립에 필요한 관련 문서를 확인하고, 관련자와 협의를 통해 문서 수집 가능 여부, 비밀 지정 여부 등을 확인하여 최종적으로 문서를 확보한다.

〈상자 3-01〉은 개발협력의 여러 개입 중 프로젝트와 같은 사업의 평가 기획에 주로 참고되는 문서들을 기술하였다. 그러나 〈상자 3-01〉은 참고 문서를 모두 포함한 총괄 목록은 아니며 평가의 종류, 목적, 성격, 평가대상의 특성 등에 따라 수집해야 하는 문서 자료의 종류는 달라진다. 따라서 평가대상과 관련된 정보 빠짐없이 확인하고 양질의 평가 질문을 개발할 수 있도록 문서 자료를 충분히 확보하고, 조사하도록 한다.

문헌 조사를 수행할 때, 수원국 관련 데이터 및 통계 정보 수집에서 인터넷(Internet)을 충분히 활용한다. 국제 연합(United Nations: UN) 기구들이나 세계은행, OECD 등 주요 국제기구들은 수원국 개발 관련 데이터를 다수 제공하고 있으므로, 인터넷의 데이터와 자료를 사전에 확인한다. 이를 통해, 현지 조사에서 한정된 시간 속에서 관련 정보를 수집하는 부담을 줄이고, 현지 조사 정보의 정확성을 교차 검토할 수 있는 정보를 취득하여 정보의 정확성을 높일 수 있다.

〈상자 3-01〉 사업 평가 기획 수립에 필요한 주요 문서 예시

▷ 사업집행계획서 (프로그램이론 포함)
▷ Record of Discussion 또는 Memorandum of Understanding과 같은 협정 문서
▷ 분기별, 중간, 종료 보고서
▷ 기존의 관련 모니터링과 평가 결과 문서
▷ 국별지원계획(country assistance strategy)
▷ 섹터별지원계획(sector assistance strategy)
▷ 기타 관련 정책 및 전략 문서

문헌 검토와 함께 관계자 면담도 실시할 수 있다. 개발협력평가에서는 특히 문헌에는 포함되어 있지 않은 이해관계자(stakeholders) 각각의 경험이나 의견을 포괄적으로 반영하는 것이 중요하다. 수원국 관계자 또는 수혜자, 관련 기관 종사자 등의 의견이나 경험, 판단은 서면 문서나 자료에는 누락되어 있을 수 있다. 따라서 이해관계자를 빠짐없이 파악하고 각 이해관계자별로 확인 사항을 정리한 뒤, 관련 정보를 보다 세심히 확인하는 것이 필요하다. 〈상자 3-02〉는 개발협력사업 주요 이해관계자 예시를 보여 준다. 물론 이 상자는 완벽한 목록은 아니며, 평가

대상에 따라 이해관계자의 종류와 수는 달라진다.

〈상자 3-02〉 사업 관련 주요 이해관계자 예시

▷ 대상 사업 수행/정책 부서 담당자
▷ 대상 프로그램 및 사업 관련 정책 부서 담당자
▷ 대상 프로그램 또는 사업 관련 원조 기관 사무소
▷ 대상 사업수행기관
▷ 수원국측 사업 담당 기관 및 원조 담당 기관
▷ 사업 수혜자 또는 피해자
▷ 대상 정책 및 전략 수립 관련 담당자 (관련 용역 기관 포함)
▷ 관련 시민 단체 또는 기타 관련 원조 기관 등

효과적인 평가를 위해서는 사전에 관련된 이해관계자를 면밀히 파악하고 적절한 협의를 통해 정보를 수집하는 것이 중요하다. 또한, 충분한 협의를 통해 평가에 직접 참여하게 될 모든 이해관계자들이 평가계획에 모두 동의하고 계획에 따라 평가가 이루어질 수 있도록 효율적인 협력 체계를 구축하는 것이 매우 중요하다.

2. 평가 질문 개발

개입을 평가할 때는 평가를 통해 달성하고자 하는 평가 목적이 있다. 평가자는 평가 목적을 고려하여 평가 질문을 개발하고, 그 질문에 답을 구하기 위해 평가를 수행한다. 평가 질문은 평가의 주요 결정 사항에 핵심적 영향 요소이며, 평가 질문의 질은 평가의 질과 직결된다. 평가 질문은 평가 종류 선정부터 평가 설계법과 데이터 수집 방법 선정, 평가매트릭스evaluation matrix 구성, 예산계획 수립, 표본sample의 범위와 종류 선정, 평가 결론 도출까지 평가 전 과정에 영향을 미친다.

예를 들어, 인과 관계를 묻는 평가 질문에 답해야 한다면 선택할 수 있는 평가 종류는 영향평가가 될 것이다. 경제적 효과성 평가 질문은 주로 계량적 방법론을 선택하게 되며 이 경우 많은 예산을 준비해야 한다. 한편, 너무 많은 평가 질문은 심도 있는 평가 결과 도출을 저해할 수 있다. 평가 범위나 접근법에 맞지 않은 질문 또는 활용 가능한 답변을 도출할 수 없는 질문들은 모두 평가의 품질 저하로 이어진다. 따라서 평가 기준과 평가대상의 특성, 평가의 목적, 평가 이해관계자의 요구에 부합하는 적절한 평가 질문을 개발하여 사용하는 것이 중요하다. 평가 질문은 그 성격에 따라, 사실확인형, 규범형, 인과관계형, 판단형, 활동중심형의 다섯 가지 형태로 구분될 수 있다(〈표 03-01〉 참조).

〈표 3-01〉 평가 질문 유형

유형	예시
사실확인형	수혜자 집단은 제공된 학습 자료를 어떻게 사용했나?
규범형	학습 자료는 수원국 교육부의 지침의 품질 기준에 어느 정도 부합하는가?
인과관계형	학습 자료 제공은 수혜자 집단의 인식 제고에 어느 정도 기여했나?
판단형	학습 자료만을 제공한 지원전략은 적절했나?
활동중심형	수혜자 집단의 인식 제고를 위해서 어떻게 더 잘 지원할 수 있었을까?

사실확인형 질문은 평가에서 가장 기본적인 질문이다. 그러나 이 질문만으로는 유용한 평가 결과 도출이 어려우며, 판단형이나 활동중심

형 등의 다른 질문으로 연계되어야 한다. 규범형 질문은 책무성을 목적으로 하는 규범평가에 많이 사용되며, 기관이 설정한 기준 대비 실제 성취 정도를 확인한다. 인과관계형 질문은 영향평가에서 주로 쓰인다. 개입의 인과 관계와 공헌도, 기여도를 확인하는 질문이므로 가장 확인하기 어려운 질문 중 하나이다. 판단형 질문은 평가팀 또는 평가자가 평가대상의 가치에 대한 판단을 하도록 하는 질문이다. 판단형 질문에 대한 답은 평가팀이 제시하는 건의 사항으로 이어진다. 활동중심형 질문은 미래에 기관이 어떤 행동을 취해야 할지를 확인하는 질문이므로 역시 제안 및 결론으로 이어진다. 활동중심형 질문이나 인과관계형, 판단형 질문들은 평가 결론과 제언 도출에 핵심적인 요소를 분석하는 질문이다. 따라서 세부적으로 보충 질문을 추가하는 것이 바람직하다. 예를 들어, 〈표 3-01〉의 활동중심형 질문은 '개입의 특징은 무엇인가?', '더 나은 지원은 무엇인가?', '더 나은 지원을 위한 구성 요소는 무엇인가?'와 같은 추가 질문으로 구체화할 수 있다.

한편, 지나치게 많은 평가 질문은 평가의 질을 저해할 수 있다. 평가 질문의 개수를 적절히 조절하여야 평가의 초점이 명확해지면서 평가 목적을 달성하는데 용이해진다. 평가팀이 평가 질문을 다각적으로 확인하여 깊이 있는 분석이 가능해져, 활용 가능성이 높은 실질적인 제언이 도출될 가능성도 높아진다. 평가 질문의 개수는 평가 목적, 종류, 범위 등에 따라 달라질 수 있다. 현재 추세는 일반적으로 핵심 평가 질문의 숫자를 세 개 이내로 축소하고 핵심 질문으로부터 세부 보완 질문들이 도출될 수 있도록 평가를 수행하는 방식으로 변화가 일고 있다. 예를 들어, '개입 전략은 적절했는가?'와 같은 질문은 '현재 개입 전략을 어떻게 개선할 수 있나?', '유사한 상황에 사용된 다른 개입 전략과 비교하여 현재 개입 전략의 장점과 단점은 무엇인가?'와 같은 질문으로 세분화하여 분석할 수 있다. 핵심 평가 질문을 가능한 세분화해서 한 질문이 하나의 사실, 평가, 가정만을 물을 수 있도록 여러 질문들로 나누어 평가를 수행하는 것이 이후 평가 수행과 제언 도출에 유리하다.

평가 질문을 선정하고 정리할 때 제1장에서 설명한 OECD DAC의 평가 기준을 활용하는 것도 바람직하다. 〈표 3-02〉는 OECD DAC의 평가 기준별 표준 평가 질문의 예시를 보여 준다. 평가 목적을 고려하여 관련성이 높은 OECD DAC의 평가 기준을 선별하고 평가 기준별로 평가 질문을 세부화할 수 있다. 평가 기준을 활용할 때는 평가 기준이 분석을 주도하지 않도록 유의한다. 평가 기준을 먼저 서술하고, 기준에 따라 평가 질문을 선정하는 것을 지양해야 한다. 평가 기준이 아닌 평가 목적과 제언의 활용 방향이 평가를 주도해야 한다. 평가 질문은 모두 평가 목적과 그에 따른 향후 평가 활용 방향과 관련되어 개발되어야 하며, 평가 기준은 평가 목적과의 연계성을 고려하여 활용한다.

〈표 3-02〉 OECD DAC 평가 기준별 표준 질문

평가 기준	표준 질문 예시
적절성	▷ 개입 목표가 개입 수행 기관의 정책 및 우선순위에 어느 정도 부합하는가? ▷ 개입이 수원국의 개발 필요 및 개발 목표, 전략(국가, 지역)과 어느 정도 일치하는가? ▷ 개입이 수원국의 주인 의식을 강화하는 정책과 어느 정도 일치하는가? ▷ 개입이 수혜자들의 생계 수단과 문화적 배경과 어느 정도 일치하는가? ▷ 개입이 기술적으로 개발 문제 해결에 어느 정도 적절한가? 개입이 문제의 주요 원인을 해결할 수 있는가? ▷ 개입을 다시 시행할 수 있는 가능성이 있는가?
일관성	▷ 개입은 다른 개입과 중복성이 있는가? ▷ 개입은 기존의 다른 개입을 저해하는가 또는 보완하는가? 즉, 개입은 어느 정도로 관련된 다른 분야 또는 주제의 다른 개입과 상호 보완성을 갖는가? ▷ 유사한 다른 개입이 평가대상이 되는 개입의 성공 또는 실패에 어느 정도 영향을 주는가? ▷ 개입은 어느 정도로 같은 분야/지역 내의 다른 개입과 일관성을 갖는가?
효과성	▷ 개입이 의도한 산출물, 목적, 목표를 어느 정도 달성했는가? ▷ 외부 효과가 아닌 개입은 상황을 어느 정도 변화시켰는가? ▷ 의도한 목표 달성의 성공 또는 실패 이유는 무엇인가? ▷ 개입의 효과를 높이기 위해 개선할 수 있는 점은 무엇인가?
효율성	▷ 개입이 효율적으로 운영되었는가? 자원이 효율적으로 사용되었는가? 자원의 효율적 사용을 위해 개입 계획과 수행 단계에서 사용된 수단의 종류와 질은 어떠한가? ▷ 개입이 달성한 동일한 품질과 수량을 다른 방법으로 더 적은 예산으로 수행할 수 있었는가? ▷ 동일 자원으로 보다 많은 결과를 달성할 수 있었는가? ▷ 동일한 개발 문제가 보다 낮은 비용의 다른 대안으로 해결될 수 있었는가? ▷ 다른 대안들과 비교했을 때 개입이 경제적으로 가치가 있는가? 개입에 투자된 자원을 보다 가치 있는 다른 목적을 위해 사용될 수 있었는가?

평가 기준	표준 질문 예시
영향력	▷ 개입이 사람, 제도, 환경 등에 대해 의도하였거나 의도하지 않은 그리고 긍정적 혹은 부정적으로 끼친 영향은 무엇인가? ▷ 개입이 다른 이해관계자 그룹의 복지에 어떻게 영향을 미쳤는가? ▷ 개입의 영향을 받은 수혜자 및 다른 이해관계자들이 자기 자신에 대한 개입의 영향을 어떻게 판단하는가? ▷ 개입을 운영 및 관리하는 수원국 기관들에 끼친 영향은 무엇인가? ▷ 개입이 어느 정도까지 수원국 관련 기관의 역량 개발과 제도 강화에 기여하였는가? ▷ 개입 수행 기간 중 발생했던 변화들이 어느 정도 확인 및 측정되는가? ▷ 개입이 초래한 확인된 변화는 어느 정도인가? ▷ 개입이 수행되지 않았다면 무슨 일이 발생하였을까? ▷ 파악된 변화들에 대한 다른 설명은 없는가?
지속 가능성	▷ 개입이 수원국 우선순위와 유효 수요에 부합하는가? ▷ 수원국의 제도가 개입을 지원하는가? ▷ 개입이 수원국 사회 문화 조건과 잘 조화되는가? ▷ 수원국 개입 대상 지역의 주인 의식이 만족스러울 정도로 충분한가? ▷ 수원국 이해관계자들이 개입의 계획과 수행 단계에 참여하였는가? ▷ 수원국 관련 기관들이 효과적 운영을 포함한 굿거버넌스(good governance) 제도 및 조직을 갖고 있는가? ▷ 개입에 사용된 기술이 수원국 경제, 교육 및 문화 상황에 부합하는가? ▷ 개입 관계자들이 공여국 지원 종료 후에도 개입의 결과를 유지할 수 있는 재정을 보유하고 있는가? ▷ 개입이 수원국 천연자원의 지속 가능한 사용에 부합되는가? 혹시 자연환경에 부정적 영향을 주지는 않는가?

평가 질문을 개발할 때, 질문별 중요도의 순위를 정하여 결정할 수 있다. 예를 들어, 평가 목적과의 연계 정도, 답변 활용의 유용성 정도 등 평가를 최종적으로 활용할 기관의 입장에서 질문별 중요도를 점검할 수 있는 요소들을 정하고 각 평가 질문에 대해 요소별 점수를 부과하여 우선순위가 높은 평가 질문을 선택한다. 〈표 3-03〉은 평가 질문 선정에 활용할 수 있는 점검표의 예시이다. 각 평가 질문에 대해 8개의 요소별로 1에서 4점의 점수를 매긴 뒤, 가중치를 곱하여 최종 점수를 산출한 뒤, 점수가 높은 순서대로 평가 질문을 선정할 수 있다. 가중치나 점수를 매기는 것이 어렵다면, 각 질문에 대해 O, X로 답을 확인하고, O가 많은 질문을 정할 수도 있을 것이다.

〈표 3-03〉 평가 질문 점검표

	확인 질문 (잠정 평가 질문 확인 질문)	점수 (가장 적절한 묘사를 골라 해당 점수를 기입)				가 중 치	각 질문별 점수 (점수*가중치)		
		1점	2점	3점	4점		잠정질문1	잠정질문2	질문계속추가
1	이 질문은 평가 목적과 관련이 있는가?	관련이 매우 낮음	관련이 낮음	관련이 높음	관련이 매우 높음				
2	이 질문은 평가대상의 목적, 기획, 활동, 결과와 관련이 있는가?	관련이 매우 낮음	관련이 낮음	관련이 높음	관련이 매우 높음				
3	평가활용자는 이후 이 질문의 답을 활용 가능한가?	활용 가능성 매우 낮음	활용 가능성 낮음	활용 가능성 높음	활용 가능성 매우 높음				
4	이 질문의 답은 이해관계자에게 유용한 정보를 제공할 가능성이 있는가?	한 개의 이해 관계자에 정보 제공	소수의 이해 관계자에 정보 제공	많은 이해 관계자에 정보 제공	매우 많은 이해 관계자에 정보 제공				
5	평가예산안에서 이 질문에 대한 일관성 있는 답을 얻을 수 있나?	가능성 낮음	가능성 중간	가능성 높음	확실함				
6	이 질문은 다른 방식으로 답변될 수 있나?	네. 그러나 예산이 있는 바 부담 없음	평가가 질문 대답에 가장 편리한 방식	평가가 답변 얻는 데 가장 저렴한 방식	아니오. 평가만이 효과적으로 답을 얻을 수 있음				
7	이해관계자를 존중하며 윤리적인 방식으로 이 질문의 답을 얻을 수 있는가?	가능성 낮음	가능성 중간	가능성 높음	확실히 가능함				
8	평가팀의 평가품질에 이 질문의 답이 미치는 잠정적 영향은?	품질에 영향 거의 없음	소규모 영향	중간 규모 영향	매우 큰 영향				
		평가 질문별 점수							

3. 평가계획서 수립

제약 조건 확인

평가계획을 수립할 때는 우선 평가 수행 관련 제약 요건을 확인한다. 평가프로젝트도 다른 프로젝트와 동일하게 예산과 일정의 제약 사항을 먼저 고려해야 한다. 또한, 개발협력의 특성을 고려하여 데이터 수집과 활용 관련 유의 사항을 확인하는 것이 필요하다. 우선 예산을 고려하여 평가계획을 수립하며 불요불급한 부분을 축소할 수 있다. 예를 들어, 정량적 방법론을 사용하는 경우, 실험군과 비교군에 대해 기초선과 종료선 데이터를 모두 수집하는 방식으로 기획된 평가에서는 비교군을 삭제하거나, 기초선 데이터 수집을 삭제하는 등의 방식으로 예산을 절감할 수 있다. 정성적 방법론을 활용하는 경우, 인터뷰 대상자 수, 인터뷰 횟수를 축소하거나, 대상지 방문 횟수나 기간을 조절하여 예산을 절약할 수도 있다.

평가에 필요한 정보를 보다 정확하게 특정하여 평가 목적에 맞는 평가 질문만을 위해 데이터를 수집하여, 예산 제약에 대처할 수 있다. 평가에서 데이터를 수집, 분석하는 이유는 평가 질문에 대한 답을 구하기 위해서이다. 평가 질문은 궁극적으로 평가가 기획된 목적에 부합하여야 한다. 평가자는 평가의 목적을 명확히 하여 불필요한 데이터 수집을 줄여 예산을 절감할 수 있다.

평가에서 많은 비용은 데이터 수집과 관리, 분석에 투입된다. 따라서 데이터 수집과 관리 방법을 효율화하여 예산을 절감할 수 있다. 평가를 위해 데이터를 직접 수집할 계획이라면 기존의 데이터로 대체할 수 있는지를 확인하여, 기존 데이터 활용을 통해 비용을 절감할 수 있다. 표본 규모를 축소하는 것도 좋은 방법이다. 〈표 3-04〉이 보여 주듯 사업의 효과 측정 단위를 1달러 규모에서 3달러 규모로 바꾸면 필요한 총 샘플 규모가 약 90% 가까이 줄어든다.

〈표 3-04〉 예산을 고려한 표본규모 조절

다양한 최소인지효과규모(가정의 건강 지출 축소 정도)를 위해 필요한 샘플 규모 파워=0.9 클러스터링 하지 않음

최소인지효과	실험군	대조군	총샘플규모
1달러	1,344	1,344	2,688
2달러	336	336	672
3달러	150	150	300

출처: Gertler, Paul J et al., 2011: 186.

새로운 기술을 활용하여 비용을 절감할 수도 있다. 이전에는 설문 조사를 위해서 설문지를 기획하고 일일이 출력하여, 직접 배포, 수거한 뒤, 분석을 위해 다시 디지털 입력 작업을 수행했다. 이 과정은 많은 시간과 예산이 소요될 뿐 아니라, 오류나 실수로 데이터가 잘못 기입된 경우 수정이나 변경에 어려움이 많았다. 최근 설문 조사 애플리케이션application이 발달하며, 스마트폰smart phone이나 태블릿 컴퓨터tablet Personal Computer: 태블릿 PC를 이용한 설문 조사를 통해 설문지 출력 비용 및 분석을 위한 재입력 비용 등이 줄어드는 추세이다. 머신러닝machine learning을 통해 인터뷰 내용 분석 등의 수고를 줄일 수도 있다.

일정 제약에 대한 대안은 예산 제약의 대안과 유사하다. 평가계획을 변경하여 업무를 보다 단순화하면 투입 일정이 축소될 것이다. 만약 예산이 충분한 상황에서 일정만 촉박하다면 추가적인 인력 투입을 통해 일정을 단축하거나, 새로운 기술을 활용하여 일정 문제를 해결할 수도 있다.

평가에 필요한 데이터가 항상 수집 가능한 것은 아니다. 이상적인 경우에는 개입 종료 후 평가를 시작할 때 이미 기초선 및 중간선 데이터가 정확히 수집되어 있을 것이다. 그러나 실제 이런 경우는 드물며, 평가자는 빈곤한 데이터의 제약 속에서 업무를 수행하며, 많은 경우, 데이터를 재구성해야 한다. 데이터를 재구성하거나 종료선 데이터 등 추가적으로 필요한 데이터 수집하는 일이 쉬운 것도 아니다. 특히 난민이나 소수 민족과 같은 취약 계층을 대상으로 한 데이터 수집은 긴 시간과 많은 예산을 요구한다.

개발협력데이터는 특히 개도국의 취약한 데이터 역량이나 인프라, 제도 등의 이유로 더욱 그 양과 질에 한계가 있는 경우가 많다. SDGs는 17개 목표 169개 목표치, 231개의 지표로 구성된다. 그러나 2020년 7월 기준으로 약 절반 가량인 106개의 지표는 방법론만 수립되었을 뿐, 국별로 정기적으로 수집되지 못하는 상태의 지표로 구분된다. SDGs 체제가 수립된 지 이미 8년 가까이 지난 현재까지도 국별로 수집 가능한 데이터가 충분히 확보되지 않았다. 최빈개도국이나 취약국인 경우 상황은 더 좋지 않다. 데이터 수집 및 관리 관련 사항은 평가예산과 일정에 직접적인 영향을 준다. 따라서 평가계획을 수립할 때,

가용한 데이터를 면밀하게 확인하고, 평가에 필요한 데이터를 추가 수집해야 하는 경우 예산 및 일정 계획에 반영한다.

평가계획서 작성

관련 정보 및 이해관계자 분석을 완료하고 제약 조건을 확인하면 이를 바탕으로 평가계획서를 작성한다. 평가계획서를 작성할 때는 평가를 내부에서 수행할지 외주로 수행할지 결정해야 한다. 대부분의 경우, 평가 목적이 학습이면 내부평가를 추진하는 경우가 많다. 평가 목적이 책무성이라면 외부로 추진한다. 내부평가와 외부평가 모두 장단점이 있다. 예를 들어, 내부평가는 학습을 위한 평가에 더 적절하며, 평가팀이 평가대상 조직과 조직 문화에 대한 이해도가 높아 유용한 교훈을 도출하는데 유리하다. 또한, 조직이 평가팀을 더 많이 신뢰할 수도 있고 평가를 덜 위협적으로 받아들일 수도 있다. 마지막으로 내부평가는 외부평가에 비해 일반적으로 비용이 적게 소요된다. 하지만 내부평가는 내부자에 의해 수행되므로 객관성 문제에 취약성이 있다. 또한 조직 문화가 조직원의 평가 참여를 제한하거나, 조직원이 업무 부담으로 평가 참여에 소극적일 수도 있다. 한편, 평가팀의 평가 방법론에 대한 숙련도나 기술적 전문성이 떨어질 수 있으며, 편향에 취약할 수 있다.

외부평가의 장점과 단점은 내부평가와 반대가 될 것이다. 외부평가는 내부평가보다 객관적이며 조직 편향이 더 낮을 가능성이 있다. 또한, 평가팀이 풍부한 경험과 전문성을 보유할 수 있으며, 조직 내부의 권력 문제와 떨어져 있고 평가에 보다 많은 시간과 노력을 투입할 수 있다. 반면에 평가팀의 조직에 대한 이해도는 상대적으로 떨어질 수 있으며, 심각한 경우, 이는 유용한 제언 도출에 실패해 유의미한 학습으로 이어지지 않을 가능성이 있다. 평가 결과가 조직 외부로 노출되어 평가가 위협으로 여겨질 수도 있으며, 시간과 비용이 더 많이 든다는 단점이 있다. 또한 평가팀은 조직이 제언을 수용하는 데 따르는 제약과 어려움을 잘 이해하지 못할 수 있다. 역으로 평가팀은 미래의 계약을 보장받기 위해 생각보다 독립적이지 않게 활동할 수도 있다. 많은 기관은 사업 부서와 별도로 내부에 평가 부서를 보유하고 있는 경우가 있으며, 이러한 평가 부서가 수행하는 평가를 내부평가로 포함해야 하는지에 대한 논의도 있다. 평가를 기획할 때는 내, 외부평가의 장단점을 다각도로 고려하여 평가 방식을 선택한다.

외부평가의 경우 평가계획서는 평가팀 선정 계획을 포함한다. 이후 선정된 평가팀은 평가 기획 단계에서 작성된 평가계획서를 바탕으로 평가수행계획서를 작성하여 제출한다. 평가수행계획서는 평가팀과 평가발주기관 간 계약의 기초 문서가 되며, 평가계획서와 이후 평가팀이 작성할 평가수행계획서의 질은 평가 전체의 품질과 직결된다. 어떤 경우는 평가계획서를 수정 보완함으로써 평가수행계획서를 대체하기도 한다. 그러나 평가의 규모가 크고 복잡한 경우, 평가팀은 평가계획서에 기초해 자신들의 노하우 와 방식을 담아 구체화된 평가수행계획서를 제출한다.[6] 평가계획서는 평가발주기관의 의도를 평가팀에 전달

---

6) 이 책에서는 평가를 외주로 수행하고 평가팀이 평가수행계획서를 별도로 작성하는 것을 가정하여 평가계획서를 작성, 수립하는 방법을 알아본다.

하는 문서이며, 평가수행계획서는 이에 대한 평가팀의 답변이라고 볼 수 있다. 따라서 평가계획서는 평가 목적, 범위, 의도를 충분히 구체적으로 설명하여 이후 평가수행계획서가 효율적으로 작성될 수 있도록 한다. 평가계획서는 〈표 3-05〉의 내용을 포함하여 구성한다.

〈표 3-05〉 평가계획서의 구성

구성	설명
평가 배경	평가대상 관련 배경 설명
평가 목적	평가 목적이 학습인지 책무성인지 소개. 둘 다인 경우, 둘 간의 우선순위 설명
평가 문맥	평가와 사업 선정, 재원 지원 등 사업 간의 연계성이 있다면 소개. 평가 실시 사유 설명
평가 범위	평가대상을 명확히 하고, 평가의 범위를 평가 종류와 연계하여 설명
평가 결과 사용자	평가보고서의 잠정 활용 계획 서술
평가틀(평가 기준)	OECD DAC 6대 평가 기준 중 평가의 준거가 되는 기준 서술 또는 이외 다른 기준이 있다면 서술
핵심 평가 질문	평가틀과 관련하여 평가가 답해야 할 주요 질문 서술
기획 단계 업무	기획 단계에서 평가팀이 수행할 업무와 산출물 서술
평가 설계	예산과 일정을 고려한 평가 기획 서술
데이터 수집 방법	평가발주기관이 선호하는 데이터 수집 방법 서술
지표	평가팀이 이후 평가수행계획서에서 개발해도 무방함. 평가발주기관이 특정 지표 활용을 원한다면 구체적으로 지표 관련 사항 서술
데이터 분석 방법	데이터 분석 관련 평가팀의 유의 사항 또는 평가발주기관 선호 사항 서술
일정표	주요 중간 산출물과 평가 전체 일정 서술 〈표 03-06〉참고
역할과 업무	평가 관련 인력 구성과 각 인력별 업무 분장 서술
관리 체계	평가 관련 보고 및 업무 관리 체계 서술. 필요시, 평가위원회, 자문위원회, 참고위원회 등의 위원회와 각 위원회별 역할 포함

구성	설명
자격 조건과 요구 기술	평가팀에 요구하는 특별한 자격 조건이나 요구되는 기술이 있다면 서술
단계별 산출물 및 최종 산출물	주요 단계별 산출물과 최종 산출물 이름, 개요, 제출 일정 서술
위험 관리	평가 관련 발생 가능한 주요 위험을 서술하고 대응 계획 작성
예산	평가 요소별 예산 및 전체 예산 작성 〈표 03-07〉 참고
가용 데이터	제공 가능 주요 문헌 자료 목록 서술, 데이터 접근 및 개인 정보 관련 사항 서술
평가팀 선정 계획 (입찰 정보, 제안요청서 포함)	평가팀 선정 관련 서류 및 내용 작성 (제안요청서와 입찰 관련 정보 포함)
주요 참고 문헌	주요 참고 문헌 목록

평가계획서 작성 기간은 평가 규모와 복잡성 등에 따라 최소 일주일에서 일 년까지도 소요된다. 평균적으로 한 달 정도를 작성 기간으로 보며 평가계획서 완성 후 평가팀 최종 선정까지는 평균적으로 6개월이 소요된다. 평가계획서에서 평가 관리와 관련된 가장 중요한 부분은 예산과 일정이다. 평가 일정을 산정할 때는 평가팀이 수행할 활동들을 나열한 뒤에 각 활동별로 평가팀 구성원들이 투입되어야 할 적정 업무 일자를 산정하여 총 업무 일자를 산출한다. 총 업무 일자 계산이 완료되면 계획한 평가 기간과 비교하여 업무 일자가 적정한지 비교한다. 총 업무 일자에 인건비 단가를 곱하여 평가 인건비 산정에 활용할 수 있다. 〈표 3-06〉은 평가팀의 업무 일자 산정을 위해 사용 가능한 양식을 보여 준다. 평가계획서를 작성할 때, 〈표 3-06〉을 활용하여 각 활동별로 평가팀 리더와 각 평가팀원별로 일자를 산정하고 각 일자

를 더하여 총 업무 일자를 산출할 수 있다.

〈표 3-06〉 평가팀 업무 일자 산정 양식

활동	활동별 소요 기간	제1주					제2주					제3주					주 추가				
		M	T	W	T	F	M	T	W	T	F	M	T	W	T	F	M	T	W	T	F
평가 준비 회의	팀장																				
	팀원1																				
	팀원2																				
평가 준비 (문헌 조사 및 인터뷰 등)	팀장																				
	팀원1																				
	팀원2																				
사전 현지 조사 (필요시)	팀장																				
	팀원1																				
	팀원2																				
데이터 수집 및 분석 계획 수립	팀장																				
	팀원1																				
	팀원2																				
평가 매트릭스 완성	팀장																				
	팀원1																				
	팀원2																				
평가수행 계획 수정 보완 완성	팀장																				
	팀원1																				
	팀원2																				
평가수행계획 논의 회의	팀장																				
	팀원1																				
	팀원2																				
1차 현지 조사 및 데이터 수집	팀장																				
	팀원1																				
	팀원2																				
중간 보고회	팀장																				
	팀원1																				
	팀원2																				

활동	활동별 소요 기간	제1주					제2주					제3주					주 추가				
		M	T	W	T	F	M	T	W	T	F	M	T	W	T	F	M	T	W	T	F
2차 현지 조사 및 데이터 수집 (필요시)	팀장																				
	팀원1																				
	팀원2																				
조사 결과 정리 및 보고 준비	팀장																				
	팀원1																				
	팀원2																				
현지 조사 결과 보고	팀장																				
	팀원1																				
	팀원2																				
데이터 추가 수집 (필요시) 및 데이터 분석	팀장																				
	팀원1																				
	팀원2																				
평가결과 보고서 작성	팀장																				
	팀원1																				
	팀원2																				
평가보고회 개최	팀장																				
	팀원1																				
	팀원2																				
평가결과 보고서 수정	팀장																				
	팀원1																				
	팀원2																				
평가결과 보고서 완성 및 최종보고, 평가 종료	팀장																				
	팀원1																				
	팀원2																				

평가 예산을 책정할 경우에는 다양한 비용을 고려해야 한다. 일반적으로 현지 조사 비용, 평가팀 인건비, 데이터 수집 및 분석 비용 등이 포함된다. 〈표 3-07〉는 평가 예산에 일반적으로 포함되는 항목들을 보여 준다.

〈표 3-07〉 평가 예산 항목 예시

예산 항목	포함 내역
인건비	평가팀 리더 및 구성원 인건비
지원 인력 비용	통역 및 번역, 보안 등을 포함하여 조사에 활용되는 계약 인력 비용
현지 조사 비용	비자, 항공권, 현지 교통비, 일비, 식비, 숙박비 등 현지 조사 수행에 필요한 비용
자료 구입비	평가에 필요한 데이터 및 자료 구매 비용
실험비	평가에 필요한 실험 수행 비용
데이터 입력	데이터 입력과 정리(cleansing) 관련 비용
회의비	회의 및 워크샵(workshop) 개최 관련 비용
보고서 작성비	보고서 편집, 번역, 디자인, 인쇄, 출력 비용
기타	인쇄 비용 및 통신 비용 등
일반 관리비	적정 비율
이익	적정 비율

평가팀 계약

외부평가를 수행하기로 결정한 경우, 평가팀 선정 계획을 평가계획서에 포함하여 작성한다. 평가팀 선정 계획에서 조달이나 선정 방식은 각 발주기관별 규정을 따라 수행된다. 다만, 평가는 일반 개발협력용역과 다른 지식과 경험을 요구하는 업무라는 점을 고려하여, 평가팀 선정 시 리더(leader)의 발표 또는 면접 심사를 통해, 평가 관련 경험과 전문성의 깊이를 확인하는 것이 바람직하다. 예를 들어, 평가와 관련된 서로 다른 수혜자 그룹이 개입이 성과에 대해 다른 의견을 갖고 있다면 어떻게 조율하여 평가 결론을 도출할 것인지, 평가 수행에서 예상되는 어려움은 무엇이며 어떻게 해결할 것인지와 같은 질문을 통해 평가팀 리더의 평가에 대한 관점을 확인한다. 또는, 이전 경험에서 주로 사용했던 방법론 등을 확인하여 평가팀의 역량과 경륜을 확인하는 것도 좋은 방법이다.

짚어 보기
1. 평가 질문을 개발할 때 유의 사항을 설명해 본다.
2. 평가계획서의 구성 요소와 주요 내용을 설명해 본다.

생각해 볼 문제
1. 분야별평가를 수행한다고 가정하고, 특정 분야를 선정한 뒤, 사전 조사를 위해 참고할 만한 인터넷 사이트를 5개 이상 조사하고 정리한다.
2. 개발협력평가 결과보고서를 확인하여 평가 질문이 어떻게 구성되었는지 비교하고 논의해 본다.

제4장
평가 수행

  평가 수행 단계는 평가 기획 단계에서 작성한 평가계획서에 의거하여 선정된 평가팀이 평가수행계획서를 작성하는 것으로 시작된다. 평가팀은 평가수행계획서에 따라 데이터 수집 및 현지 조사를 실시하고 조사 결과를 정리한다. 평가 수행 단계에서는 실제 데이터 수집과 조사 과정에서 다양하고 복잡한 제약 상황에 직면하게 된다. 한편, 평가팀은 평가 과정에서 다양한 이해관계자들로부터 참여를 요구받게 된다. 평가 수행 과정의 어려움을 극복하고 성공적으로 현지 조사를 수행하기 위해서는 관련자의 협력이 필수적이다. 따라서 평가를 수행할 때, 다양한 이해관계자와의 커뮤니케이션 및 참여가 효율적으로 이루어질 수 있도록 주의한다. 이 장에서는 평가매트릭스(evaluation matrix)를 확정하고 평가수행계획서를 수립하는 방법을 확인하고, 개발협력에서 다양한 데이터 수집 시 유의 사항과 현지 조사 고려 사항을 설명한다. 마지막으로 이해관계자를 통합하여 효과적으로 평가를 관리하는 방법에 대해 서술한다.

<그림 4-01> 평가 수행 절차

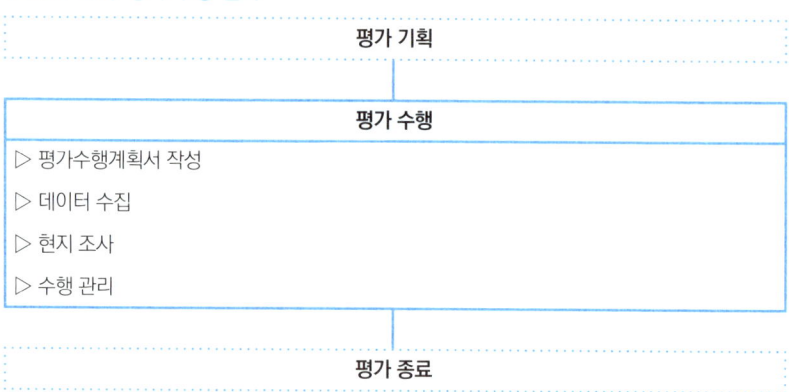

1. 평가수행계획서 작성

 평가계획서에 따라 평가팀evaluation team이 구성되면, 평가팀은 가장 먼저 평가매트릭스를 포함한 평가수행계획서를 완성한다. 평가팀은 평가계획서에 따라, 평가대상의 특징, 평가 시기, 주요 평가 사항 등을 고려하여 평가 목적을 달성하기에 적절한 평가수행계획서를 수립하고, 평가발주기관의 승인을 얻는다. 이때, 평가계획서의 일부 요소의 수정이 필요한 경우, 평가팀은 평가발주기관과 논의하여 평가수행계획서에서 이를 보완한다.

 평가수행계획서는 평가와 관련된 모든 이해관계자가 평가에 대해 공동의 이해 근거를 갖도록 하며, 평가 범위를 분명히 한다. 평가발주기관은 평가수행계획서를 통해 평가팀의 평가에 대한 이해도와 접근법, 수행계획을 이해하게 된다. 평가팀은 평가수행계획서를 통해 평가계획서의 모호한 점을 분명히 하여, 평가발주기관과의 잠재적 갈등 요소를 줄일 수 있다. 평가팀은 평가수행계획서에서 평가 설계와 방법론을 평가대상에 맞춰 보다 구체화할 수 있다. 마지막으로 평가수행계획서는 평가팀이 수행할 업무 범위를 확정한다. 즉, 평가팀의 업무 범위와 업무가 아닌 사항들을 명확히 구분 짓게 한다.

평가수행계획서를 작성하기 위해서는 우선 평가 기준별로 개발된 평가 질문들을 평가 방법론과 연계한다. 즉, 각 평가 질문에 대한 대답을 가장 효율적으로 알아낼 수 있는 정보 수집 및 조사 방법을 선택하여 결정한다. 이렇게 평가 질문과 그에 따른 조사 방법과 지표를 표로 작성하는 것이 바로 평가매트릭스이다. 평가 질문은 그대로 활용하기에 너무 광범위하고 포괄적이다. 따라서 평가팀은 평가대상의 특성, 평가 시기, 주요 평가 사항 등을 고려하여 상황에 맞게 보다 구체적으로 하위 평가 질문들을 개발한다. 예를 들어, '개입 전략은 적절했는가?'라는 개입의 적절성을 묻는 평가 질문은 세부적으로 수원국 전략과의 연계성과 공여국 전략과의 연계성 두 개의 하위 평가 질문으로 나누어질 수 있다. 그 뒤, 평가 질문과 관련된 평가 기준을 기입하고, 질문별 결과를 확인할 준거가 될 지표와 지표를 확인할 조사 방법 및 데이터 출처를 차례로 작성한다. 〈표 4-01〉은 기본적인 평가매트릭스의 예시를 보여 준다.

〈표 4-01〉 평가매트릭스 양식

평가 질문	하위 평가 질문	평가 기준	지표	조사 방법	데이터 출처
개입 전략은 적절했는가?	개입 전략은 수원국의 관련 분야 전략과 연계되었나?	적절성	개입 전략과 수원국 분야 전략의 연계 유무	문헌 조사 /인터뷰	개입 전략, 수원국전략 문서/수원국 담당자
	개입 전략은 공여국의 지원 전략과 연계되었나?	적절성	개입 전략과 공여국 지원 전략의 연계 유무	문헌 조사 /설문 조사	개입 전략, 공여국지원 전략 문서/ 공여기관

다음 단계에서는 평가 질문에 알맞은 데이터 수집 및 조사 방법을 선정한다. 평가팀은 정량데이터 또는 정성데이터를 수집할 수 있다. 정량데이터는 수치화된 데이터를 의미하는 반면, 정성데이터는 수치화되지 않은 데이터를 말한다. 개발협력평가에서 주요 쓰이는 데이터 수집 방법은 인터뷰, 포커스그룹, 설문 조사, 문헌 조사 등으로 구분될 수 있다. 인터뷰나 포커스그룹은 정성적 데이터를 수집하는 데 주로 사용되고, 구조화된 설문 조사는 정량적 데이터를 수집하는 데 주로 활용된다. 따라서 인터뷰나 포커스그룹을 정성적 조사 방법, 구조화된 설문 조사를 정량적 조사 방법으로 분류하기도 한다. 그러나 실제는 조금 더 복잡하다. 정량적 조사 방법은 물론 수량데이터를 수집하지만, 문자데이터 수집에도 활용 가능하다. 또한, 통계 분석은 해석을 위해 숫자뿐 아니라 문자에도 의존한다. 반대로, 정성적 조사 방법 또한 수량데이터를 수집하는데 활용될 수도 있으며, 많은 비수량 데이

터가 실제로는 수치화된 정보를 포함한다.

이상적인 상황에서는 데이터 조사법은 오로지 평가 질문에 따라서 결정된다. 그러나 실제로 평가팀은 시간, 예산, 활용 가능한 데이터 등의 현실적인 제약을 고려하여 조사법을 선택한다. 평가팀은 평가수행계획서에 평가 조사법을 선정한 사유와 이행 방안을 체계적이고 면밀하게 기술하여야 한다. 평가팀은 평가매트릭스와 데이터 조사법을 바탕으로 〈상자 4-01〉과 같이 평가수행계획서를 작성하고 이에 따라 데이터를 수집하고 조사를 수행한다.

〈상자 4-01〉 평가수행계획서 목차 예시

▷ 배경
▷ 평가대상
▷ 평가 목적
▷ 이해관계자 분석
▷ 평가 질문
▷ 평가 설계 및 방법론
▷ 데이터 수집 분석 도구
▷ 평가매트릭스
▷ 구체 업무 추진 계획
▷ 주요 산출물의 목차 및 구성
▷ 인터뷰 대상
▷ 남은 질문과 이슈
▷ 위험 요소와 관리 방안
▷ 윤리적 이슈

2. 데이터 수집

기초선과 종료선

개입에 대한 평가에서 현지 조사는 일반적으로 수혜자에 대해서 기초선baseline 과 종료선end-line 데이터를 수집하는 방식으로 진행된다. 개도국 현장에서 데이터를 실제로 수집하는 일은 예상치 못한 상황에 유연하게 대응해야 하는 가변성이 높은 어려운 업무이다. 평가계획에 따라 아무런 문제없이 데이터가 수집되는 경우는 거의 없다. 예를 들어, 비교군에 속한 참여자는 데이터 수집에 참여해도 아무런 이득이 없으므로, 참여율이 저조할 수 있고 따라서 평가팀은 그에 따라 데이터 수집 방법을 변경해야 할 수도 있다. 수혜자라 하더라도 만약 그들 중 일부가 개입의 일환으로 받은 자금이나 지원 물품을 유용했다면 데이터 수집 과정에 참여한다 해도 왜곡된 정보를 제공할 수 있다. 몇몇 참여자는 인터뷰나 설문 참여의 대가를 기대하거나 요구할 수도 있다. 또는 수원국 관계자 등이 정치적인 이유 등으로 수혜자의 참여를 방해할 수도 있다.

평가는 많은 경우 개입의 종료 시점에서야 시작된다. 이런 경우 기초선 데이터가 없거나 부족한 경우가 많다. 개입의 기획 문서가 모니터링과 평가계획을 포함하고 있더라도 기초선 데이터의 중요성에 대한 이해 부족 또는 관심 결여 등의 다양한 이유로 기초선 데이터가 수집되지 않은 경우도 있다. 또는 사업 기관의 시스템 문제로 데이터가 부재할 수도 있다. 기초선 데이터를 수집하기 위한 준비 작업에 시간과 예산이 소요되어 기획한 기초선 시점보다 데이터 수집이 늦게 시작되는 경우도 있다. 이런 경우, 수집된 기초선 데이터가 실제 기초선의 상황을 대변하지 못할 수도 있다. 또한, 다른 데이터 수집과 마찬가지로 기초선 데이터 수집도 관련 인력의 역량 부족, 훈련 부족, 예산 부족이나 일정 문제 등으로 부실하게 수집, 관리될 수도 있다. 기초선 조사에서 수집되지 않은 누락된 변수 문제도 있다.

기초선의 시점도 중요한 문제가 된다. 일반적인 생각과 달리 하나의 개입에서 기초선이 될 수 있는 시점은 다양하다. 예를 들어, 상하수도 인프라 구축 및 도로 건설을 주요 내용으로 하는 도시 재개발 프로젝트를 시작한다고 하자. 아래의 시점들은 모두 주요 마일스톤이 되며, 이 중 어떤 시점도 기초선이 될 수 있다. 프로젝트가 공식적으로 시작되는 시점이 있고, 착공식이 거행된 시점도 있고, 상하수도 인프라 건설이 시작되는 때가 있다. 도로 건설이 시작되고 상하수도 공사가 종료되는 시점도 있다. 많은 경우, 개발협력 사업에서 기초선 데이터를 수집하는 시점은 이해관계자들의 협의에 따라 결정된다.

기초선 정보가 없을 때, 첫 번째 대안은 개입 관련 다른 행정성데이터를 확인하는 것이다. 대부분의 개발협력프로젝트는 계획서 작성을 위해 대상 지역의 사회 경제 상황 데이터를 수집한다. 프로젝트를 수행하는 동안에는 사업수행기관은 월별, 분기별 또는 연도별 진행 보고서를 작성하며, 종료 시에는 종료 보고서를 작성한다. 이러한 보고서들에는 프로젝트의 주요 변경 사항을 포함한 다양한 데이터가 들어 있다. 공식 보고서뿐 아니라, 이메일, 소개 책자, 회계 기록, 모니터링 기록을 포함한 각종 컴퓨터 파일, 웹사이트website 등도 유용한 자료원이 된다. 기초선 정보가 없는 경우, 평가팀은 개입 관련자들의 협조를 받아 가능한 많은 비공식, 공식 기록을 확보하고, 대체 데이터를 활용한다.

대체 데이터를 활용할 때는 아래와 같은 사항에 주의한다. 첫 번째, 시간차의 문제이다. 대체 데이터가 수집, 보고된 시점들과 기초선으로 정한 시점 사이에 차이가 있을 수 있다. 두 번째로 대상 모집단population의 차이에 주의한다. 데이터는 성별에 따라 구분되어 있는지, 주요 프로젝트 변수에 대한 정보를 포함하는지, 데이터가 모집단을 어느 정도 대표하는지 역시 주의해야 한다. 무엇보다도 기존의 문서 데이터는 정확도의 문제가 있을 수 있으므로 삼각측량법triangulation[7] 등을 통해 데이터의 정확도를 확인한다.

기초선 정보가 부재할 때 두 번째 대안은 회상recall 또는 주요정보원 인터뷰key informant interview 등의 회고조사기법retrospective survey을 사용하는 것이다. 그러나 회상은 측정값에 대한 신뢰도와 편향bias 정도에 대한 분석이 어렵다는 한계가 있다. 예를 들어, '당신은 지난 한 달 동안 얼마나 자주 설사를 했는가?'와 같은 질문에 대해 응답자가 기억을 회상하여 답을 했다고 하더라도 답변의 객관적인 증빙을 찾기는 어렵다. 그럼에

---

7) 삼각측량법triangulation은 서로 다른 방법measures을 활용하여 성과에 영향을 주는 다양한 요소나 위험 요인을 분석하거나 제어하여 분석 결과의 일관성을 높이는 방법을 말한다. 예를 들어, 인터뷰 기법을 통해 확인된 정보를 문헌 조사나 설문 조사 등의 다른 방법을 통해 확인된 정보와 비교하여 서로 다른 조사 방법으로 확인된 정보의 일관성과 정확성을 높이는 것이다. 삼각측량법에 대한 상세한 설명은 제9장을 참조한다.

도 불구하고, 회상은 많은 설문에 사용되며 생활 환경에 대해 많은 정보를 제공해 줄 수 있다. 지역 개발 등에 광범위하게 사용되는 설문 조사 역시도 사실상은 응답자의 기억에 의존하는 조사법이다. 다만, 회상을 통한 조사에서는 응답자가 창피하다고 생각하는 사건이나 행동에 대해서는 왜곡된 정보가 수집될 수 있다. 예를 들어, 영양 실태 조사에서 많은 응답자들은 가족의 영양 상태를 실제보다 더 좋게 과장하여 응답한 경우가 있다.

회상에서 주의할 또 다른 사항은 응답자가 중요하지 않다고 생각하거나 반복되는 사소한 일상에 대해서 과소평가하여 축소할 가능성이다. 이와 관련하여 망원경효과 telescoping 에 주의한다. 예를 들어, 기억의 시점이 오래될수록 소규모 지출은 무시되거나 축소되고 대규모 지출에 대해서는 기억이 과장될 가능성에 주의한다. 회상은 특히 데이터 수집 방법, 측정치를 수집하는 시점, 설문 구성 등에 따라 결과가 매우 민감하게 달라질 수 있으므로, 평가팀은 회상 기법을 활용할 때 이러한 부분에 주의한다.

데이터 수집에서 유의할 사항

평가팀이 수집하는 데이터란 평가를 위해 수집되는 모든 정성, 정량 정보를 의미한다. 종종 평가팀은 지나치게 많은 데이터를 수집한 뒤, 정작 필요한 데이터는 수집하지 못했음을 깨닫고, 수집한 데이터의 많은 부분을 활용하지 못하는 경우에 빠진다. 한편, 인도주의활동평가와 같이 현장 접근 등에 어려움이 많은 경우는 필요한 데이터를 수집하지 못하는 어려운 상황에 봉착할 수도 있다. 평가는 체계적으로 수집한 정보를 기반으로 논리적인 결론을 이끄는 과정이므로, 필요한 데이터를 예산과 일정에 맞춰 적절하게 수집하고 분석하는 것이 필요하다.

필요한 데이터가 무엇인가를 결정하는 기준은 평가 질문이다. 평가 질문이 파악하고자 하는 사실과 그 의도를 확인하여 질문에 적절한 답을 제시할 수 있는 데이터를 수집해야 한다. 예를 들어, 직업훈련원의 자동차공과교육프로그램 참가자에 대한 데이터를 수집한다고 가정하자. 평가를 의뢰한 공여 기관이 교육프로그램의 효과성을 알고 싶어 한다면, 평가팀은 어떤 데이터를 수집해야 하는가? 우선 효과성의 의미를 보다 명확히 할 수 있겠다. 평가의뢰자가 의미한 효과성은 학습 이해도 개선인가, 아니면 취업률 향상인가? 학습 이해도의 개선이라면 자격검정시험 통과 유무 데이터가 필요할 것인가? 아니면 프로그램 참여 전과 후의 시험 성적 결과 데이터를 수집할 것인가? 만약, 취업률 개선이 평가 질문이 의미한 효과성이라면, 동일한 직업훈련원 내의 자동차공과와 타공과 참여자의 취업률 데이터를 수집하는 것이 적절한가, 아니면 직업훈련원별로 자동차공과 교육프로그램 참여자 취업률 데이터를 수집해야 하는가? 즉, 평가팀은 평가 질문의 의도와 목표를 파악하고 평가 질문의 각 구성 요소별 의미를 명확히 이해한 뒤에 평가 질문과 연계성을 갖는 데이터를 수집한다.

평가 질문에 맞는 데이터를 수집할 때 고려할 두 번째 사항은 데이터 수집의 대상이다. 위의 경우와 같이 교육프로그램 참가자에 대한 데이터를 수집한다고 하면, 참가자에 대한 정보를 얻을 수 있는 방법은 크게 세 가지로 나눌 수 있다. 첫 번째는 참가자 자신 또는 참가자에 대해 알고 있는 사람들로부터 정보를 얻는 방법이다. 교육 프로그램에 참여한 학생이나 프로그램 강사, 직업훈련원 원장을 포함한 행정부서 인력, 학부모 등의 다양한 사람들이 정보원이 될 수 있다. 이들에게 인터뷰, 포커스그룹, 설문 조사 등의 다양한 데이터 수집 방법을 활용하여 데이터를 얻을 수 있다. 두 번째는 문헌 조사이다. 교육 참가자들의 시험 기록, 이전 교육생들의 시험 점수와 결과, 출석 기록, 교재 등의 문서, 사진, 지도 등은 유용한 데이터 출처가 된다. 마지막으로는 평가팀 또는 평가팀이 고용한 인력을 활용한다. 이들이 직접 현장을 관찰하고 관찰 결과를 평가 분석의 주요 데이터로 활용할 수 있다. 평가팀의 관찰은 개입이 이루어지는 동안 평가 인력의 지속적인 투입을 의미한다. 따라서 직접 관찰보다는 인터뷰와 같은 대상자 조사나 문헌 조사가 더 많이 활용된다.

데이터를 수집할 때 고려할 세 번째 사항은 접근권 이다. 개발협력에서는 홍수 등 자연재해로 인한 도로 유실, 분쟁으로 인한 위협, 외부인과의 접촉에 대한 금기 등 다양한 이유로 원하는 또는 필요한 데이터 수집을 위한 접근이 어렵거나 불가능한 경우가 종종 존재한다. 한편, 공식 기록이나 문서의 경우, 국가별로 또는 기관별로 접근 대상이나 접근 가능 범위, 열람 가능 내용에 제한이 있을 수 있다. 따라서 평가팀은 사전에 데이터 수집을 위해 필요한 절차나 단계를 확인해야 한다. 먼저 평가 초기부터 평가발주기관 등 관련 이해관계자와 소통하고, 그들이 원하는 데이터를 가능한 구체화한다. 또한, 데이터정보원과 협의를 통해 구체적인 데이터 수집에 대한 사전 동의를 구하고, 수집

주기, 수집 방식 등 세부 내용을 정리한다. 기록 등 문서 정보에 대해서는 각 문서 정보별로 실제 데이터가 존재하는지를 확인하고, 데이터 공개 관련 규정을 미리 확인한다.

데이터 수집 관련 중요한 사항은 개인 정보 보호이다. 정보통신망의 발달과 함께, 개인 정보 보호의 중요성은 나날이 높아 가고 있다. 필요한 데이터를 구체화하여 불필요한 개인 정보가 수집되거나, 남용 또는 오용되지 않도록 주의해야 한다. 또한, 수집된 데이터의 암호화를 통해 데이터 보안에도 유의한다. 익명성과 비밀 보장은 데이터 수집의 기본이다. 익명성은 평가팀이 평가참여자의 신원을 모르도록 하는 것을 의미한다. 예를 들어, 설문 조사나 인터뷰에서 참여자의 이름을 확인하지 않는다. 비밀 보장은 평가팀은 평가참여자의 신원을 알지만, 그 참여자의 어떤 답변도 참여자와 연계되지 않도록 하는 것을 의미한다. 비밀 보장은 평가참여자의 이름이나 개인 신상 정보가 암호로 보호되는 전자 파일이나 자물쇠로 잠긴 문서함에 보관되도록 하는 조치를 포함한다. 평가팀은 평가에 참여한 응답자의 이름을 평가결과보고서에 노출하지 않으며, 참여자의 개인 정보와 사생활을 보호하는데 만전을 기해야 한다.

마지막으로 평가팀은 참여자의 동의를 구하는데 유의해야 한다. 이는 '제13장 평가 품질과 윤리'에서 다루어질 주제이기도 하다. 평가팀은 잠재적 평가참여자들이 평가에 참여하기 전에 그들로부터 명시적인 동의를 받아야 한다. 만약 대상자가 미성년자라면 평가팀은 부모의 동의서를 구해야 한다. 평가참여자의 동의를 구할 때는 참여자가 구체적으로 어떤 활동을 하게 되는지, 참여로 인한 혜택이나 위험은 무엇이 있는지, 데이터를 보게 될 사람들은 누구인지, 데이터는 어떻게 활용될 것인지, 참여에 소요되는 시간은 어느 정도인지 등을 명확하게 안내해야 한다. 평가참여자들의 참여는 자발적이어야 하며, 평가참여자가 원한다면 참여 도중에도 언제든지 참여를 중단하거나 거절할 수 있다는 설명 또한 반드시 포함하여야 한다.

까다로운 대상이나 민감한 주제에 대한 데이터 수집

가정 폭력, 피임과 생식과 같은 민감한 주제나 소수 민족, 난민과 같은 취약 계층에 대해서는 데이터 수집이 더 어렵다. 이러한 상황에서는 관찰이나 개별 인터뷰와 같은 질적 방법이 더 자주 활용된다. 민감한 주제에 대한 데이터를 수집할 때는 특히, 인터뷰 대상을 폭넓게 잡아 다양한 견해와 관점을 파악할 수 있도록 한다. 또한 문화적으로 적절한 전략을 선택하도록 주의한다. 민감한 주제일수록 대면 조사보다는 소셜미디어네트워크 social media network 나 스마트폰 등을 활용하는 비대면 조사 방법도 고려할 수 있다.

학교 중퇴자, 마약 중독자, 노점상, 불법 체류자, 소수 민족과 같이 데이터를 확보하기 어려운 그룹들에 대해서는 참여적 관찰법이 널리 쓰인다. 그룹과 친분이 있는 사람이나 기관을 통해 연락 방법을 확보하고, 함께 생활하며 데이터를 얻을 수 있다. 조사 대상 그룹에서 주요 정보원을 확보하게 되면 이를 통해 데이터를 얻을 수도 있다.

눈덩이표집법snowball sampling도 유용하다. 조사 대상 그룹에 속한 몇 명의 대상자를 통해서 다른 구성원을 소개받아 조사를 이어 나가는 방식의 눈덩이표집은 상대적으로 적은 노력으로 표본의 숫자를 늘릴 수 있다. 최근에는 지구위치시스템Global Positioning System: GPS, 휴대전화mobile phone, 인터넷 등을 조사에 활용하기도 한다. 특히 분쟁 지역이나 자연재해 이후 현지 접근이 어려울 때 이러한 전자 통신 장비를 유용하게 활용할 수 있다.

3. 현지 조사

데이터 수집을 위한 조사는 국내 조사와 현지 조사로 나누어 질 수 있다. 평가팀은 국내 조사를 통해 기존 문헌을 검토하고 국내에 거주하는 이해관계자에 대한 인터뷰를 실시한다. 국내 조사 결과를 바탕으로 필요한 경우, 세부평가모델과 평가 방법을 수정한다. 이후, 현지 조사를 통해 평가 관련 현지 데이터를 수집하고, 분석한다. 개발협력평가의 조사 현장은 해외 개도국으로 국별로 다양한 경제, 정치, 조직/제도, 환경, 사회문화 문맥의 영향을 받는다.

취업률, 경제 성장률과 같은 경제적 요소는 개입과 평가에 영향을 미친다. 예를 들어, 취업률이 높아지면 개도국 주민들은 딸이라 하더라도 취업 기회를 놓치지 않기 위해 학교를 보낼 확률이 높아진다. 평가팀은 개입의 효과성을 명확하게 도출하기 위해서 현지 조사 전에 개입에 영향을 미치는 거시 경제적 요소에 대해 사전 조사와 분석이 필요하다.

정치 요소 또한 개입에 영향을 미친다. 중앙 정부와 협정을 체결하고 개입을 시작한 원조 기관이 사업 대상 지역 지방 정부의 반대에 부딪혀 사업 추진에 난항을 겪는 경우도 있다. 선거로 인한 인플레이션이나 정정 불안 또한 개입의 일정이나 예산 등에 영향을 미칠 수 있다. 따라서 개입의 예산 대비 효율성 또는 일정 관리 효율성을 점검할 때 이러한 외부 영향이 있었는지 여부를 현지 조사를 통해 확인한다.

조직/제도적 환경은 수원 기관이나 수혜 기관 등 개입과 관련된 기관이나 조직 제도의 특성을 의미한다. 개입에 관련된 기관들은 각기 서로 다른 내규나 조직을 갖고 있다. 수원국은 공여국과 다른 법체제와 제도, 정부 체계를 갖는다. 이러한 상이한 조직/제도적 환경은 당연히 평가에 영향을 미친다. 예를 들어, 평가 관련 자료 수집 대상 기관들이 각각 상이한 정보 공개 기준과 체계를 갖고 있다면 평가팀은 사전에 이에 대해 확인하고 대응 계획을 수립하는 등의 준비가 필요하다.

생태 환경 또한 중요한 요소이다. 특히 농업 분야나 농촌 개발 사업의 경우 생태 환경 변화에 큰 영향을 받을 수 있다. 예를 들어, 미곡 생산 증대를 통한 농가 소득 증대 사업 추진 중, 홍수나 태풍, 또는 가뭄이 있었다면, 이러한 자연재해는 사업 기획의 건실성과는 별개로 사업의 성패에 영향을 미칠 수 있다. 신품종 도입 사업은 사업 지역의 토양, 지질 환경에 대한 면밀한 조사 없이는 성공적으로 이루어질 수 없다. 한때 유행처럼 확대되었던 우물이나 간이 펌프를 지원하는 식수사업은 사업 대상 지역 지질 환경에 대한 면밀한 조사가 없이 이루어진다면 대수층을 영구적으로 황폐화하는 부작용을 초래할 수도 있다. 이 모든 환경적 요소는 평가팀이 평가를 위해서 고려하고 분석해야 할 환경적 문맥이 된다.

사회문화적 환경 또한 중요 요소가 된다. 난민 캠프가 화장실 사용료를 징수하기 시작하자 가난한 난민 일부가 풀숲을 노천화장실로 사용했다. 그러나 그 풀숲은 지역 토착 주민이 신성하게 여기는 장소였고, 이는 지역 주민과 난민 사이의 폭력 분쟁을 초래했다. 남성 보호자의 동반 없이 외간 남자와 접촉이 금지된 이슬람 지역 농촌에서 인터뷰를 한 여성 일부는 이후 가정 폭력의 대상이 되었다. 상이한 문화와 관습, 비공식적인 규범을 가진 수백, 수천 개의 서로 다른 부족들이 존재하는 개도국에서 지역 마을의 비공식적인 규범과 그 마을만의 암묵적 규칙, 관습을 이해하고 평가를 추진하는 것이 중요하다.

따라서 현지 조사를 실시하기 전, 평가팀은 평가 관련 이해관계자를 확인하고 의사소통 채널을 수립한다. 또한, 평가 일정을 공유하고, 평가 방법 및 수단에 대한 관련 기관의 동의를 확보한다. 현지 조사 관련, 기관별로 협조 요청 사항을 확인하고 협조 가능 여부와 정도에 따라 현지 조사 계획을 수정, 보완한다. 또한, 현지 평가 시 면담 및 조사 대상자 관련 사항을 확인한다. 마지막으로 통역, 번역 관련 사항, 교통편, 현지 전문가 섭외 등과 같이 현지 조사 진행에 필요한 사항을 확인한다. 현지 조사 종료 후에는 현지의 이해관계자와 평가 결과를 정리하는 종료 회의(wrap-up meeting)를 실시하여, 주요 확인 사항 등에 대해 의견을 교환하고 회의록(minute)을 작성하는 것이 바람직하다. 조사 결과를 사전에 이해관계자와 공유하면 이해관계자는 이후 평가결과보고서를 보다 명확하게 이해하게 되고, 이는 결과보고서 제언의 원활한 소통에 도움이 될 수 있다.

4. 수행 관리

평가도 프로젝트이므로 프로젝트 관리 능력은 평가팀이 갖춰야 할 기본적 역량 중 하나이다. 평가팀은 평가대상과 관련된 기술적 역량뿐 아니라, 논리적 사고 능력, 프로젝트 관리 능력, 소통 능력, 유연성, 협동심을 갖춰야 한다. 소통 능력이나 유연성, 협동심은 결국 인간관계 능력이다. 평가에는 여러 이해관계자가 참여하므로 평가팀, 특히 평가팀 리더는 기술적 역량뿐만 아니라 갈등 관계를 원만하게 해결하고 협업을 이끌 수 있는 대인 관계 능력도 갖춰야 한다.

평가팀을 이끌고 이해관계자와의 협업을 이루어 내기 위해서는 공통된 이해가 필요하다. 평가발주기관의 승인을 획득한 평가수행계획서를 이해관계자와 공유하고 소통하여, 평가팀 내, 외부 이해관계자 모두의 공통된 이해 속에서 평가가 추진될 수 있도록 한다. 또한, 평가팀이 작성하는 문서들의 양식을 미리 확정하여 주요 문서가 동일한 형식으로 작성, 관리될 수 있도록 하는 것이 바람직하다. 특히, 평가팀 구성원이 소속이 다양하며, 평가 참여 계약 기간이 상이한 경우, 작성할 문서와 제출할 자료의 양식과 형식의 통일성을 유지하는 것은 더욱 중요하다.

평가팀이 현지 조사를 수행하고 자료를 분석하면서 평가팀 내부의 갈등이 높아질 수 있다. 자료 해석 또는 평가대상 관련 문맥에 대한 서로 다른 관점이나 팀 구성원 간의 전문 분야 차이로 인한 관심의 차이 등으로 인해 평가 수행 중에 갈등이 발생할 수 있다. 따라서 현지 조사 또는 자료 조사를 시작하기 전에 팀 전체 회의를 통해, 각자의 역할과 업무 분장, 기대 성과를 명확히 하는 것이 바람직하다. 평가팀이 효과적으로 활동하기 위해서 팀빌딩을 위한 시간을 갖는 것도 고려할 수 있다. 또한, 앞서 서술한 바와 같이 공통된 문서 양식을 사용하여 팀원 모두가 손쉽게 서로의 업무 영역과 평가 전체와의 연계성을 이해할 수 있도록 한다.

조사 중 주기적으로 회의를 통해 진행 상황을 서로 논의하고 조율하는 것도 팀 내부의 소통을 촉진하는 좋은 방법이 된다. 특히, 현지 조사 종료 후 최종 보고서 초안을 작성하기 전, 팀 전체 회의를 통해 관련 증거와 확인 사항, 예상 결론이나 제언 초안을 모두 확인하고 협의하여 팀 전체가 동의하는 최종 보고서가 산출되도록 한다. 만약, 특정 팀원이 다른 팀원들이 판단하기에는 중요하지 않거나 관련성이 떨어진다고 생각하는 특정 이슈에 대해서 큰 우려를 표한다면, 평가결과보고서의 첨부 등을 통해 팀원이 제기한 이슈가 별도로 적시될 수 있도록 하는 것도 팀원 전체 협업의 결과물로 최종 보고서를 완성하는 방법이 될 수 있다.

짚어 보기

1. 데이터 수집과 관련된 주의 사항을 설명해 본다.
2. 현지 조사에서 유의할 사항을 설명해 본다.

생각해 볼 문제

1. 현지 조사를 수행할 때 영향을 미치는 요소 중 하나를 선택해서 대응 방안을 논의해 본다.
2. 사업평가를 수행한다고 가정하고, 개발협력기관의 사업결과보고서를 찾아서, OECD DAC 평가 기준 중 1개를 선택한 뒤, 선택한 기준에 해당하는 평가 질문에 대한 평가매트릭스를 작성해 본다.

제5장
평가 종료와 보고

 현지 조사가 끝나면 평가팀은 수집된 정보를 정리하고 분석하여 조사 결과를 종합하는 평가 종료 절차를 수행하게 된다. 개발협력평가에서 많은 경우, 수집된 정보들은 서로 상충되거나 일치하지 않는 결과를 나타내기도 한다. 또한, 어떤 정보들은 하나 이상의 평가 기준에 대한 결과 도출에 관련되기도 한다. 따라서 조사 이후, 이러한 정보들을 종합, 정리하여 분석하는 과정이 반드시 필요하다. 평가팀은 수집된 데이터를 분석하고 각 평가 질문별로 유효한 결론을 정리한다. 마지막으로 평가팀은 정리된 결론 중에서 주요 제언 사항을 도출하여 평가결과보고서를 작성한다. 〈그림 5-01〉은 평가 종료 단계에서 평가팀이 수행해야 할 업무를 세 가지로 나누어 보여 준다. 이 장에서는 평가 결과를 전달하는 핵심 도구이자 평가의 최종 산출물인 평가결과보고서를 작성하는 법을 우선 살펴보고, 평가 결론을 보다 효과적으로 전달하여, 피드백을 강화하는 방안에 대해 알아본다.

〈그림 5-01〉 평가 종료 절차

평가 수행
평가 종료
▷ 평가결과보고서 작성 ▷ 평가 결과 소통 ▷ 평가 결과 활용

1. 평가결과보고서 작성

구성과 작성

평가 종료 단계에서 평가 결과를 효과적으로 요약, 정리하고 공유함으로써 평가로 생산된 지식을 확산하고, 기존 이론을 확인하거나 보완하며, 평가대상에 대한 이해를 촉진하며, 체계적인 의사 결정을 지원할 수 있다. 이를 위해서는 평가 초기 기획 단계부터, 평가 결과가 이후에 평가 결과를 실제 활용할 사람들에게 어떻게 설명되고 전달될지를 고려하는 것이 바람직하다. 또한, 평가결과보고서 이외에도 평가 결과를 사용자 맞춤형으로 전달하는 방법들을 추가적으로 활용하여 평가 결과가 널리 확산되고 배움의 도구로 활용될 수 있도록 하는 것이 필요하다.

평가팀은 평가를 수행하는 과정에서 약식 및 공식 보고서를 중간 산출물로 제출한다. 주간 또는 일간 회의록을 제출할 수도 있고, 현지 조사를 수행하기 전, 후에 현지 조사 계획서와 현지 조사 결과보고서를 제출할 수도 있다. 그러나 이러한 보고서들은 중간 산출물이며, 평가의 최종 결과물은 평가결과보고서이다. 따라서 평가결과보고서를 논리적으로 가독성 있게 작성하는 것은 매우 중요하다. 평가결과보고서는 조사 결과를 토대로 평가 질문에 대한 결론과 향후 제언 사항을 포함하여, 〈표 5-01〉과 같이 구성된다.

〈표 5-01〉 평가결과보고서 구성 예시

구성	주요내용
표지 및 개괄	평가 제목 평가 기간과 평가결과보고서 완료 일자 평가대상 평가 지역(지도 포함 가능) 평가팀 구성 평가발주기관 목차(표목차, 그림목차, 첨부 목차 포함) 약어표
요약	평가대상 간략 설명 평가 목적과 평가결과보고서 독자 평가 방법 간략 설명 주요 확인 사항과 결론 주요 제언 사항
개요	평가 범위와 목적 평가결과보고서 독자 평가팀 구성 평가결과보고서 구성 설명 핵심 평가 질문(평가발주기관의 평가계획에서 수정된 부분이 있다면 수정 사유 포함)
방법론	평가에 사용된 방법론(선정 사유와 적정성에 대한 설명 포함) 프로그램이론(프로그램이론이 사용된 경우) 평가대상의 영향을 받은 집단의 특성과 범위, 구성 평가의 한계(시간 제약, 평가대상 접근의 어려움, 기초선 데이터 부족 등)와 그로 인한 영향 평가 절차 또는 평가팀의 편향과 대처 방법 평가 기준(그리고/또는 평가틀)
배경(문맥)	평가대상 배경 설명
본문	평가 기준 또는 평가에 사용된 평가틀에 따라 구성하여 평가의 증거와 주요 확인 사항 제시

구성	주요내용
결론	보고서의 주요 확인 사항에서 논리적으로 도출된 결론 가치 판단을 위한 명확하고 반증 가능한 논리적 기초 제시 평가대상 및 평가 목적에 부합하는 통찰 제시
교훈과 제언	제약을 고려하여 명확하고 평가대상과 유관하며 수행 가능하고 주요 결론에서 도출된 제언으로 주요 이해관계자와의 협의를 거쳐 도출되어야 함. 제언은 중요도 순서로 정리하고 가능한 3개 이내로 제한
첨부	첨부 문서는 평가결론을 뒷받침하는 주요 세부 사항을 나타내며, 아래의 항목들이 주로 포함됨. 평가수행계획서 평가매트릭스 인터뷰 대상자 및 방문 지역 기록 평가가 사용한 2차 데이터 데이터 수집 도구 포함 방법론에 관한 세부 사항 평가팀 약력 평가수행일지 또는 날짜별 기록 참고 자료

가독성 높이기

평가결과보고서에서 요약 부분은 매우 중요하다. 평가결과보고서에서 가장 많이 읽히는 부분은 사실상 요약 부분이다. 시간이 많지 않은 독자나 평가발주기관은 평가결과보고서의 요약 부분만을 주로 참고하는 경우도 많다. 따라서 평가결과보고서의 핵심 제언이 널리 전달될 수 있도록 요약 부분에 별도로 주요 제언을 넣는 것이 바람직하다. 같은 이유로 요약은 평가결과보고서의 초고에는 넣지 않는 것도 고려할 수 있다. 초고를 검토할 때 검토자들이 본문이 아닌 요약만을 보고 검토 의견을 제시할 수도 있기 때문이다.

평가결과보고서의 가독성을 높이기 위해 다양한 방법을 활용할 수 있다. 각 장과 절을 구성할 때, 적절한 제목을 사용하여 핵심 메시지가 직관적으로 전달되게 할 수 있다. 중요 문구는 볼드체를 사용하거나 이탤릭체 등으로 강조한다. 주요 확인 결과와 관련해서는 답변자를 밝히지 않고 직접 인용문을 사용하거나, 인용문을 본문 밖으로 별도로 배치하여 강조할 수 있다. 상자, 그래프, 표, 그림을 적절히 사용하면 역시 가독성을 높일 수 있다. 중요한 정의나 우수 사례 등을 소개할 때 상자를 사용하여 주요 메시지나 이야기를 돋보이게 할 수 있다. 그래프나 표는 압축적으로 주요 결과를 전달할 때 유용하다. 예를 들어, 취업 프로그램 평가 결과를 전달한다고 가정하자. '취업에 성공한 선배의 조언 활동의 만족도가 46%, 취업 관련 정보 제공 활동의 만족도가 29%, 취업 관련 컨설팅 서비스 만족도가 17%, 기타 의견이 8%로 나타났다.'라고 글로 서술한다면 한 눈에 각 활동별 만족도를 알기 어렵다. 같은 내용을 〈그림 5-02〉와 같이 그래프로 나타내면 활동별 만족도를 일목요연하게 비교하여 알 수 있다.

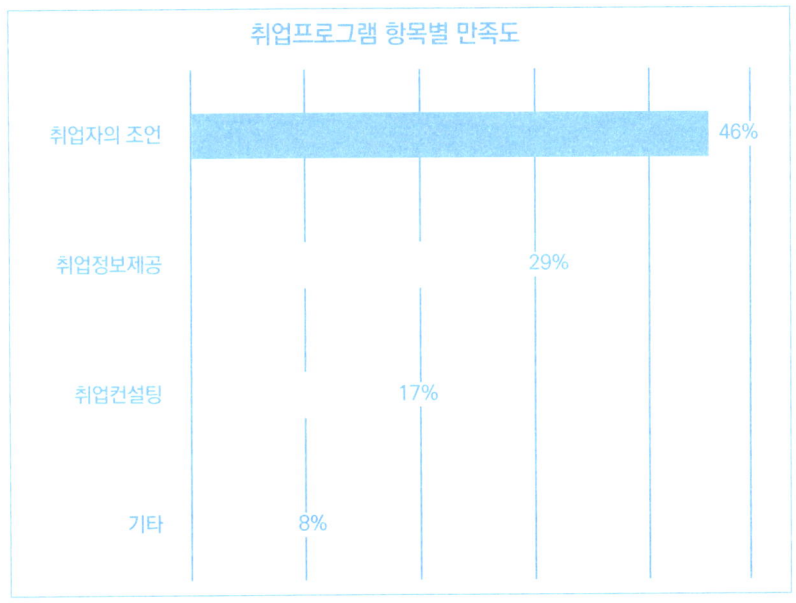

〈그림 5-02〉 그래프를 활용한 시각화 예시

　최근 인포그래픽infographic 등 데이터 시각화 관련 도구가 비약적으로 발전하면서, 데이터 시각화를 통한 평가결과보고서 작성이 주목받고 있다. 이제 논리적으로 완결성 있는 좋은 내용의 보고서를 쓰는 것만으로는 충분하지 않다. 평가발주기관과 같은 이해관계자들은 점점 더 평가 결과를 쉽게 확인할 수 있는 세련된 시각화 효과가 사용된 보고서를 요구한다. 적절한 데이터 시각화를 통해 평가결과보고서의 가독성을 높이고, 인터넷 기반으로 독자를 확대할 수 있다. 또한 시각화 도구를 적절히 사용하면 평가결과보고서가 전달하고자 하는 핵심 결론이나 주요 확인 사항과 제언을 의사 결정권자에게 효과적으로 제공할 수 있다는 장점이 있다. 단, 사진을 사용할 경우는 관련된 지식 재산권이나 개인 정보 보호 관련 법규를 사전에 확인하여야 한다.

〈그림 5-03〉 워드클라우드를 사용한 핵심 단어 표현 예시

출처: 부산선언문 텍스트를 wordcloud.kr에서 시각화함

〈그림 5-03〉은 제4차 원조 효과성을 위한 고위급 회담의 최종 결과물인 부산선언문Busan Partnership Agreement의 핵심 단어들을 워드클라우드wordcloud로 시각화한 것이다. 개발development, 파트너십partnership, 효과성effectiveness, 지속 가능한sustainable, 성과result 와 같은 용어가 많이 등장하였다는 것을 한눈에 알 수 있다. 이와 같이 적절한 시각화를 통해 평가결과보고서가 전달하고자 하는 핵심 내용이 일목요연하게 드러날 수 있게 하여 가독성을 높이고 나아가 보고서의 활용도를 높이는 것이 중요하다.

평가결과보고서는 다양한 독자층을 갖는다. 주요 독자층의 관심 분

야에 따라 평가결과보고서를 다르게 준비하는 것도 고려할 수 있다. 평가 관리자나 평가대상 담당자들은 평가대상에 대한 평가팀의 결론과 제언이 기반하고 있는 분석에 대한 상세한 정보를 원하는 경우가 많다. 반면 관리자나 임원진은 장문의 보고서보다는 주요 결론과 제언이 있는 요약된 보고서를 원하는 경우가 많다. 따라서 보고서를 작성할 때 상세본과 축약본을 구분하여 완성하는 것을 고려할 수 있다.

의견 수렴

평가결과보고서 초안이 완성되면, 평가팀은 주요 이해관계자들에게 보고서 초안을 공유하고 의견을 수렴한다. 주요 이해관계자는 평가결과보고서를 활용할 그룹, 주요 인터뷰 대상자 등을 포함한다. 주요 이해관계자에게 평가결과보고서를 확인하고 오류가 있다면 수정하고 분석의 효과성을 확인하여 평가 품질을 관리한다. 보고서 초안 공유는 주요 이해관계자들에게 평가에 대한 주인 의식을 고취할 수도 있다는 장점도 있다.

보고서 초안에 대한 의견을 요청할 때는 일주일에서 한 달까지 충분한 시간을 제공한다. 보고서 초안을 접수한 담당자는 기관 내에 보고서를 회람하고 의견을 취합해야 하는 경우가 있을 수도 있다는 점에도 주의한다. 한편, 보고서 검토 기한을 명시하고, 기한 내에 의견을 제시하지 않으면 보고서 초안에 동의한다는 의사로 간주한다는 점을 보고서 초안을 제공할 때 분명히 하여, 의견이 늦지 않게 적절하게 취합될 수 있도록 한다. 보고서 초안을 제공할 때는 보고서 초안이 최종 보고서 대비 어느 정도 수준의 완성본인지를 명확히 하여 의견을 제공하는 이해관계자들이 의견 제공의 정도와 수준을 조절할 수 있게 한다. 또한 의견 제공자들에게 요구하는 의견의 종류를 명확히 하고, 제공된 의견이 공유되는 방식을 설명하여 이해관계자들이 유용한 의견을 제공할 수 있도록 안내한다.

평가팀은 의견을 취합한 뒤 하나의 표로 정리하고, 수집된 의견을 어떻게 반영했는지를 제시된 의견과 함께 정리한다. 통합된 표로 의견을 관리하면 평가팀 내부에서 다양한 팀원이 보고서를 수정하더라도 수정 상황과 여부 등을 보다 효과적으로 관리할 수 있다. 또한, 보고서 초안에 의견을 제공한 외부의 이해관계자들에게도 각 의견의 반영 정도와 상황을 명확히 소통하여 투명하게 관리할 수 있다. 의견 반영 정도를 표에 기입할 때는 '수정됨', '세부 사항 추가됨', '삭제됨', '미반영'과 같이 머리말을 달아 구분하는 것이 효율적이며, '미반영'의 경우 미반영 사유를 같이 제시한다.

승인과 배포

평가팀이 보고서 초안에 대한 수정을 완료하면 평가발주기관에 승인을 요청한다. 다양한 기관은 각 기관별로 평가결과보고서 심사 기준을 갖고 있다. 따라서 평가팀은 사전에 심사 기준을 확인하고, 그에 부합하는 결과보고서를 작성하도록 한다. 기관별로 심사 기준은 다양하지만, 유엔평가그룹(United Nations Evaluation Group, UNEG)은 평가결과보고서의 품질을 확인할 때 참고할 수 있도록 확인서 양식을 〈표5-02〉와 같이 수립하여, 제공하고 있다.

<표 5-02> 평가결과보고서 품질확인서

평가 제목:	
발주 기관:	
1. 보고서 구조 (The Report Structure)	
1.0	보고서가 완결성 있고 명확하며 논리적이며, 구성이 조직적이다.
1.1	보고서가 명확성과 일관성을 갖고 논리적으로 구성되어 있다. (예를 들어, 배경과 목적이 확인 사항(findings) 전에 제시되고, 확인 사항이 결론과 제언 전에 제시된다)
1.2	표지와 개요가 주요 기본 정보를 제공한다. 평가대상의 이름 평가 일정과 보고서 작성 일자 평가대상의 위치 (국가, 지역, 등) 평가팀 구성원 성명과 소속 기관명 평가발주기관명 표, 그래프, 그림, 첨부 목록을 포함한 보고서 목차 약어목록
1.3	요약은 아래 사항을 포함하여 본문과 별도로 2-3페이지로 구성된다. 1. 평가대상 개요 2. 평가 목적과 의도한 독자층 3. 평가 방법론 4. 가장 중요한 확인 사항과 결론 5. 주요 제언들
1.4	첨부는 보고서의 신뢰도를 높인다. 첨부는 아래 사항을 포함하여 구성된다. TOR들 인터뷰 대상자 목록과 방문 기관 목록 참고한 문서 목록 데이터 수집 도구들의 신뢰도와 유효성에 대한 세부 사항 등을 포함한 방법론상의 세부 사항

1.4	평가팀 구성원 이력과 팀 구성의 적정성 평가매트릭스 성과틀(results framework)	
2. 평가대상 (Object of Evaluation)		
2.0	보고서는 평가 '대상'에 대해 명확하고 충분한 정보를 제공한다.	
2.1	평가대상의 논리모형 또는/그리고 예상 성과사슬(투입, 산출물, 성과들)이 명확하게 서술되어 있다.	
2.2	평가대상에 직접적으로 관계가 있는 주요 사회, 정치, 경제, 인구, 제도적 요소들이 서술되어 있다. 예를 들어, 관련 기관의 목적과 우선순위와 관련 있는 수원국 정부 전략과 우선순위, 국제적, 지역별 또는 국별 개발 목표, 전략과 프레임워크 등	
2.3	평가대상의 복잡성과 규모가 명확히 설명되어 있다. 예를 들어, 구성 요소의 개수, 각 구성 요소가 직접 또는 간접적으로 영향을 미치는 집단 규모 지리적 문맥과 경계들(지역 경계, 국경, 또는/그리고 조경과 관련된 어려움들) 평가대상의 목적과 목표, 조직과 관리 인적 자원과 물적 자원을 포함한 총 투입 자원과 요소별 내역(관련 기관별 자원, 수원국 정부 지원, 공여 기관 지원 등 포함)	
2.4	평가대상 실행 관련 주요 이해관계자들, 사업수행기관과 파트너들 및 기타 주요 이해관계자들과 그들의 역할 포함	
2.5	보고서는 평가대상의 집행 과정에서 거쳐 온 각 실행 단계와 주요 변화(예를 들어, 계획, 전략, 논리모형 상의 변화) 및 변화가 평가에 주는 의미를 포함한 평가대상의 집행 상황을 보여 준다.	
3. 평가 목적, 목표와 범위 (Evaluation Purpose, Objectives and Scope)		
3.0	평가 목적, 목표와 범위가 완전하게 설명된다.	
3.1	평가가 수행된 시점에서 평가가 필요했던 이유, 평가 정보를 필요로 하는 사람, 필요한 정보의 종류, 정보의 활용 방법을 포함하여 평가 목적이 명확히 정의된다.	
3.2	보고서는 주요 평가 질문들과 평가 목표 및 평가가 포함하는 영역과 포함하지 않은 영역에 대한 정당성 설명을 포함한 평가 범위를 명확히 설명한다.	
3.3	보고서는 평가팀이 사용한 평가 기준, 성과 기준 및 다른 기준들에 대한 설명을 제공한다.	
3.4	평가 목표와 범위는 젠더와 인권 이슈에 대한 질문을 적절하게 포함한다.	
4. 평가 방법론 (Evaluation Methodology)		
4.0	보고서는 평가가 어떻게 평가 기준에 알맞게 설계되고 평가 질문에 대한 대답을 도출하며, 평가 목적을 달성했는지를 포함하여 평가 방법론에 대한 명료한 설명을 제공한다.	

4.1	보고서는 데이터 수집 방법과 분석 방법의 선정 사유와 한계를 포함한 데이터 수집 및 분석 방법에 대한 설명을 제공한다. 필요한 부분마다 참고 지표와 기준치가 적절하게 제공된다.
4.2	보고서는 데이터 수집원, 수집원 선정 사유 및 한계를 서술한다. 보고서는 다양한 관점을 확보하고 데이터 정확성을 높이며 데이터 한계를 극복하기 위해 어떻게 데이터 다양한 수집원이 활용되었는지에 대한 논의를 포함한다.
4.3	보고서는 표본이 대표하는 모집단과 지역, 선택 사유, 선택 기제, 잠재 대상으로부터 선택된 표본 숫자, 표본의 한계를 포함하여 표집틀에 대해 설명한다.
4.4	보고서는 특정 집단 선정 사유 및 협의 활동들을 포함한 평가 진행 과정에서 이해관계자 협의 절차에 대한 완전한 설명을 제공한다.
4.5	적용된 방법이 평가와 평가 질문을 답하는데 적절하다.
4.6	적용된 방법이 평가 범위에서 확인된 젠더와 인권 문제를 분석하는데 적절하다.
4.7	보고서는 데이터 수집 도구의 유효성과 신뢰성을 뒷받침하는 증거를 포함하여, 데이터 품질 보장을 위해 채택한 적절한 조치들에 대한 증거를 제시한다. (예: 인터뷰 프로토콜, 관찰 도구 등)

5. 확인 사항 (Findings)

5.0	확인 사항은 보고서의 범위와 목적 부분에 설명된 평가 기준 및 질문을 직접 답하고 있으며, 보고서의 방법론 부분에서 설명된 분석 방법과 수집된 데이터로 증명된다.
5.1	보고된 확인 사항은 데이터에 대한 체계적이며 적절한 분석과 해석에 기반한다.
5.2	보고된 확인 사항은 평가 범위에서 정의된 평가 기준(효율성, 효과성, 지속가능성, 영향력, 적절성과 같은)과 평가 질문에 답하고 있다.
5.3	확인 사항은 증거에 기반하여 객관적으로 보고되었다.
5.4	데이터 부족과 한계 그리고/또는 예상하지 못한 확인 사항도 보고되고 논의되었다.
5.5	지속적인 제약 사항을 포함한 성공과 실패의 사유가 가능한 많이 도출되었다.
5.6	전반적으로 확인 사항은 명확성과 논리성, 일관성을 갖고 제시되었다.

6. 결론 (Conclusions)

6.0	결론은 증거에 기반하고 확인 사항에 기초하여 논리적인 판단을 제시하며, 평가 목적과 평가대상과 관련이 있는 통찰을 제공한다.
6.1	결론은 주요 평가 질문과 관련된 논리적인 평가적 판단(evaluative judgment)을 반영한다.
6.2	결론은 제공된 증거에 기초하며 평가 확인 사항과 논리적으로 연계된다.
6.3	서술된 결론은 평가 사용자의 향후 결정과 행동과 관련된 중요한 문제나 이슈를 도출하거나 그에 대한 해결 방안에 대한 통찰을 제시한다.

6.4	결론은 다양한 이해관계자의 관점들을 적정하게 고려하고 증거에 기반하여 평가대상의 강점과 약점을 제시한다.

7. 제언 (Recommendations)

7.0	제언은 평가 목적과 평가대상과 관련이 있으며, 확인 사항과 결론으로 뒷받침되고, 관련 이해관계자들과 연계하여 개발되었다.
7.1	보고서는 이해관계자와의 논의를 포함한 제언 개발 관련 절차를 설명한다.
7.2	제언은 증거와 결론에 확고히 기반을 두고 있다.
7.3	제언은 평가 목적과 대상과 연관성이 있다.
7.4	각 제언별 목표 집단(target group)이 명확하게 제시된다.
7.5	제언은 이후 행동들의 우선순위와 함께 명확하게 서술되었다.
7.6	제언은 실행 가능하며 후속 조치 관련 잠정적인 제약 조건을 포함하며, 평가발주기관에 대한 이해에 기반하고 있다.

8. 젠더와 인권 (Gender and Human Rights)

8.0	보고서는 평가대상의 기획과 실행, 성과측정, 평가 절차에서 성평등 관점과 인권 기반 접근법을 어느 정도 반영하고 적용했는지 보여 준다.
8.1	보고서는 데이터를 성별, 연령별, 장애 요소 등으로 구분하는 것을 포함하여 젠더감수성과 인권 기반 표현을 사용한다.
8.2	평가 접근법과 데이터 수집과 분석 기법은 성평등과 인권 감수성에 맞춰 있으며 평가 범위안에 포함된 성평등과 인권 이슈를 적절하게 분석할 수 있다.
8.3	보고서는 평가대상 설계와 실행이 건실한 젠더 분석과 인권 분석에 기초했는지 분석한다. 또한, 평가대상의 모니터링에서 젠더와 인권 프레임워크를 사용했는지 분석하고, 그 실제 성과를 기술한다.
8.4	보고된 확인 사항, 결론, 제언과 교훈은 성평등과 인권 측면에서 적정한 정보를 제공한다.

출처: UNEG, 2010: 2-6.

많은 경우 평가결과보고서 배포 계획은 평가 후반기에 수립된다. 그러나 평가결과보고서의 활용도를 높이기 위해서는 평가결과보고서 활용과 배포에 대한 계획을 소요될 예산과 함께 사전에 기획하는 것이 바람직하다. 평가결과보고서 배포와 관련하여 우선 평가 결과를 알아야 할 주요 이해관계자가 누구인지를 파악한다. 그리고 평가결과보고서를 공유하고 소통할 책임자를 지정한다. 또한, 평가결과보고서의 주요 독자층이 알고 싶어 하는 정보와 알아야 할 정보들을 파악한다. 언어나 통신, 인터넷 접근의 어려움 등을 고려한 독자별 최적의 정보 공유 방법을 확인한다.

몇몇 UN 기구나 공여 기관은 책무성 정책의 일환으로 평가결과보고서의 일반 대중 공개와 관련된 명확한 지침을 갖고 있다. 그러나 많은 기관들은 평가 건별로 시의적절하게 공개 여부를 결정하는 것을 선호한다. 어떤 경우 보안이나 평가 관련자의 신변 안전을 위해 평가결과보고서의 공개가 불가능하기도 하다. 평가팀은 평가결과보고서 공개 여부와 예상 독자층을 평가계획 당시부터 명확히 하여 주요 독자층에 맞춰 평가결과보고서를 작성한다.

평가팀이 보고서 배포 계획을 수립할 때는 예산과 활용 가능한 의사소통 채널을 명확히 분석하여 다양한 독자층과 활용자층의 요구를 충족시키도록 한다. 제언 사항별로 독자층이 다를 경우, 평가결과보고서 배포 계획은 이를 반영하여 독자층별로 맞춤형 배포 및 소통 방안을 수립한다. 예를 들어, 정책이나 전략 관련 제언은 사업 집행 관련 제언과는 다른 활용자층을 가질 것이며, 따라서 평가팀은 각각에 대해 서로 다른 의사소통 계획을 수립한다.

평가결과보고서 최종 보고회는 가장 많이 활용되는 보고서 공유 채널이다. 그러나 만약 평가결과보고서 제언의 주요 이해관계자가 현지에 있다면, 보고서 배포 계획에 이를 반영하여, 현지에서 결과 공유 워크샵workshop을 별도로 진행하거나 온라인 워크샵을 수행하는 것이 바람직하다.

2. 평가 결과 소통

평가 결과를 공유하고 소통하는 채널은 다양하다. 가장 빈번하게 사용되는 방법은 보고회이다. 평가팀과 평가결과보고서 활용자들은 보고회를 통해 의견을 교환한다. 보고회는 참여자의 특성에 따라 다양한 진행 방식을 활용할 수 있다. 보고회를 준비할 때는 회의 결과를 이후에 비참여자에게도 공유할 것인지, 통역이나 번역이 필요한지, 평가발주기관을 통해 제한적으로 평가 결과를 공유할지 사전에 기획한다. 평가결과보고서의 번역이 필요한 경우, 가능한 전체 보고서를 번역하도록 한다. 다만, 예산이나 시간상 부담된다면 차선책으로 요약본만을 필요 언어로 번역하는 것을 고려할 수도 있다.

평가대상에 대한 연관성 정도에 따라 서로 다른 의사소통 방법을 활용한다. 주요 활용 대상에 대해서는 평가팀이 일대일 보고회를 추진할 수도 있다. 앞서 서술한 바와 같이 보고서의 분량과 내용을 조절하여, 배포 대상별로 서로 다른 버전version을 활용할 수도 있다. 이해관계자의 중요도나 연관성 등에 따라 핵심 요약과 주요 결론만을 이메일로 소통할 수도 있다.

팟캐스트podcast와 같은 오디오 녹음본, 웨비나webinar 또는 영상을 활용할 수도 있다. 대면 회의가 어려운 경우, 이러한 방법은 더욱 유용하다. 평가의 주요 결론과 제언을 영상이나 음성 녹음으로 공유하는 것은 장문의 보고서를 공유하는 것보다 더 큰 효과가 있을 수 있다. 특히, 웨비나를 활용하면 지리적 한계를 극복하고 온라인 토론을 통해 더 다양한 관계자와 평가 내용을 공유할 수 있다.

발전하는 소셜미디어social media를 활용할 수도 있다. 평가결과보고서 발표나 평가 주요 결론과 제언을 공개적으로 공유하는데 소셜미디어가 점차 폭넓게 활용되고 있는 추세이다. 다양한 소셜미디어를 목적에 따라 선별하여 활용할 수도 있다. 예를 들어, 트위터twitter를 활용하여 평가결과보고서 배포를 간략히 알리고, 블로그blog 게시물을 활용하여 평가결과보고서 제언이나 결론을 공유할 수도 있다. 한편, 많은 기관들은 평가 데이터베이스database를 구축하여, 평가 결과가 보다 널리 활용될 수 있도록 하고 있다. 평가팀은 평가발주기관의 평가 정보 공개 정책을 사전에 확인하고 그에 따라 적절한 데이터베이스에 평가 결과를 공유한다. 평가팀은 이 절에서 소개하는 내용에 그치지 않고, 평가 특성과 상황을 고려하여 보다 다양한 채널을 통해 평가 결과를 공유하도록 노력한다.

3. 평가 결과 활용

평가결과보고서를 작성하고 소통하는 것은 평가팀의 업무이지만, 평가결과보고서를 활용하는 것은 평가발주기관과 같은 이해관계자의 업무이다. 그러나 평가결과보고서가 보다 더 많이 유용하게 활용되도록 하기 위한 노력은 평가팀의 최종 업무라고 할 수 있다.

평가결과보고서 활용도에 영향을 미치는 다양한 요소가 있다. 첫 번째로는 평가의 품질이다. 평가 품질이 높다면 평가결과보고서의 활용도가 당연히 높을 것이다. 평가 품질은 평가팀이 활용도와 관련하여 가장 큰 통제력을 갖는 요소이며, 보고서가 활용되기 위한 전제 조건이 되기도 한다. 따라서 평가팀은 무엇보다도 평가 기획, 수행, 종료의 전 단계에 걸쳐 우수한 품질의 평가를 생산하기 위해 노력한다.

두 번째 요소는 평가발주기관의 조직과 문화이다. 즉, 평가를 통한 학습과 개선을 리더십과 조직이 지지하고 있는지와 관련된다. 같은 평가라 하더라도 조직 문화와 리더십이 지식 관리와 학습 친화적인 경우, 더 활용도가 높게 될 것이다.

세 번째 요소는 외부 요인이다. 예를 들어, 평가 활용과 개선에 대해 여론이나 미디어가 주목하고 있다면, 평가 활용도는 더욱 높아질 것이다. 또는 평가발주기관의 상위 기관이나 국회 등이 평가 활용을 촉진하는 정책을 갖고 있다면 역시 평가 활용도는 더 높아질 것이다.

평가결과보고서의 활용도를 높이기 위해서 외부 요인이나 발주기관의 조직 문화를 개선하는 것은 평가팀이 영향을 미칠 수 있는 부분이 아니다. 앞서 서술한 바와 같이 평가팀이 보고서 활용도를 높이기 위해 할 수 있는 최우선적인 사항은 보고서 품질 제고이다. 평가팀은 무엇보다도 객관적 증거에 기반하여 논리적으로 체계적으로 유용한 제언을 도출하는 양질의 평가결과보고서를 작성하는 데 노력한다.

평가팀이 수행할 수 있는 다른 방법에는 평가 결과를 활용할 주요 대상자를 제언 도출에 참여하도록 하는 것이 있다. 이를 통해 이해관계자의 제언에 대한 주인 의식을 높이는 것이 가능하다. 다양한 평가 제언을 주제별로 묶어 평가발주기관의 직원 역량 강화 교재로 사용하는 것도 활용도를 높이는 방법이 될 수 있다. 어떤 기관은 평가 결과의 활용성을 높이고 활용 절차를 공식화하기 위해 관리자답변매트릭스management response matrix를 작성하기도 한다. 관리자답변매트릭스는 〈표 5-03〉와 같이 평가 제언별로 관리자의 대응 계획과 대응 계획 수행에 필요한 기간, 각 단계별 책임 담당자 및 관할 부서 등의 대응에 필요한 정보를 기록하여 표로 체계화한 표이다.

〈표 5-03〉 관리자답변매트릭스

	관리자 답변			관리자 의견	대응 활동	소요 기간	관할 부서
	수용	부분수용	거절				
제언1							
제언2							

관리자답변매트릭스는 평가 결과 활용자들이 제언에 대해 고민하고

토론하여 향후 활용 계획을 수립하도록 지원하는 유용한 도구이다. 다만, 여러 기관이 참여하는 공동평가의 경우, 관리자답변매트릭스 활용에 제약이 있을 수 있다. 공동평가의 경우, 참여 기관들이 임시관리위원회를 조직하여 상호 조율을 통해 통합 조정된 답변을 도출할 수도 있다.

평가팀은 평가 결과가 적절하게 활용될 수 있도록 노력해야 하지만, 반대로 평가 결과가 오용되지 않도록 주의해야 한다. 평가발주기관 또는 다른 이해관계자가 평가결과보고서의 일부를 수정하거나, 잘못 인용하거나, 잘못되게 진술하는 것을 오용이라고 한다. 즉, 평가팀이 전달하고자 하는 의도와 다르게 평가가 정당화할 수 없는 방식으로 평가 결과가 활용되는 것이 오용이다. 어떤 경우, 이해관계자는 평가결과보고서의 일부를 평가팀의 동의 없이 발췌하여 수정한다. 또 다른 경우, 이해관계자가 평가결과보고서의 서술과 다르게 일부 요소를 요약하여 사용할 수 있다. 평가결과보고서 중 자신들의 입맛에 맞는 일부분만을 평가결과보고서 전체의 맥락과 다르게 발췌하여 활용하는 경우도 있다. 이 모든 예시가 오용이며, 평가팀은 평가결과보고서가 널리 활용되도록 할 뿐만 아니라, 오용되지 않도록 주의를 기울여야 한다.

짚어 보기

1. 평가결과보고서를 작성할 때 유의 사항을 설명해 본다.
2. 평가 결과 활용도에 영향을 미치는 요소를 설명해 본다.

생각해 볼 문제

1. 평가팀이 도출한 평가 결과에 대해 평가발주기관이 이의를 제기하고 수정을 요청할 때, 대응할 수 있는 방안에 대해 논의한다.
2. 평가결과보고서의 가독성을 높이기 위해 활용할 수 있는 도구에 대해 논의해 본다.

제6장
데이터 수집 I

 지금까지 개발협력평가의 기본 이론에 따라서 기획, 수행, 종료단계별 평가업무 수행 방법을 알아보았다. 이번 장부터는 실제 평가수행계획서에 따라서 현장에서 데이터를 수집하고 분석하는 방법에 대해 알아본다. 개발협력평가는 평가 질문에 대한 논리적이고 체계적인 답을 구하는 과정이다. 이를 위해 먼저 평가팀은 평가 질문에 대한 답을 구하기 위해 데이터를 수집한다. 따라서 이 장에서는 데이터 수집 전략과 수집 도구를 선택하는 방법에 대해 알아본 뒤, 개발협력평가에서 빈번하게 사용되는 데이터 수집 방법인 문헌 조사 및 인터뷰 방법론에 대해서 차례로 살펴본다.

1. 데이터 수집 전략

고려 사항

 평가 질문에 답하기 위해 선택할 수 있는 데이터 수집 방법은 다양하다. 많은 수집 방법 중 무엇을 선택할 것인가 하는 결정은 평가 질문, 독자, 데이터 출처, 시간과 자원 등에 따라 달라진다. 데이터 수집 방법 선정에 영향을 미치는 요소는 다양하지만 어떤 방법을 선택할 것인가를 결정할 때 가장 중요한 기준은 평가 질문이다. 평가팀은 평가 질문을 답하는데 가장 믿을 수 있고 유효한 데이터를 제공할 수 있는 수집 방법을 선택한다. 데이터 수집에서 고려할 또 다른 사항은 평가결과보고서의 주요 독자이다. 데이터 수집 방법을 선택할 때는 향후 평가결과보고서의 주요 독자가 이해할 수 있고 독자에게 가장 유용한 정보를 제공할 수 있는 방법을 선택한다.

다음으로 고려할 사항은 데이터의 출처이다. 데이터 수집 대상이 될 집단이나 개인은 누가 될 수 있는지, 어디에서 데이터를 수집할 것인지, 얼마나 많은 응답자가 필요한지 등을 고려한다. 데이터 수집을 위해 무한정 시간을 사용할 수는 없다. 전체 평가 일정을 고려할 때, 데이터 수집에 소요되는 기간이 적절한지, 데이터 수집 시점과 빈도는 어떻게 기획할지 등을 고려한다. 마지막으로는 동원 가능한 자원을 확인한다. 전체 평가 예산에서 데이터 수집과 분석을 위해 책정된 예산은 적정한지, 데이터 수집을 위해 필요한 역량을 갖춘 인력은 충분한지, 추가 인력을 외부에서 동원해야 하는지를 고려한다.

수집 방법 선정

데이터 수집 방법은 크게 구조화된 설문지 조사structured survey나 시험과 같은 정량적방법론quantitative methodology과 인터뷰나 포커스그룹과 같은 정성적방법론qualitative methodology으로 나뉜다. 정량적방법론은 수치화할 수 있는 정량데이터를 수집하는 방법을 의미하며, 정성적방법론은 인터뷰 녹취 자료와 같은 수치화되지 않는 정성데이터를 수집하는 방법을 의미한다. 그러나 제4장에서 기술한 바와 같이 둘 사이의 구분이 분명한 것은 아니다.

어떤 조사법을 선택할지는 역시 평가 목적과 질문에 따라 달라진다. 최근에는 정량적방법론과 정성적방법론을 평가 질문들에 따라서 적절히 혼용하여 사용하는 혼합방법론mixed methodology이 널리 사용된다. 예를 들어, '교육 사업의 효과성은 어떠한가?'라는 평가 질문에 답하기 위해서, 학생들의 시험 성적 결과와 같은 양적 데이터 조사와 함께, 학생들과 교사를 대상으로 실시된 교육 사업에 대한 의견을 인터뷰하는 것이다. 어떤 데이터 수집 방법을 활용하든지 각각의 방법론 사이에 우열은 존재하지 않으며, 평가 목적, 평가 질문, 예산과 일정, 현지 상황을 고려하여 시의적절하게 최적의 조사법을 선정한다.

개발협력평가에서 가장 기본적이고 널리 활용되는 조사법은 기존 문헌 조사이다. 예를 들어, 교육 사업에서 각종 학업 성취도 검사 성적들, 소프트웨어 지원 사업에서 성능 검사표, 농업 사업에서 생산량 변화 등 각종 시험이나 측정 데이터 등 기존에 이미 수집되고 측정된 기록들을 활용하는 것이다. 만약 유용한 정량데이터를 확보할 수 있다면 이를 엑셀Excel, 사회과학통계패키지Statistical Package for the Social Science: SPSS, 스타타Stata와 같은 상용화된 통계 소프트웨어software를 사용하여 상대적으로 빠르고 쉽게 분석도 가능하다.

평가가 민감한 주제를 다루고 있다면, 인터뷰와 같은 조사법이 선호된다. 가정 폭력, 약물 사용, 인종 차별, 불법 체류와 같은 민감한 주제에 대한 이유와 원인과 같은 깊이 있는 정보를 얻는데 인터뷰는 유용한 조사법이 된다. 인터뷰는 개개인의 심층적인 경험에 대한 이해와 설명을 제공할 수 있으며, 평가대상자와의 교류를 통해 불분명한 질문에 대한 추가 설명을 제공하여 대답을 보다 명확하게 할 수 있다. 인터뷰, 포커스그룹, 전문가 판단과 같은 조사법은 주로 '왜' 또는 '어떻게'와 관련된 질문을 심층 조사하는 데 사용된다. 인터뷰나 포커스그룹은 또한 수량화된 데이터나 숫자를 사용하는 데 불편함을 겪는 이해관계자에게서도 정보를 얻을 수 있다는 장점도 있다.

다양한 형식의 설문 조사도 개발협력평가에서 많이 활용된다. 설문 조사는 객관식 선택형 질문지를 통해 수치화된 데이터를 조사할 수 있지만, 주관식 질문지를 사용하여 정성데이터를 수집하는 것도 가능하다. 표본을 선정하여 설문 조사를 수행했을 때, 통계적 계산으로 표본이 모집단에 대한 대표성을 갖는다는 점이 확인되면, 설문 조사 결과를 일반화할 수 있다는 장점이 있다.

이와 같이 각각의 조사 방법은 모두 장점과 단점이 있다. 따라서 평가 목적과 질문을 반영한 최적의 조사 방법을 다양하게 활용하는 것이 바람직하다. 예를 들어, 사업 대상 지역에서 산모 사망율의 변화를 측정하고, 산파나 보건 서비스 관계자 인터뷰를 통해 변화의 원인을 확인하는 식으로 혼합조사법을 활용할 수 있다. 한편, 하나의 방법론을 사용해서 확인한 결과를 다른 방법론을 발전시켜 사용하여 조사의 효율성을 높일 수 있다. 예를 들어, 포커스그룹의 조사 결과를 통해 설문 조사 질문의 질을 향상시킬 수 있다.

개발협력에서는 조사의 신뢰도를 높이기 위해 삼각측량법triangulation이 활용된다. 삼각측량법을 통해 여러 조사 데이터를 교차 확인하여 조사 결과의 신뢰도를 높일 수 있다. 그러나 여러 조사 방법을 다양하게 사용하면 더 많은 예산과 시간을 필요로 할 수 있다. 한편, 다양한 조사 방법에 전문성을 가진 역량 있는 인력을 찾기 어려울 수도 있다. 모든 상황에서 사용 가능한 완벽한 조사법은 없다. 평가팀은 앞서 서술한 요소들을 고려하여 최적의 조사 방법을 선정한다. 이제 개발협력평가에서 널리 활용되는 조사법들의 의미와 사용 방법을 차례대로 확인한다.

2. 문헌 조사

문헌 조사는 평가와 관련된 기존의 전자 및 비전자 기록물을 조사하는 방법을 말한다. 평가대상 관련 문서 기록은 물론, 관련 분야의 문헌, 통계 자료, 지도, 지표, 영상 등 다양한 문헌 자료를 연구, 분석하여 필요한 정보를 수집한다. 문헌 조사는 평가를 실시할 때 일차적으로 제반 정보를 수집하기 위해 가장 널리 사용되는 평가 방법으로, 특히 기초 정보 수집에 유용하다. 하지만 문헌 조사는 기초 조사 이후에도 평가 전반에 걸쳐서 폭넓게 활용 가능하다.

문헌 조사는 크게 세 단계로 수행된다. 첫 번째는 일단 활용 가능한 문헌을 확인하는 것이다. 이 작업은 주로 평가발주기관에 의해 시작되는데 발주기관은 평가계획서를 작성하고 평가팀을 고용하기 위해 평가

대상에 대한 문서 자료를 확인한다. 이후 평가팀은 추가적으로 필요한 문헌 자료를 확인한다. 필요한 문헌은 문헌 조사에 투입 가능한 시간과 평가 질문에 따라 결정된다. 문헌은 평가 질문에 답할 수 있는 내용을 담고 있어야 한다. 문헌 조사에 투입할 수 있는 기간이 길수록 깊이 있는 조사가 가능하겠지만, 평가 기간을 고려하여 확보 가능한 문헌을 확인하고 조사를 마쳐야 한다.

평가팀은 우선 평가계획서에서 평가발주기관이 확인한 문헌을 일차적으로 확보한다. 개입 관련 기획, 중간, 종료보고서와 정책 및 전략 문서들이 포함될 것이다. 평가발주기관의 웹사이트 또는 내부 전산망 접근 권한을 받을 수 있는지 확인하여, 전산 자료를 이용할 수 있다면 평가에 활용할 문서 자료를 확보하기 용이할 것이다. 평가대상 관련 국별 정보를 확인하기 위해서는 관련 국제기구나 지역 기구의 데이터 포털이나 웹사이트 등을 활용할 수 있다.

문헌 조사와 관련하여 다양한 지표 와 지수 를 활용할 수 있다. 특히 수원국 국별 정치, 경제, 사회 상황을 확인하고 국별, 또는 국가 평균과 지역별 수준을 비교하는 데 지표는 유용하다. 주요 경제 지표로는 국별 국내 총소득, 경제 성장률, 국제 수지 등이 있고, 주요 사회 지표는 실업률, 인구 수, 교육 수준, 사망률과 출산율과 같은 보건 지표가 있다. 국제기구 또는 국별 통계 기관의 지표들은 유용하다. 〈표 6-01〉은 유엔 통계위원회에서 합의된 SDGs의 각 지표별 담당 국제기구의 주요한 데이터베이스들을 정리하여 보여 준다. 〈표 6-01〉이 보여 주듯 현지 조사를 하지 않고도 인터넷을 통해 활용할 수 있는 지표는 점차 다양해지고 있다. 따라서 평가팀은 충분한 문헌 조사를 통해 기존 지표를 최대한 활용하여 예산과 시간을 절약할 수 있다.

〈표 6-01〉 SDGs 지표 관련 데이터베이스

▷ 생물 다양성 협약(Convention on Biological diversity)
- www.cbd.int

▷ 멸종 위기에 처한 야생 동식물의 국제 거래에 관한 협약(Convention on International Trade in Endangered Species of Wild Fauna and Flora; CITES)
- www.cites.org

▷ 유엔 경제사회국-지속가능개발재원(United Nations Department of Economic and Social Affairs; DESA DESA-Financing for Sustainable Development Office)
- www.un.org/esa/ffd/

▷ 유엔 경제사회국 인구과(DESA-Population Division; DESA-PopDiv)
- www.un.org/en/development/desa/population/theme/family-planning/index.shtml
- www.un.org/en/development/desa/population/projects/making-family-planning-count/index.shtml
- www.un.org/en/development/desa/population/theme/fertility/index.shtml
- www.un.org/en/development/desa/population/theme/policy/index.shtml

▷ 유엔 경제사회국 통계과(DESA-United Nations Statistics Division; DESA-UNSD)
- unstats.un.org/home/
- unstats.un.org/sdgs/dataportal
- unstats.un.org/unsd/gender/vaw/
- unstats.un.org/unsd/gender/default.html
- unstats.un.org/unsd/envstats/qindicators
- unstats.un.org/unsd/energy
- unstats.un.org/unsd/nationalaccount/

▷ 식량농업기구(Food and Agriculture Organization; FAO)
- www.fao.org/sustainable-development-goals/indicators/en/

▷ 국제민간항공기구(International Civil Aviation Organization; ICAO)
  • www.icao.int/sustainability/pages/eap-sta-excel.aspx/
▷ 국제에너지기구(International Energy Agency; IEA)
  • www.iea.org/statistics
▷ 국제노동기구(International Labor Organization; ILO)
  • www.ilo.org/ilostat
▷ 국제통화기금(International Monetary Fund; IMF)
  • data.imf.org
  • www.imf.org/external/np/sta/fsi/eng/fsi.htm
  • data.imf.org/FAS
▷ 국제이주기구(International Organization for Migration; IOM)
  • gmdac.iom.int
▷ 국제의회연맹(Inter-Parliamentary Union; IPU)
  • data.ipu.org
▷ 국제재생에너지기구(International Renewable Energy Agency; IRENA)
  • www.irena.org
▷ 국제무역센터(International Trade Centre; ITC)
  • www.intracen.org
▷ 국제전기통신연합(International Telecommunication Union; ITU)
  • www.itu.int/en/ITU-D/Statistics/Pages/default.aspx
▷ 국제자연보전연맹(International Union for Conservation of Nature; IUCN)
  • www.iucn.org
▷ 경제협력개발기구(OECD)
  • www.oecd.org/dac/financing-sustainable-development/
▷ 유엔인권고등판무관사무소(Office of the High Commissioner for Human Rights; OHCHR)
  • www.ohchr.org/en/issues/indicators/pages/hrindicatorsindex.aspx
▷ 21세기 개발을 위한 통계 파트너십(Partnership in Statistics for Development in the 21st Century; PARIS 21)
  • paris21.org/
▷ 람사르협약(Ramsar Convention)
  • www.ramsar.org

▷ 세계보건기구(World Health Organization; WHO)
- www.whot.int/neglected_diseases/en
- www.who.int/nutrition
- www.who.int/nutgrowthdb/en/
- www.who.int/immunization/monitoring_surveillance/data/en/
- www.who.int/medicines/areas/policy/monitoring/empmedmon/en/
- www.who.int/reproductivehealth/topics/violence/en/
- www.who.int/substance_abuse/en/
- www.who.int/phe
- www.who.int/gho/en/
- www.who.int/water_sanitation_health/en/
- www.who.int/tobacco/en/
- fctc.who.int

▷ 유엔여성기구(United Nations Women; UN Women)
- www.unwomen.org/en/what-we-do/ending-violence-against-women

▷ 유엔에이즈합동계획(United Nations Programme on HIV/AIDS; UNAIDS)
- www.unaids.org

▷ 유엔사막화방지협약(United Nations Convention to Combat Desertification; UNCCD)
- www.unccd.int

▷ 유엔무역개발회의(United Nations Conference on Trade and Development; UNCTAD)
- unctad.org/statistics

▷ 유엔해양법및해양문제과(United Nations Division for Ocean Affairs and the Law of the Sea; UN-DOALOS)
- www.un.org/Depts/los/index.htm

▷ 유엔개발계획(United Nations Development Programme; UNDP)
- www.undp.org/

▷ 유엔재해위험감소사무국(United Nations Office for Disaster Risk Reduction; UNDRR)
- www.preventionweb.net/drr-framework/sendai-framework-monitor/

▷ 유엔유럽경제위원회(United Nations Economic Commission for Europe; UNECE)
- www.unece.org/water/transboundary_water_cooperation_reporting.html

▷ 유엔환경계획(United Nations Environment Programme; UNEP)
- www.unep-wcmc.org
- wesr.unep.org

▷ 유엔교육과학문화기구(United Nations Educational, Scientific, Cultural Organization; UNESCO)
- www.unesco.org
- en.unesco.org/themes/water-security/hydrology
- en.unesco.org/gem-report/

▷ 유엔교육과학문화기구-정부간해양위원회(UNESCO-Intergovernmental Oceanographic Commission; UNESCO-IOC)
- ioc.unesco.org

▷ 유엔교육과학문화기구-통계연구소(UNESCO-Institute for Statistics; UNESCO-UIS)
- uis.unesco.org

▷ 유엔기후변화협약(United Nations Framework Convention on Climate Change; UNFCCC)
- www.unfccc.int

▷ 유엔인구기금(United Nations Population Fund; UNFPA)
- www.unfpa.org

▷ 유엔인간주거계획(United Nations Settlements Programme; UN-Habitat)
- www.unhabitat.org

▷ 유엔난민기구(United Nations High Commissioner for Refugees; UNHCR)
- www.unhcr.org/data.html

▷ 유엔아동기금(United Nations Children's Fund; UNICEF)
- www.unicef.org
- data.unicef.org

▷ 유엔산업개발기구(United Nations Industrial Development Organization; UNIDO)
- stat.unido.org

▷ 유엔마약범죄사무소(United Nations Office on Drugs and Crime; UNODC)
- dataunodc.un.org

▷ 세계관광기구(United Nations World Tourism Organization; UNWTO)
- www.unwto.org

▷ 세계무역기구(World Trade Organization; WTO)
- www.wto.org

▷ 세계은행(World Bank)
- data.worldbank.org

출처: unstats.un.org/sdgs/dataContacts/ 바탕으로 작성

다만 지표를 조사할 때는 지표가 평가대상을 분석하는 데 연관성이 있는지 확인해야 한다. 또한, 측정 단위가 충분한 민감도를 가져서, 상황 변화가 지표의 변화로 적절하게 반영되어야 한다. 예를 들어, 하나의 모성 보건 프로젝트의 성과를 해당 국가 전체의 모성 사망률 개선으로 측정하는 것은 적절하지 못하다. 이런 경우는 모자 보건 프로젝트 대상 지역 내의 모성 보건 상황 변화를 적절히 표현할 수 있는 지표를 지역 단위에서 찾아서 활용하거나, 실제 대상 지역에서 데이터를 수집해야 할 것이다. 한편, 지표는 직관적으로 사용이 용이한 것을 선택한다.

두 번째 단계는 입수한 자료를 분류하는 것이다. 모든 자료가 동등한 중요도를 갖는 것은 아니다. 입수한 자료를 중요도에 따라 구분하고 자료의 특징과 명칭을 목록으로 정리하여 평가팀 누구나 쉽게 자료를 활용할 수 있도록 한다. 〈표 6-02〉와 같이 분류 기준을 활용하여 수집한 자료를 분류한 뒤, 분석을 실시할 수도 있다.

〈표 6-02〉 문헌 자료 분류 기준

분류	기준
1순위	평가계획서에 포함되어 있으며, 개입과 직접 연관성이 높은 자료들
2순위	평가대상과 직접 관련성을 갖지만, 평가계획서에 포함되어 있지 않았던 자료들
3순위	평가대상의 배경 정보를 제공하지만, 평가대상과 직접 관련성은 낮은 자료들

당연히, 대부분의 문헌 조사는 1순위 문헌을 대상으로 수행된다. 하지만 2, 3순위 문헌에서도 평가 수행에 필요한 정보를 얻을 수 있다. 1순위 문헌에 대해서는 평가 초기부터 세심한 주의를 기울여 분석을

실시한다. 한편, 2, 3순위 문헌에 대해서는 좀 더 구조화된 방법을 사용하여 내용을 정리하는 것이 평가 효율성 제고에 도움이 된다.

기준표와 같은 도구를 활용하여 문서 특성에 따라 점수를 매겨 정리하거나, 키워드를 정리하면 보다 빠르게 분석을 실시할 수 있다. 문헌 자료 선정 기준표는 평가에서 점차 널리 활용되는 도구이다. 〈표 6-03〉은 일반적으로 활용될 수 있는 기준표의 예시이다. 이러한 일반 기준표는 평가 관련 특정한 측면이나 주제를 평가하고 분류하기 위해 자유롭게 변형되어 사용될 수 있다. 또한, 각 기준에 점수를 부과하여 정량적인 분석도 가능하다. 예를 들어, 여성 자립 역량 강화, 마을 주민 취·창업 개선, 아동 영양 상태 개선과 같은 주제에 대해서, 각 주제와 '연관성이 없음', '약한 연관성이 있음', '높은 연관성이 있음', '매우 긴밀한 연관성이 있음'과 같은 4개 기준을 설명과 함께 제시하고 각 활동의 중요도를 평가할 수도 있다.

기준표는 평가팀의 서로 다른 평가자 간의 평가에 일관성을 유지할 때, 또는 동일한 평가자가 시간 흐름에 따른 의견의 일관성을 유지하는데 도움을 준다. 평가팀에서 둘 이상의 평가자가 시차를 두고 기준표에 따른 평가를 실시하고, 결과를 비교하여 개인의 편향을 줄일 수 있다. 평가대상과 관련된 중요한 주제어를 설정하고, 각 주제어별로 2, 3순위 문헌에 대해서 주제어가 등장하는 횟수를 확인하고, 횟수가 높은 순서대로 문헌 조사를 수행할 수도 있다.

〈표 6-03〉 문헌 자료 선정 기준표 예시

기준	평가 질문에 답하기 위한 기준별 설명
매우 우수함	질문 관련 개입의 성과가 매우 분명하게 나타나며, 효과적으로 관리되어 취약점이 미미하다.
우수함	질문 관련 개입의 성과가 나타나며, 일반적으로 효과적으로 관리되어 취약점이 적다.
적정함	질문 관련 개입의 성과가 일관되게 나타나지는 않는다. 취약점이 발견된다.
미흡함	질문 관련 개입의 성과가 매우 취약하며, 최소한의 요구조건도 부합하지 못한다.
판단 정보 부족	질문 관련 개입의 성과를 판단할 충분한 정보가 부족하다.

문헌 조사에도 정보화 기술을 활용하는 것은 도움이 된다. 엔드노트Endnote, 맨델레이Mendeley 등의 서지 정보 정리 소프트웨어를 활용하여 문서를 정리할 수 있다. 또한, 드랍박스Dropbox 나 원드라이브Onedrive 등의 클라우드 어플리케이션cloud application을 사용하여 평가팀 모두가 문서를 편리하게 공유할 수도 있다. 이때 현지에서도 원활하게 정보화 기술을 활용할 수 있는지 확인한다. 또한, 정보 보안에 주의하여 편의성이 정보 누출로 이어지지 않도록 한다.

3. 인터뷰

개발협력평가에서 인터뷰는 일반적으로 인터뷰 진행자와 대상자 사이에 직접적인 대면 대화 형식으로 진행되는 정보 수집 수단이다. 인터뷰를 통해서 사실을 확인하거나 정보를 얻어 낼 수 있고, 인터뷰 대상의 의견이나 관점을 청취할 수도 있으며, 인터뷰 대상의 분석이나 제안, 평가자의 가설이나 결론에 대한 반응 등의 다양한 정보를 수집할 수 있다. 인터뷰는 정량적 정보 수집 수단으로도 활용할 수 있지만 대부분의 경우 정성 정보 수집 수단으로 활용된다.

인터뷰를 수행하기 전에는 평가수행계획서의 평가매트릭스에 따라서 인터뷰 질문과 진행 관련 중요 사항을 미리 정한다. 평가팀은 인터뷰 전에 개입의 핵심 수혜자, 개입에 중요 역할 수행한 이해관계자, 개입과 관련된 다양한 관련자, 개입의 한계 또는 예상치 못한 파급 효과와 관련된 이해관계자들을 파악하고 인터뷰 대상자를 선정한다. 선정된 인터뷰 대상자의 일정을 고려하여 인터뷰 시간표를 작성하고, 각 인터뷰 대상자별로 해당되는 질문들을 정리한다. 인터뷰는 질문 내용의 구체화 정도에 따라 구조화된인터뷰, 반구조화인터뷰, 구조화되지 않은인터뷰의 세 가지 방식으로 나뉠 수 있다.

구조화된인터뷰

구조화된인터뷰structured interview는 질문자의 편향으로 인한 위험을 최소화하고 빠른 시간 내에 많은 수의 조사 대상자에게 조사를 수행할 때 활용된다. 구조화된인터뷰를 위해서 평가팀은 설문 조사에 준하는 정도로 질문을 구체적으로 작성한다. 평가팀은 질문 순서 포함 상세한 인터뷰 가이드라인guideline을 준비하고 그에 따라 인터뷰를 실시한다. 편향을 최소화하기 위해 평가팀은 모든 인터뷰 대상자에게 동일한 질문을 질의하며, 인터뷰 대상자는 질문에만 답변할 뿐 자신의 의견을 자유롭게 추가적으로 개진할 기회를 갖지 못한다. 인터뷰 진행자는 추가적 질문을 개발하거나 질의하지 않는다.

따라서 구조화된인터뷰의 진행자를 계수원enumerator이라고 하기도 하며, 이때의 인터뷰 질문지를 설문 조사 도구survey instrument라고 부르기도 한다. 계수원은 주로 시장 조사market research 회사나 대학생 등을 고용하여 활용하기도 한다. 주어진 질문에 대해 답변만을 구하기 때문에 반구조화인터뷰나 구조화되지않은인터뷰 진행자와 같은 수준의 기술과 역량을 필요로 하지는 않기 때문이다. 구조화된인터뷰를 수행할 때는 질문지를 사용하기 전에 사전 점검을 통해 질문을 정교화하여 불분명한 응답이나 오해로 인한 오류를 최소화한다.

반구조화인터뷰

반구조화인터뷰semi-structured interviews는 대강의 질문 항목은 정해져 있지만, 필요에 따라서 상세한 질문이나 질문 내용을 추가하면서 유연하게 실시하는 인터뷰 기법으로 개발협력평가에서 가장 많이 사용되는 조사법이다. 인터뷰 진행자는 〈상자 6-01〉의 질문들과 같은 추가 질문을 활용하여 탐색probe을 통해, 답변의 의미를 보다 명확히 하거나, 추가적인 상세 정보를 얻거나, 상황에 대한 분석 의견을 취득하거나, 정책 결정 경로 등을 확인할 수 있다.

〈상자 6-01〉 반구조화인터뷰 추가 질문 예시

▷ **명확하게 하기 위해서**
- 제가 --- 부분에서 당신을 정확하게 이해했습니까?
- -- 라고 말씀하셨을 때 정확하게 어떤 의미였습니까?
- 당신은 --- 이라는 단어를 사용하셨는데 --- 를 의미하신 게 맞나요?

▷ **추가 상세 정보를 위해서**
- 예를 들어 주실 수 있을까요?
- 그것에 어떻게 대응하셨나요?
- 거기에 대해 어떤 응답을 받으셨나요?
- 당신의 경험에 대해 좀 더 얘기해 주실 수 있나요?

▷ **분석을 위해서**
- 발생한 사건의 특성은 무엇이라고 생각하시나요?
- 그 사건의 어떤 부분이 당신의 기억에 남아 있나요?
- 그것의 중요성은 무엇인가요?
- 그 결과가 어떨 것이라고 예상하시나요?
- 거기에 대해 어떻게 느끼셨나요?

▷ **정책결정경로 확인을 위해서**
- 시간이 지나며 당신의 접근 방식이 변화했나요? 어떻게 변화했나요? 왜 변화하게 되었나요?
- 다음번에도 동일하게 대응하시겠습니까?
- 당신이 ---게 하시는 것을 확인했습니다. 그러나 다른 기관은 --- 방식으로 동일한 이슈에 대응했습니다. 당신의 방식의 장점은 무엇일까요? 다른 기관 방식의 장점은 무엇일까요?
- 제가 얘기해 본 몇 사람이 --- 라고 말했습니다. 당신의 의견은 어떤가요?

구조화되지않은인터뷰

구조화되지않은인터뷰unstructured interview 는 미리 정해진 질문지 없이 주제에 대해 자유롭게 질문하고 대화하는 방식으로 이루어지며 인류학 조사 등에서 많이 활용된다. 평가팀은 인터뷰 대상자의 답변과 관련하여 새로운 질문을 추가하며 인터뷰를 진행한다. 미리 준비된 질문지도 명확한 계획도 없으므로 인터뷰 진행자의 역량이 가장 중요한 조사 방식이다. 개발협력에서 구조화되지않은인터뷰는 평가 초기에 또는 구조화 또는 반구조화인터뷰를 실시하기 전에 전체 현황을 개략적으로 파악하기 위해 주로 사용된다.

핵심정보원인터뷰

개발협력에서 빈번하게 사용되는 핵심정보원인터뷰key informant interview는 평가 관련 중요한 정보를 제공할 수 있다고 생각되는 사람들에 대해서 실시하는 인터뷰이다. 핵심정보원인터뷰는 주로 반구조화인터뷰 형식으로 진행되며, 일반적으로 45분에서 1시간 정도 소요된다. 2주간 현지 조사를 수행한다고 가정하면 일반적으로 25명에서 50여 명의 핵심정보원인터뷰가 가능하다. '왜' 또는 '어떻게'와 관련된 평가 질문에 대한 정성적 정보를 찾는 데 유용하며, 숙련된 인터뷰 진행자를 필요로 한다.

주의 사항

개발협력에서 인터뷰를 조사 방법으로 사용할 때는 고려 사항이 있다. 꼭 필요한 대상자에 대해서만 인터뷰를 실시하며, 인종, 성별, 나이 등을 고려하여 대상자들이 적절한 대표성과 다양성을 갖는지 확인한다는 것이다. 〈상자 6-02〉는 인터뷰 수행 전 확인해야 할 사항들을 보여준다. 하지만 이 항목이 확인 요소 전부는 아니며, 상황과 문맥을 적절하게 고려하여 인터뷰를 수행한다.

〈상자 6-02〉 인터뷰 체크리스트

▷ 인터뷰 대상자 목록은 평가 방법론의 요구에 부합하는가?
▷ 인터뷰 취소에 대한 대비책이 있는가?
▷ "대표성" 문제에 대한 대응 방안은 준비하였는가?
▷ 인터뷰 질문은 인터뷰의 모든 이슈를 포함하는가?
▷ 이해관계자 집단 구성의 다양성을 반영하여 인터뷰 가이드가 적절하게 준비되었는가?
▷ 평가 수행자는 인터뷰로 수집한 정보를 확인하고 통제할 수 있는가?
▷ 인터뷰 결과 보고는 신뢰도 높은 정보와 의견으로 구분하여 정리할 수 있도록 구성되는가?
▷ 인터뷰 대상자 집단들의 관점의 다양성은 명확하게 드러나는가?

인터뷰를 수행할 때에는 인터뷰 대상자가 속한 지역의 풍속과 습속을 인지하고, 통역 필요성 등 언어적 어려움에 대비한다. 인터뷰 시작 전 대상자에게 인터뷰 질문과 관련된 사항들 예를 들어, 인터뷰 시간, 익명성 보장, 녹화나 녹취 등 대상자가 인터뷰에 대해 알아야 할 사항에 대해 충분히 설명한다.

모든 인터뷰 대상자와 인터뷰 진행자는 각자의 이해관계와 관심을 갖는다. 따라서 인터뷰 진행자는 인터뷰에서 발생할 수 있는 편향에 주의해야 한다. 예를 들어, 개입의 수혜자 중 일부는 개입이 지속되길 바랄 수도 있고, 또 다른 집단은 개입이 중단을 원할 수도 있으며, 이들의 답변은 이러한 본인들의 이해관계에 따라 달라질 수 있다. 따라서 인터뷰 진행자는 대상자 각자 답변의 특수성을 인지하고 이에 따라 인터뷰 프로세스를 구성하며 인터뷰를 유연하게 조율한다. 또한, 인터뷰 대상자의 몸짓, 표정, 말투, 태도 등 비언어적 표현을 주의 깊게 관찰하고 인터뷰 대상자의 말에 적절한 반응을 보여야 한다.

인터뷰 종료 시 인터뷰 진행자는 간략하게 정리한 내용을 확인하고, 필요시 비언어적 표현이나 상황에 대한 노트를 추가한다. 인터뷰 내용은 익명성과 보안을 유지하며, 이후 필요시 인터뷰 대상자에게 평가 결과보고서의 관련 내용을 확인받는다. 〈상자 6-03〉은 인터뷰 활용 시 유의 사항을 보여 준다. 성공적인 인터뷰를 위해서는 인터뷰 대상자에 대한 배려와 관찰을 통해 편안한 분위기를 조성하도록 노력한다.

〈상자 6-03〉 인터뷰기법 사용 시 유의점

▷ 질문을 생각할 때는 미리 대화의 자연스러운 흐름을 상정해서 작성한다.
▷ 인터뷰 시작 시에 인터뷰의 목적과 기본적인 규칙에 대해 설명하여 응답자가 본인의 권리를 명확히 이해하도록 한다.
▷ 가벼운 질문으로 인터뷰를 시작한다.
▷ 인터뷰 질문은 20-25개 정도로 제한하고, 너무 많은 질문을 한꺼번에 묻지 않도록 한다.
▷ 인터뷰를 종료할 때는 응답자의 답변을 재확인할 수 있는 질문을 포함하고, 응답자에게 추가하고 싶은 사항이 있는지 확인한다. 또한, 인터뷰 대상자로 추천하고 싶은 대상이 있는지도 확인한다.
▷ 응답자의 시간적 구속에 유의해 긴 질문이나 방대한 양은 피한다.
▷ 인터뷰는 응답자에게 관련되는 사항에 초점을 맞추고 한정된 시간에서 평가에 필요한 정보를 얻을 수 있도록 질문을 작성한다.
▷ 인터뷰할 때는 분위기, 표정 등에서 답변의 이면에 있는 것을 읽어 낼 수 있으므로 인터뷰 진행 중의 관찰도 포함해 정보 수집에 유의한다.
▷ 유도 질문은 피한다. 질문자가 답변의 예를 제시할 때는 생각되는 모든 예시를 포함하거나, 아니면 전혀 제시하지 않는 편이 좋다.
▷ 질문자의 인원수가 응답자의 인원수보다 큰 폭으로 많으면 압박감과 긴장감을 줄 수 있으므로 이런 상황을 되도록 피한다.

한편, 개발협력 인터뷰에서 통역은 매우 중요한 문제가 된다. 인터뷰 수행자가 대상자와 동일한 언어를 구사하여 통역을 활용하지 않는 경우가 가장 바람직하다. 그러나 개발협력에서는 통역을 활용해야 하는 경우가 많으며 이는 문제로 작용할 수 있다. 하지만 역량 있는 통역은 인터뷰 수행자가 간과할 수 있는 사회경제적 문맥 등의 이슈를 강조하여 인터뷰의 질을 높일 수도 있다. 따라서 현장에서 활용 가능한 최고의 통역을 구하는 것이 중요하다.

한편, 인터뷰 진행자, 대상자와 마찬가지로 통역도 자신만의 관심과 이해가 있다는 데 주의한다. 특히 개입의 이해관계기관을 통해 통역을 구할 경우 예상하지 못하는 상황이 발생할 수 있다. 한 평가에서 원조기관은 사업수원기관인 지역 정부 직원을 통역으로 활용하여 종료평가를 수행했고, 수혜자 인터뷰를 실시했다. 인터뷰에서 통역은 지역 반군의 방해로 수혜자 주민들이 원조 사업으로 건립된 식수 시설에 대한 접근이 어려웠다고 말했다. 그러나 동행한 평가팀 보조원은 사실 수혜자 주민은 지역 정부가 식수 시설 건립 당시 주민 의견을 반영하지 않았고, 이후 접근도 방해했다고 말했다고 전했다. 가능한 평가대상과 이해관계가 없는 전문 통역을 구하거나, 그럴 수 없다면 제삼자를 통한 확인을 거치는 것이 바람직하다. 인터뷰를 녹음 또는 녹화하고 이후에 제삼자에게 통역의 정확도를 확인할 수도 있을 것이다.

인터뷰는 개입 수행과 평가 전 단계에서 다양한 목적으로 널리 활용되는 조사 방식이다. 인터뷰는 상대적으로 시간과 예산이 적게 소요된다는 장점도 있다. 또한, 인터뷰는 전화인터뷰가 아닌 이상 직접 면담 형식으로 진행되기 때문에 응답자의 상황이나 반응에 따라 유연한 대응이 가능하고, 응답자의 표정, 행동, 목소리 어조 등의 비언어적인 커뮤니케이션으로부터 상황을 읽어 낼 수 있으며, 진행자가 구체적인 사항을 확인하기 위해서 추가 질문을 할 수 있는 등의 여러 장점이 있다. 그러나 인터뷰는 기본적으로 일방적인 정보 전달이 아니라 대화이다. 인터뷰는 따라서 진행자의 역량에 따라 결과가 많이 좌우되며, 진행자와 응답자의 개인적 편견이 작용할 가능성이 있고, 정리하기 어려우며, 결과를 일반화하는 데 한계가 있다는 등의 단점이 있다.

개발협력에서 많이 사용되는 반구조화인터뷰의 경우 특히 인터뷰 진행자의 경험과 역량이 매우 중요하다. 인터뷰 진행자는 주제에 대한 충분한 전문성뿐만 아니라, 뛰어난 인터뷰 스킬을 갖고 있어 인터뷰 대상자의 관점을 빠르게 이해하고 적절한 상호 작용을 할 수 있어야 한다. 인터뷰를 수행할 때 인터뷰 진행자의 성별, 인종, 나이, 사회 계급, 체격 등이 인터뷰에 영향을 미치기도 한다. 한편, 분쟁 지역이나 갈등과 사회적 차별이 존재하는 곳에서 인터뷰는 인터뷰 대상자를 위험에 빠뜨릴 수도 있다. 따라서 인터뷰 수행 전 체크리스트를 확인하고, 현지 문맥에 따라서 유연하게 인터뷰 수행 계획을 수립한다. 또한, 인터뷰 대상자의 대표성에 대해 주의하고, 인터뷰를 통해 수집한 정보는 삼각측량법 등을 통해 재확인하여 정보의 신뢰도를 높이도록 노력한다.

짚어 보기

1. 문헌 조사 수행 절차를 설명한다.
2. 구조화된인터뷰와 반구조화인터뷰, 구조화되지않은인터뷰의 장단점을 각각 설명한다.

생각해 볼 문제

1. 〈표 6-01〉에 제시된 데이터베이스 중 한 곳에 접속하여, SDGs 지표 데이터를 직접 확인하고, 평가에 어떻게 사용할 수 있을지 논의해 본다.
2. 인터뷰로 취득한 답변의 신뢰도를 높일 수 있는 방법을 논의해 본다.

제7장
데이터 수집 II

앞 장에서는 데이터 수집 전략 수립 방법을 확인하고 개발협력에서 널리 사용되는 데이터 수집 방법인 문헌 조사와 인터뷰에 대해 알아보았다. 이 장에서는 앞 장에 이어 포커스그룹focus group과 전문가 판단expert judgment, 설문 조사법에 대해 차례로 확인한다. 포커스그룹은 핵심정보원인터뷰와 함께 개발협력관련 조사와 평가에서 가장 많이 활용되는 데이터 수집 방법이며, 전문가 판단은 본격적인 조사 시작 전 충분한 정보가 없는 상황에서 방향성 정립을 위해 널리 활용된다. 설문 조사는 사회과학에서 가장 광범위하게 사용되는 데이터 수집법이다.

데이터 수집 방법은 정량데이터를 수집하는 정량 조사법과 정성데이터를 수집하는 정성 조사법으로 크게 나뉠 수 있지만, 앞서 서술한 바와 같이, 이러한 구분법이 큰 의미를 갖지는 않는다. 구조화된인터뷰를 통해 정량데이터 수집이 가능하며, 문헌 조사에서도 정량과 정성데이터를 모두 수집할 수 있다. 이번 장에서 소개할 설문 조사도 역시 정량데이터와 정성데이터를 모두 수집할 수 있는 방법이다. 따라서 평가자는 정량적방법론과 정성적방법론이라는 이분법에 집중하기보다는 평가 목적과 질문에 따라 최적의 조사법을 유연하게 선택하여 사용한다.

1. 포커스그룹

개발협력에서 포커스그룹focus group은 개입에 관련된 개인들로 구성된 그룹에 대한 인터뷰 형식으로 진행된다. 포커스그룹을 통해 개입과 관련된 개인의 의견, 행동 또는 기대 등에 대한 정보를 얻을 수 있다. 포커스그룹은 특히 수혜자 집단의 판단이나 의견을 수집하는 데 유용하다. 예를 들어, 현지 조사를 종료할 시점에서 포커스그룹에게 조사 결과 초안을 제시하고 이에 대한 반응을 확인하여 현지 조사 분석 결과를 재확인하는 방식으로 활용될 수도 있다. 포커스그룹은 평가팀이 다양한 정보를 비교 분석하는 데 유용한 도구이다. 개별 인터뷰와 달리 포커스그룹을 통해 평가팀은 참여자의 행동과 개입에 대한 인식 정도에 대한 서로 다른 의견을 청취할 수 있다. 특히 참여자 상호 작용을 통해 각기 다른 다양한 관점과 인식을 수집할 수 있다.

포커스그룹을 사용하기 위해서는 먼저 환경 분석을 시행한다. 평가팀은 먼저 평가수행계획서와 평가매트릭스를 확인하고 포커스그룹을 활용하여 조사를 수행하기 적합한 평가 질문을 확인한다. 또한 가용 예산과 일정 및 현지 상황을 확인하고 포커스그룹 구성을 준비한다.

포커스그룹 구성을 위해서는 우선 이해관계자 및 다양한 이익집단들을 식별하여 적절하게 분류하는 작업이 필요하다. 한 명 또는 두 명의 진행자moderator를 선정하고 포커스그룹 참여자를 확정한다. 그 뒤, 진행자용 가이드라인을 작성하고 그룹별 미팅meeting 계획을 수립한다. 포커스그룹은 토론 방식으로 이루어지는 바, 진행자의 역량이 매우 중요하다. 따라서 평가팀은 신중하게 진행자를 선정해야 한다.

진행자는 평가 주제와 목적뿐만 아니라 그룹 토론 진행 방법에 대한 지식을 갖추고 있어야 한다. 진행자는 또한 포커스그룹 참여자가 사용하는 언어를 구사할 수 있어야 한다. 평가팀원이 진행자가 될 수도 있지만 만약 통역이 필요한 경우는 현지에서 현지어 구사가 가능한 진행자를 구하는 것이 바람직하다. 포커스그룹 시작 전에 진행자는 참여자들과 사전 미팅을 실시하여, 참여자들이 포커스그룹에 적극적으로 참여하도록 유도하고 동기 부여를 하는 것이 좋다. 한편, 참여자들은 사전 미팅을 통해 토의 규칙을 이해하고 토의 주제에 대해 미리 생각하는 시간을 가질 수도 있다.

포커스그룹은 반응 형식으로 구성할 수도 있다. 진행자가 먼저 평가팀의 분석이나 평가 관련 정보를 공유하고 참여자는 그에 대한 의견이나 정보를 제공할 수 있다. 반대로 사전적 형식으로 참여자가 먼저 정보나 의견을 제공할 수도 있다. 진행자는 참여자의 특성과 평가 목적 등을 고려하여 적절한 전략을 수립한다.

포커스그룹에서 가장 중요한 요소 중 하나는 기록이다. 포커스그룹의 토의와 상호 작용을 글자 그대로 옮겨 적은 기록과 녹음 파일 또는 녹화 영상을 확보한다. 녹음이나 녹화가 어려운 경우 포커스그룹이 종료된 이후에 별도의 시간을 마련하여 기록의 내용을 확인한다.

포커스그룹은 어떤 주제에 관한 응답자의 인식을 확인하는 데 적합하다. 특히 다양한 참여자들을 통해 주제에 대해 보다 다면적인 정보를 얻을 수 있다는 장점도 있다. 그러나 반대로 일대일 인터뷰와 비교하여 자신의 응답에 대한 책임 의식이 약해지기 때문에 반대 의견이 나오기 쉽다. 인터뷰와 달리 포커스그룹에서는 또한 응답자가 도중에 생각을 바꾸는 상황을 자주 볼 수 있다. 포커스그룹은 금기나 종교 등 민감한 주제에 대해서는 사용하기 어렵다. 그룹의 논의가 소수의 주도적 참여자에게 지배당할 가능성이 높다는 단점도 있다. 한편, 자유로운 논의라고 해도 사회적 규범상 참여자가 자신의 속내를 솔직하게 말하기 어려운 경우도 있다. 〈상자 7-01〉은 포커스그룹 사용 시 주의할 사항을 보여 준다. 이러한 포커스그룹의 단점을 최소화하고 효과적인 진행을 위해서는 진행자의 역량이 매우 중요하다. 따라서 평가팀은 적절한 진행자를 선정할 수 있도록 노력한다.

〈상자 7-01〉 포커스그룹 사용 시 유의점

▷ 그룹 내 참여자 사이의 관계성(group dynamic), 발언력이 강한 사람에 의한 왜곡 가능성 등을 고려하여, 토의 참여자를 신중하게 선정한다.
▷ 포커스그룹은 공통의 특성(속성, 사회적 계층, 사고방식 등)을 갖는 그룹을 대상으로 실시하는 것이 바람직하다.
▷ 참여 인원은 최대 12명 이내로 한다.
▷ 참가자가 자유롭게 발언할 수 있는 형식, 분위기나 장소의 설정과 함께 질문자의 진행 능력이 중요하다.
▷ 발언 내용에 대해 상세한 기록을 남긴다.

2. 전문가 판단

전문가의 정보나 의견을 구하여 정보를 수집하는 것은 매우 빈번하게 활용되는 데이터 수집 기법이다. 전문가 판단expert judgment은 개별 전문가 또는 전문가 집단을 대상으로 상대적으로 저비용으로 빠르게 정보를 수집할 수 있다는 장점이 있다. 전문가 판단은 다양하게 활용 가능하지만 특히, 개입의 집행과 성과측정에서 불확실성이 높은 경우 많이 활용된다.

예를 들어, 수년 동안 원조 프로그램을 계속 수행해 왔으나, 그 투입 대비 성과를 측정하기에 용이한 방법이 없다든가, 개입의 추정 편익이나 성과가 발생할 가능성이 매우 불투명하다든가, 개입의 기획과 성과 사이의 상관관계나 인과 관계를 정확히 판단하기 어려울 때 자주 활용된다.

개도국의 과학 기술 혁신Science, Technology and Innovation: STI 역량 강화를 위해 기후 변화 친화적 농작물 개발 연구 사업을 수행해 왔다고 가정하자. 새로운 농작물의 개발은 고도의 전문성이 필요하며, 투입 대비 성과가 불확실한 사업이다. 이런 경우, 관련 전문성을 보유한 전문가 집단이 자료를 면밀히 분석하고 개입 지속에 대해 상황 판단과 예측을 수행하는 것이 적절할 수 있다.

전문가 선정

전문가 판단을 위해서는 우선 참여 전문가를 선발해야 한다. 개발협력평가를 위해 전문가를 선정할 때 몇 가지 고려 사항이 있다. 첫 번째는 전문가의 전문 경험 보유도이다. 전문가는 평가대상 관련 현장 경험을 갖추고 있어야 하며, 동료 전문가들의 인정과 신뢰를 받는 인물이어야 한다. 또한 전문가는 평가대상으로부터 이해관계가 자유롭고 독립성을 지니고 있어야 한다. 마지막으로 전문가는 그룹으로 업무를 수행할 수 있는 자질을 갖추고 있어야 한다. 전문가 판단은 다른 전문가들의 의견을 열린 자세로 경청하고 합의를 도출하는 방식으로 주로 수행된다. 따라서 그룹으로 일할 수 있는 자질이 부족한 전문가들이 선정될 경우 진행에 문제가 생길 수 있다는 점에 유의한다.

한편, 다양한 관점과 경험을 반영할 수 있도록 전문가를 구성하는 것이 바람직하다. 평가팀은 평가대상 관련 전문가 목록에서 전문가를 직접 선정할 수 있다. 또는 평가대상 관련 전문가가 보유해야 할 역량과 능력 프로파일을 정리하고 그에 따라 선정할 수도 있다. 전문가 프로파일을 작성할 때에는 개입의 범위, 평가의 논란성 정도, 활용 가능한 데이터, 불확실성 정도, 참여 전문가에게 요구되는 전문성 수준 등을 다양하게 고려한다.

활용 방법

전문가 판단의 운용 방식은 다양하지만, 일반적으로 여러 회차에 걸쳐 의견 조율을 수행하여 공통 의견을 도출하는 방식으로 사용된다.

첫 번째 회차에서 전문가들은 전문가 판단의 토론 방식과 방법론을 정리한다. 이때 참여 전문가들은 이미 평가대상에 대해 숙지하고 있어야 한다. 첫 번째 회차에서 전문가 각각의 역할, 패널의 구성, 조사 종류, 데이터 수집 방법론, 개입대상에 대한 정보, 이후 회차 구성과 내용을 정리한다. 이후 3-5회차에 걸쳐서 전문가들은 1회차에서 도출한 계획에 따라 각각 조사 결과와 문제점을 공유하고 토론을 수행하여 최종적으로 공통 의견을 도출한다. 보다 정형화된 방식으로 전문가 판단을 활용할 경우 델파이 기법 등의 방법을 사용한다.

델파이 기법

델파이 기법Delphi method은 진행자가 전문가들이 제공하는 정보와 피드백에 대해 통제하는, 구조화되고 간접적이며 반복적인 상호 작용을 핵심으로 하는 조사 기법이다. 전문가 합의법이라고도 불리는 델파이 기법은 1960년대에 활용 실례가 없는 문제에 대응하기 위한 방법으로 고안되었다. 즉, 델파이 기법은 정책 결정자들이 새롭거나 복잡한 시스템 기술 문제를 해결하거나 새로운 정책 환경 예측하는 데 주로 활용되었다. 평가에서 델파이 기법은 주로 현재 또는 이후 예상되는 특정 프로그램의 성과 또는 다른 프로그램과 비교했을 때의 상대적인 비교우위 등에 대한 집단적 판단이 필요할 때 사용된다.

델파이 기법에서는 우선 여러 명의 전문가들로 패널을 구성한다. 이때 전문가들은 서로 직접 연락을 하지 않는다. 반복되는 회차마다 모든 전문가는 자신의 의견을 중앙의 진행자에게 제출한다. 진행자는 전문가들의 의견을 취합 정리한 뒤, 결과를 전문가들과 공유한다. 전문가들은 도출된 결과에 대해서 이유를 문의할 수는 있다. 그러나 일반적으로 델파이 기법은 이유에 대한 설명 없이 취합된 결과만이 통계적으로 제공된다. 다만 여러 회차가 진행된 뒤에도 전문가 사이의 의견 합의가 이루어지지 않는다면 이유를 물을 수 있다. 전문가 사이에는 의견의 익명성이 보장되며 누가 집단적 통계 결과에 어떻게 기여했는지 서로 알지 못한다. 중앙의 진행자가 제공하는 총 의견의 요약만을 확인하고 자신들의 의견이나 추측을 수정할 뿐이다.

각 회차별로 전문가들의 개별적 추정이나 예측을 취합 정리하여 다음 회차에 공유하는 방식을 통해 델파이 기법은 전문가들 사이에서 유효한 의견의 합치가 일어나길 기대한다. 또한 참여 전문가 사이의 구조화된 의견 교환과 즉각적인 피드백을 통해 델파이 기법은 편향이 감소할 것으로 기대한다. 평가에서 델파이 기법은 〈상자 7-02〉에 서술된 절차를 참고하여 수행할 수 있다. 평가매트릭스에 따라서 델파이 기법을 사용할 이슈와 평가 질문을 정리하고, 전문가를 확보한다. 전문가를 대상으로 3차에 걸쳐 조사를 실시하고 합의 내용을 정리한다.

<상자 7-02> 평가에서 델파이 기법 사용

▷ 전문가가 응답해야 할 이슈와 평가 질문을 구성한다.
▷ 전문가가 조사해야 할 관련 데이터를 확보하고 인터뷰를 구성한다.
▷ 관련 이슈와 평가 질문을 세분화하고 정교화하여 조사 방법을 정한다.
▷ 전문가를 선정하고 연락한다.
▷ 1차 조사를 실시한다.
▷ 델파이조사담당자는 1차 조사 결과를 순서대로 모아 전문가들에게 배포한다.
▷ 2차 조사를 실시한다.
▷ 델파이조사담당자는 2차 조사 결과를 순서대로 모아 전문가들에게 배포한다.
▷ 3차 조사를 실시한다.
▷ 델파이조사담당자는 3차 조사 결과를 순서대로 모아 전문가들에게 배포한다.
▷ 합의 내용을 정리하여 보고서를 준비한다.

3. 설문 조사

설문 조사[8]는 사회과학에서 흔히 쓰이는 데이터 수집 방법이다. 설문 조사는 주로 통계적 분석이 가능하도록, 특정 질문에 대해 체계적인 방법으로 많은 수의 사람들에게서 자료를 얻으려 할 때 사용된다. 개발협력에서도 설문 조사는 사업 기획, 모니터링 및 평가 등에 광범위하게 사용된다. 이 장에서는 설문 조사 사용법에 대해서 기획부터

---

8) 설문 조사와 관련하여 질문지   와 조사   라는 용어가 아래와 같이 구분되어 사용되기도 한다. 질문지는 응답자로부터 정보를 획득하기 위해 사용하는 질문 자체를 의미하는 한편, 조사는 장문의 질문지부터 심지어 한두 개의 간단한 질문과도 관련되어 조사 대상과의 대면 또는 전화 인터뷰나 대량의 우편 발송을 통해 관찰을 수행하는 것을 모두 포함하는, 보다 포괄적인 조사 방법을 의미한다. 이 책에서 설문 조사는 조사라는 포괄적인 조사 방법을 의미한다.

실행까지 순차적으로 알아본다.

필요성과 가능성

설문 조사를 기획할 때 사전에 검토해야 할 중요한 사항 중 하나는 설문 조사의 필요성과 설문 조사 가능성이다. 설문 조사는 전문가 판단이나 포커스그룹과 같은 다른 데이터 수집 방법에 비하여 예산과 인력이 많이 투입되는 조사 방식이다. 따라서 설문 조사가 반드시 필요한지 여부를 확인하고 꼭 필요한 사항에 대해서만 설문 조사가 활용될 수 있도록 하는 것이 바람직하다. 예를 들어, '교과서를 지급 받은 학생들의 학업 성취도는 어떠한가?'라는 질문은 설문 조사가 아니라, 학생들의 시험 성적 데이터를 학교 측으로부터 전달받아 분석하면 확인이 가능하다.

설문 조사가 어려운 환경이거나 부적절한 상황이 있을 수도 있다. 예를 들어, 개입 수행 지역이 너무 오지이던가, 지역의 토착 언어가 있다든가, 문해율이 높지 않은 경우는 설문 조사가 어려울 수가 있다. 대상 지역에 접근하기 위해서 또는 현지 언어를 통역하거나 문맹인 조사 대상자를 위해 조사표에 질문을 기입하는 추가 인력 소요로 예산과 인력 투입에 영향을 줄 수 있기 때문이다.

설문 조사를 활용하는 것이 문화적으로 어려운 경우가 있을 수도 있다. 일부 이슬람 국가 등에서 여성은 보호자 남성이 없이 외부인과 대화나 접촉이 금지되어 있을 수 있다. 이 경우 남성이 함께하지 않은 상황에서 설문 조사를 하는 것이 이후 여성에게 가정 폭력 등의 피해로 나타날 수 있다. 한편, 보호자 남성이 함께한 상황에서 설문에 응하는 경우, 설문의 신뢰도와 정확도에 영향을 미칠 수도 있을 것이다.

마약이나 알코올 섭취 등과 같은 사회적으로 부정적인 습관이나 행동에 대한 설문 조사의 경우 응답자가 진실하게 대답하지 않는 경우가 많다는 것도 연구로 나타나 있다. 따라서 평가팀은 가용 예산과 인력과 같은 문제 이외에도 평가대상과 관련한 문화적, 사회적 상황과 활용 가능한 기존 자료까지 면밀히 분석하여 설문 조사가 가능하고 꼭 필요한 상황에서 적절하게 사용될 수 있도록 유의한다.

최근 기술의 발달과 함께 설문 조사 기법과 분석 방법에 큰 변화가 발생하고 있다. 인터넷과 휴대 전화의 발달로 설문 수행과 이후 분석이 용이해진 것도 사실이지만, 설문 조사의 폭발적인 증대와 함께 저조한 응답률의 문제가 발생하고 있다. 개발협력사업의 특성상 발달된 기술을 사용하는 것이 오히려 설문의 정확도를 저해할 수도 있다. 평가를 기획하고 설문 조사를 수행할 때는 개입 수행 지역의 특성을 적절히 반영하는 것이 필수적이다.

설문 대상 선정

설문 조사를 기획할 때는 설문 조사 대상의 특성을 먼저 파악해야 한다. 이를 위해서 평가에서 많은 경우 설문 대상에 대한 사전 조사를 실시하기도 한다. 예를 들어, 만약 설문 대상을 특정 조직의 노동자로 정했다면, 노동자별 고용 형태가 다른지 확인하고, 그에 따라 설문 대상을 특정할지 분석한다. 정규직 노동자만을 대상으로 할 것인지, 단기 기간제 인력도 포함할 것인지, 특정 하위 집단만을 조사하는 것이 적절한 것인지 파악한다. 설문 대상을 개인으로 할 것인지 특정 학교 학생, 교사 집단, 보건 종사자 등의 집단이나 조직을 대상으로 할 것인지 또한 고려한다. 설문 대상이 되는 집단과 조직에서도 실제 설문 응답자는 특정한 하위 조직이나 집단이 될 수 있다. 예를 들어, 학교에서 전체 교사가 아닌 수학 교사들만을 설문 응답자로 하거나, 보건 서비스 종사자 중 간호 인력만을 대상으로 할 수도 있다. 설문 대상자 선정의 기준은 평가 설문에 적절한 정보를 제공할 수 있는지 여부가 된다.

설문 방식 선정

설문 대상과 질문을 구체화할 때 고려할 마지막 사항은 데이터 수집 방법이다. 우편 조사, 인터넷 조사, 전화 조사, 대면 조사 등의 수집 방법 중 어떤 방법을 선택할지를 고려해야 한다. 우편 조사는 이메일과 인터넷 사용 확대와 함께 점차 사용이 감소하고 있는 데이터 수집 방법이다. 우편 조사의 장점은 상대적으로 비용이 적게 들며 민감한 질문이 포함된 경우에도 응답 편향이 적을 수 있다는 점이다. 그리고 주소 체계가 정확하게 확립된 국가에서는 사용이 용이하다는 점도 장점이다. 그러나 전반적으로 응답률이 낮으며, 상대적으로 교육 수준이 높은 응답자의 응답률이 높아 교육 수준에 따른 편향이 발생할 수 있다는 단점이 있다. 또한, 개별 질문 하나하나에 대한 무응답 비율이 높다는 점과 조사에 대한 설명 제공에 한계가 있어 설문지를 단순하게 구성해야 한다는 단점도 있다.

  전화 조사의 경우 상대적으로 응답률이 높고 질문별 무응답률도 낮다는 점에서 많이 활용되는 조사 방식이다. 또한 설문 순서를 질문자가 통제할 수 있고 보다 긴 질문이나 건너뛰기 질문을 포함하는 등 설문지를 보다 복잡하게 구성 가능하다는 점도 장점이다. 전화 조사의 단점은 우편 조사에 비해 비용이 더 많이 소요될 수 있으며, 설문을 구성하고 시행하고 정리하는 데 많은 시간이 걸린다는 점, 사적이거나 민감한 질문에 대해 편향이 발생할 가능성이 높다는 점 등이 있다. 전통적으로 전화 조사의 장점인 높은 응답률도 설문 조사의 폭증 및 정보 통신 기기의 발달과 함께 유선 전화 사용이 줄어들고 있다는 점 등에서 점차 우편 조사와 다를 바 없이 희석되고 있다.

  개도국의 열악한 주소 행정 체계 등으로 인하여 개발협력에서 우편 조사 방법은 널리 활용되지 않는다. 전통적 방식의 유선 전화 조사 또한 열악한 정보 통신 인프라와 무선 통신 위주의 통신 체계 구축으로 널리 사용되지 않는다. 이메일로 조사를 수행하는 방식은 데이터 수집이 빠르고 비용도 적게 들며 이후 분석에도 효과적이라는 장점이 있다. 그러나 스팸 메일을 막는 등의 보안 시스템에 의해 걸러질 가능성이 높다는 단점도 있다. 최근 이메일 조사보다는 설문 조사 전용 웹페이지를 구축한 뒤 웹페이지를 통해 조사를 실시하는 방법이 선호되고 있다. 웹페이지를 활용하는 경우, 그래픽 등을 활용하여 설문 조사에 추가적인 안내를 포함할 수도 있고 다양한 소프트웨어를 활용하여 복잡한 질문을 쉽게 구성하는 것도 가능하다는 장점이 있다.

다만 개도국에서 웹페이지 접속을 통한 조사를 실시하는 경우, 기술적 가능성 뿐만 아니라 설문 대상자들이 충분한 인프라와 접근성을 갖추고 있는지에 대한 사전 조사가 필요하다.

응답자의 문해율, 정보 통신 및 행정 서비스에 대한 상대적으로 열악한 접근성 등을 고려할 때, 가장 흔하게 사용되는 방식은 여전히 대면 조사 방식이다. 설문 조사원을 고용하여 훈련을 마친 후, 설문 지역을 방문하여 조사하는 것이다. 대면 조사의 가장 큰 단점은 많은 예산과 오랜 기간이 소요된다는 점이다. 설문을 실제 수행하는 설문 조사원들에 의한 편향이나 오류가 발생할 수도 있으므로 충분한 사전 교육이 필요하다. 민감한 질문을 해야 하는 경우 추가적인 주의가 필요하므로 경험이 풍부한 역량 있는 설문 조사원을 고용하는 것이 바람직하다.

최근 대면 조사에서 휴대전화나 태블릿 PC 등을 활용하여 답변지를 작성하여 설문 수집과 분석 시간을 단축하는 등의 변화가 일고 있다. 그러나 대면 조사원을 파견하여 조사하는 지역은 일반적으로 전화나 인터넷 서비스 등에 대한 접근이 어려운 지역일 가능성이 높다. 조사 대상 지역 환경에 대한 사전 분석을 통해 적절한 전자 기기나 인터넷 서비스를 활용하여 설문 조사 수행과 분석의 어려움을 줄이는 것이 바람직할 것이다.

설문 조사 기관 선정

전문 기관을 통해 설문 조사를 수행하는 경우가 많다. 이런 경우 가장 중요한 사항은 적절한 조사 기관의 선택이 된다. 개도국에서 역량 있는 조사 수행 기관을 찾기는 더 어려울 수 있다. 상대적으로 열악한 환경의 개도국에서 데이터 수집 경험과 노하우$_{know-how}$를 충분히 보유한 기관을 선정하여야 데이터 수집 과정에서의 오류를 최소화할 수 있다. 조사 기관을 선정할 때는 조사 기관이 충분한 경험을 보유하고 있는지를 확인한다. 조사 기관이 보유한 조사원들이 국별, 지역별로 필요한 언어 및 의사소통 기술$_{communication\ skill}$을 갖추고 있는지도 확인한다. 그리고 조사 기관의 조사 기획서 품질 수준, 예산 소요의 적정성 등을 면밀하게 분석하고 적정 기관을 선정한다.

조사 시기

데이터 수집 시기는 생각보다 중요한 문제가 된다. 조사 대상이 응답하기 가장 편리한 시간대를 선정하여 수집을 실시하여야 응답률을 높이고 조사를 효과적으로 진행할 수 있다. 예를 들어, 소득 수준 조사를 위해 농번기에 농부들의 집에 방문하는 것은 바람직하지 않을 것이다. 각 국가별 휴일이나 휴가 시즌을 확인하여 미리 조사 시기와 조율하는 것도 필요하다. 특히, 특정 개입에 대한 경험이나 생각, 감정의 회상이 필요한 경우, 조사가 개입 직후에 이루어져 기억에 의한 왜곡을 줄이는 것도 필요하다.

표본 선정

설문 조사 질문과 방법에 대해 생각했다면 이제 대상과 범위를 정한다. 조사 대상 전체에 대해서 설문 조사를 할 것인지 표본을 선정해서 표본 조사만을 실시할 것인지 결정한다. 표본 조사를 결정한 경우, 적절한 표본 추출법을 선택하고 표본을 구성한다. 전수 조사는 시간이 매우 오래 걸리고, 비용이 많이 들며, 오류가 많은 error-prone 작업이다. 적절한 표본 조사는 시간 비용을 줄이며 신뢰도 높은 결과를 도출할 수 있다. 표본 조사에 대한 상세 사항은 '제8장 표본 추출'을 참고한다.

설문지 구성

이제 평가 질문에 대해 신뢰도 높은 우수한 답변을 구하기 위해서 설문지의 질문을 정교화한다. 설문지와 질문을 어떻게 구성하느냐는 조사의 신뢰도와 충실도와 직결되는 문제이므로 질문이 적절하고, 정확하며 필요한 정보를 제공할 수 있도록 구성되었는지 사전에 점검한다. 질문은 크게 폐쇄형 질문 close-ended question 과 개방형 질문 open-ended question 으로 구분된다. 폐쇄형 질문은 선택지가 구체적으로 정해져 있고, 응답자가 질문지에 제공된 선택 사항 중 하나 혹은 복수의 답을 선택해야 하는 질문이다. 폐쇄형 질문은 따라서 이후 통계 분석 등에 유리하다. 폐쇄형 질문은 다음과 같은 형태이다.

질문) 당신은 얼마나 자주 마을에 가십니까?

하나를 골라 표기 하세요.			
일주일에 한 번 이상	일주일에 한 번 이하, 한 달에 한 번 이상	한 달에 한 번 이하, 일 년에 한 번 이상	일 년에 한 번 이하

반면, 개방형 질문은 선택지가 구체화되어 있지 않으며, 조사 대상자

171

가 자유롭게 답변할 수 있는 질문이다. 따라서 개방형 질문은 응답을 정형화하여 분석하기에는 한계가 있지만 대상자들의 생각이나 태도를 깊게 분석하는데 적절하다. 개방형 질문은 아래와 같은 형태를 취할 수 있다. 개방형 질문에는 답을 위한 공간이 마련되고 답은 응답자 또는 조사원이 기입한다.

질문) 당신은 얼마나 자주 마을에 가십니까?
답변 : _____

폐쇄형 질문과 개방형 질문은 각각 장단점을 갖고 있다(〈표 7-01〉 참조). 따라서 평가팀은 각각의 장단점을 고려하여 설문지를 적절하게 구성한다.

〈표 7-01〉 개방형 질문과 폐쇄형 질문 비교

	장점	단점
개방형	▷ 평가팀이 미처 생각하지 못했던 반응을 드러낼 수 있다. ▷ 보기에서 선택된 일반적인 응답이 아닌 응답자들의 정확한 반응을 나타낼 수 있다. ▷ 너무나 많은 보기를 제공하는 대신 사용할 수 있다. ▷ 질문이 복잡하여 몇 개의 정형화된 보기로 줄이는 것이 어려울 때 사용할 수 있다. ▷ 응답자들이 자신들의 단어를 사용하여 표현할 수 있도록 한다.	▷ 관계없는 정보들이 많이 수집된다. ▷ 답이 표준화되어 있지 않으며 따라서 비교하기 어렵다. ▷ 코딩(coding)이 어렵다. ▷ 응답자와 인터뷰 시행자 모두가 높은 수준의 기술을 갖고 있어야 한다. ▷ 응답이 때때로 이용하기에 너무 일반적이다. ▷ 더 많은 시간이 소요되며 종종 매우 긴 일정을 필요로 한다.

	장점	단점
폐쇄형	▷ 응답이 표준화되어 있어, 비교하기 쉽다. ▷ 코딩과 분석이 더 쉽다. ▷ 보기에 의해 답의 의미가 더 명확해질 수 있다. ▷ 모든 관련 범주가 구체화되었다면, 답이 완결적_{complete}이다. ▷ 응답자가 자신만의 답을 생각하는 것보다 보기 중 하나를 고르는 것을 더 쉽게 생각할 수 있다. ▷ 범위를 제시하는 보기(즉, 20~39마리, 50$~100$) 형태의 폐쇄형 질문은 민감한 질문(예를 들어, 가축 수, 수입)에 대해 답을 얻기가 더 쉽다.	▷ 응답자는 답을 모를 때에도 답을 유도할 수 있는 보기에 따라 짐작을 통해 정확하지 않을 수도 있는 답을 할 수 있다. ▷ 적절한 보기가 없을 수도 있다. ▷ 응답자가 질문을 이해하지 못했다는 것이 개방형 질문처럼 명확하게 드러나지 않는다. ▷ 보기가 너무 적으면 그룹들 간의 중요한 차이점이 드러나지 않을 수 있다. ▷ 설문 조사 수행자의 실수(예를 들어, 실수로 잘못된 칸에 표기)가 더 빈번하게 발생한다.

유의 사항

이제 질문 구성에서의 유의 사항을 살펴본다. 첫 번째로 이중 목적 질문_{double-barrelled questions}을 피하고 한 질문에는 한 가지 사항만을 질의한다. 만약 '당신은 비료를 주고 파종을 하였습니까?'라는 질문에 '네/아니오'로 대답을 요구하는 질문지가 있다고 하자. 씨앗을 파종하였으나 비료를 주지 않은 응답자가 있다면, 이 질문에 어떻게 답해야 할 것인가? 따라서 '혹은' 또는 '그리고'를 포함하는 질문이 있다면, 그 질문이 한 번에 두 가지 이상의 사항을 묻는 것이 아닌지 확인해야 한다.

다음 질문은 어떤가? '당신은 일주일에 한 번 이상 자전거를 타고 집에서 가장 가까운 시장에 가십니까?'라는 질문은 너무나 길고 복잡하다. 이 질문은 부정적인 응답이 나올 경우를 대비해 적절한 '건너뛰기

지시문'을 포함하는 더 짧은 여러 개의 질문으로 분리되어야 한다. 위의 질문은 '당신은 일주일에 한 번 이상 시장에 가십니까?'라는 질문으로 수정하고, 이 질문에 '예'라고 답변하는 응답자는 다음으로, '아니오'라고 답변하는 응답자는 이후 다른 문항으로 건너뛰도록 한다. 한편, '예'라는 응답자에 대해서, '당신은 어떤 교통수단을 활용하여 시장에 가십니까?'라는 교통수단을 확인하는 질문과 '당신이 가는 시장은 집에서 얼마나 떨어진 곳에 있습니까?'와 같이 시장의 위치를 문의하는 질문으로 분리하고 각각의 질문에 대해 선택지를 부여하는 방식으로 구성하는 것이 더욱 바람직할 것이다.

두 번째로 모호한 질문을 피한다. 애매모호한 질문은 그 응답이 응답자 또는 설문 조사원의 개인적인 해석에 따라 답변이 매우 달라질 수 있으므로 설문 조사에 적합하지 않다. 예를 들어, '당신은 보통 당신의 농산물을 X 시장에 판매하십니까?'라는 질문은 '보통'이라는 단어를 어떻게 해석하느냐에 따라 달라진다. 이 단어는 '정기적으로'를 의미하는가, 아니면 '다른 시장보다 X 시장에서 더 자주'를 의미하는가?

더 직접적으로 보이는 질문인 '당신은 지역 시장에 어떻게 가십니까?'라는 질문도 사실상 별로 직접적이지 않다. '어떻게'는 교통수단(버스, 자전거 등)을 설명할 수도 있으며, 경로('○○마을까지 도로로 가서, 강을 건너서⋯')를 설명할 수도 있다. '당신은 비료를 사용하십니까?'라는 질문 역시 애매모호할 수 있다. 질문에서 비료는 인공 비료만을 말하는 것인가 아니면 동물의 배설물을 포함하는가? 어떤 질문들은 특정한 상황에서만 애매모호할 수 있으며, 이런 경우 사전 훈련이 잘된 설문 조사원은 오해를 바로잡을 수 있다. 평가팀은 애매모호한 질문을 피하고 질문을 최대한 명확히 구성해야 한다.

세 번째로 답변이 불필요한 질문을 하지 않아야 한다. 답변이 불필요한 경우는 크게 두 가지로 나뉠 수 있다. 첫째, 명백한 답이 있는 질문이다. 예를 들어, 만약 응답자의 성별을 기록해야 한다면, 성별을 묻는 질문을 포함하기보다는 응답자를 만나서 확인하고 스스로 기입할 수 있다. 남아프리카에서 현지 조사 경험이 없는 어떤 조사자는 본인들이 방문한 마을의 주민에게 마을로 통하는 길이 어떤 길인지 질문하였다. 그 길은 바로 조사자들 자신들이 마을로 가기 위해 이용한 길이었다.

모든 응답자들이 똑같은 답을 하게 될 질문을 피해야 한다. 조사는 응답자들의 상이한 답변을 각 응답자들의 특성과 연계할 수 있을 때, 가치 있는 정보를 얻을 수 있다. 따라서 모두가 같은 답을 하는 질문은 정보 가치가 없다. '당신은 음식을 요리할 때 연료를 사용하십니까?'와 같은 질문은 이러한 의미에서 적절하지 못하다. 평가팀이 명백한 질문을 할 수 있는 유일한 상황은 더 상세한 질문을 하기 전 '소개 질문'을 하는 것이다. 예를 들어, 평가팀은 한 가구의 가축 소유 여부를 질문할 수 있다. 아마도, 대부분의 답은 '그렇다'일 것이며, 그렇다면 평가팀은 가축의 유형에 따라 세부적인 질문들을 이어 나갈 수 있을 것이다. 처음 질문은 이어지는 질문을 위한 상황을 설정하는 소개의 기능을 수행한다. 또는, 혹시라도 있을 가축이 없는 가구를 골라내어 그들에게 불필요하게 상세한 질문하는 것을 피하게 한다.

다섯 번째로 적절한 단어level of wording를 선택한다. 즉, 질문의 단어는 응답자에게 적절한 것이어야 한다. 질문은 응답자가 이해할 수 없을 것 같은 전문 용어나 기술적 용어의 사용을 피해야 한다. 많은 경우, 응답자는 제시된 질문을 명확하게 이해하지 못하는 경우에도, 설문 조사원에게 이를 밝히지 못한다. 설문을 이해하지 못하고 질문하는 게 응답자의 무지를 드러낸다고 느끼는 경우 더욱 그러하다. 따라서 응답자는 질문을 완전히 이해하지도 못한 상태에서 설문지에 답을 할 수도 있으며, 이는 설문 결과의 신뢰도 저하로 이어진다. 따라서 응답자가 스스로 무지하게 느끼도록 대하는 일을 피해야 한다. 예를 들어, '무기비료inorganic fertilizer'에 대해서 질문하기보다는 특정 비료 유형 또는 응답자에게 친숙한 비료의 제품명 등으로 질문을 작성해야 한다. 또한, 질문들은 가능한 한 짧게 적은 단어를 사용한다. '급여 체계remuneration level'라고 질문하는 것보다는 '월급salary'이라고 묻는 것이 좋다. 응답자가 이해할 수 있으며, 공격적인 성향을 촉발하지 않을 용어를 사용한다. '농사꾼peasant'과 같은 표현은 사용하지 않는다.

유도 질문을 피한다. 질문은 명시적presentation이며 중립적neutral이어야 한다. 다시 말해서, 질문의 형태는 선호되거나 혹은 '옳은correct' 답을 가리켜서는 안 된다. '당신은 비료를 사용하시죠, 그렇지 않습니까?'라는 질문은 응답자가 비료를 사용해야만 하며, 만약 그렇지 않다면 잘못하고 있는 것이라는 내용을 암시한다. '당신은 비료를 사용하십니까?'라는 질문이 앞의 질문보다는 부정 답변에 대한 내재적인 비판implied criticism을 덜 포함하고 있다. 이와 유사하게 '당신은 농촌 지도사가 추천하는 비료를 사용하고 있습니까?'라는 질문 역시 응답자가 그렇게 해야 한다는 내용을 내포하고 있다. 사용하고 있는 비료의 유형에 대해 질문하고 이것을 이후에 농촌 지도사의 추천 비료와 비교하는 것이 더 좋다.

민감한sensitive 질문들은 규범적인normative 답을 유도하는 경향이 있다. 다시 말해서, 때때로 응답자가 실제로는 사회적인 규칙에서 벗어나는 행동을 하더라도, 응답자가 실제에 반해 사회적인 규칙 내에서 행동하고 있다는 응답을 유도할 수 있다. 예를 들면, 모스크mosque 예배 참석이 규범norm인 사회에는 모스크 예배에 불규칙적으로 참석하거나, 아예 참석하지 않는 응답자는 그 사실을 드러내지 않기 위해 긍정적인 응답을 하게 될 수 있다. 이러한 상황에서는 모스크 예배 참석이 항상 일어나는 것은 아니라는 가정을 포함하는 질문을 개발하는 것이 유용할 수 있다. 즉, '당신은 모스크 예배에 참석하십니까?'라는 질문보다는 '당신은 얼마나 자주 예배를 불참miss하십니까?'라고 질문하는 것이 더 낫다. 응답자가 때때로 모스크 예배를 불참한다는 가정이 있는 이 질문은 응답자가 자신의 불참을 인정하는 일을 더 쉽게 할 것이다. 〈상자 7-03〉는 설문 조사 질문 작성 시 흔하게 발생하는 실수를 정리하고 있다. 먼저 설문지 질문을 개발하고, 〈상자 7-03〉의 사항들을 참고하여 질문이 적절하게 개발되었는지 확인하는 방식으로 질문지 작성에서의 실수를 줄일 수 있다.

〈상자 7-03〉 설문 조사 질문 작성에서 발생 가능한 실수

▷ 한 질문이 한 개 이상의 사항을 물어본다.
▷ 응답자에게 낯선 용어를 사용한다.
▷ 응답 선택지가 모든 가능 답안을 포함하고 있지 않다.
▷ 정보를 다른 데서 찾을 수 있어서 중복이 된다.
▷ 응답자마다 질문을 다르게 해석할 수 있다.
▷ 설문 문항의 시간대가 명확하게 나타나지 않거나 회상 질문과 맞지 않는다.
▷ 대부분의 응답자가 동일한 답을 할 가능성이 높아 설문의 변별력이 낮다.
▷ 이중 부정 질문이다.
▷ 응답자에게 지나치게 많은 항목을 나열하게 하는 등 너무 많은 작업을 요구한다.
▷ '모름' 또는 '의견 없음'과 같은 불필요한 중립 질문이 있다.
▷ 숫자 응답 선택지의 간격이 논리적이지 못하다.
▷ 특정 답을 유도하는 방식으로 질문이 짜여졌다.

명확하게 질문지를 구성하는 것 이외에도 설문 조사 수행에서는 여러 가지 어려움이 발생할 수 있다. 〈상자 7-04〉는 설문 조사에서 발생할 수 있는 유의 사항을 정리하여 보여 준다. 설문 조사 계획을 수립할 때부터 조사 유의 사항을 확인하여, 설문 조사가 효율적으로 이루어질 수 있도록 한다.

〈상자 7-04〉 설문 조사 시 유의점

▷ 설문 조사서 설명지에는 조사의 목적, 회답 대상자로 선정된 이유, 결과의 활용 방법(공개 방법, 비밀 유지의 범위 등도 포함한다), 회답 기한과 방법을 명확히 기술한다.
▷ 설문은 그 의도가 바르게 전달되도록 **사회·문화적 배경이나 표현 방법을 충분히 고려**해 작성한다.
▷ 설문은 응답자의 업무 등을 고려해 필요한 사항에 대해서만 **간결하게 작성**한다. 해당 설문 조사의 목적에 한정된 질문 항목만으로 하고 불필요한 질문은 포함하지 않는다.
▷ 서술식 답변, 선택지 답변, 순위 매기기, 체크리스트 등 많은 답변 양식 중, 회수 후 **데이터 처리 방법, 적절한 회답 내용 표현 방식** 등을 고려하여 질문 방식을 선택한다. 서술식 답변으로만 구성된 설문 조사 방식은 객관적 데이터 분석에 어려움이 있으므로 피하는 것이 좋다.
▷ 설문지 **회수 방법(기일, 반송 방법)**을 고려한다. 개도국의 열악한 인프라 상황 등을 고려하여 여유 있게 일정을 설정한다. 설문지를 미리 배포할 시에는 답변 **1개월** 전까지 전달하고 다시 회수까지 **1개월 정도**의 기간을 설정한다.
▷ 설문지는 가능하면 관계자 혹은 실제 설문 대상과 유사한 속성의 사람에게 사전 확인을 실시하여, 질문의 명료성, 응답의 편의성 등을 **점검**한 후 실시하는 것이 바람직하다.

주의 깊게 만들어진 질문은 정확한 답을 제공할 수 있다. 그러나 평가팀은 종종 표본의 수를 너무 크게 하거나 설문지에 지나치게 많은 질문을 포함한다. 이 경우 분석은 장황해지며, 많은 시간이 걸리게 된다. 표본의 수가 너무 작은 경우 또는 시간적 제약이 있을 때는 정보의 신뢰성에 문제가 생긴다. 지나치게 많은 질문은 또한 응답자의 집중력을 저하하여 정보의 정확성을 떨어뜨릴 수 있다. 설문이 너무 길어 시간 내에 분석이 되지 않는다면 쓸모가 없어질 것이다. 설문 조사는 또한, 문항 작성 방식, 응답 형식 등에 따라 정보 왜곡이 발생 가능하다는 단점도 있다. 그럼에도 불구하고 설문지 조사법은 평가뿐만 아니라 많은 사회과학 조사에서 데이터 수집을 위해 가장 널리 사용되는 방법 중 하나이다. 평가팀은 설문 조사의 유의 사항을 명확히 숙지하여 설문 조사 계획을 수립하고 적절한 기술과 역량을 갖춘 설문 조사 기관과 조사원을 확보하여 정확하고 신뢰도 높은 정보를 수집할 수 있도록 노력한다.

짚어 보기

1. 델파이 기법 사용 절차를 설명해 본다.
2. 설문 조사를 수행할 때 유의 사항을 설명해 본다.

생각해 볼 문제

설문 조사를 실시하여 수행된 평가결과보고서를 찾아보고, 사용된 설문 조사 질문들과 방식의 적절성을 토론해 본다.

제8장
표본 추출

앞서 두 장에 걸쳐서 데이터 수집 및 조사 방법에 대해 알아보았다. 어떤 조사 방법을 활용하더라도 사회과학 조사 연구에서 조사 대상 전체를 대상으로 조사를 실시하는 것은 현실적으로 어려운 경우가 많다. 개발협력평가에서도 이는 동일하며, 따라서 어떤 방법론을 선택해도 조사 대상의 일부를 선정하고 그 일부 집단을 대상으로 조사를 수행하는 경우가 일반적이다. 조사 대상 전체 모집단에서 실제 조사에 참여할 일부를 선택하는 행위를 표본 추출sampling 또는 표집이라고 한다. 표집은 광범위하게 사용되지만, 표본 추출 과정에서 편향bias 등으로 인해 표본 조사의 신뢰도가 저하될 수 있다. 따라서 이 장에서는 표집에 대한 기본 개념을 이해하고, 다양한 표집 방법과 표집에서의 주의 사항을 확인한다.

1. 의미

표집이란 조사 대상이 되는 전체 모집단population에 대한 조사가 어려운 경우 조사 대상이 될 모집단의 일부를 선택하는 행위를 의미한다. 모집단의 모든 개체에 대해 조사를 실시하는 것은 전수 조사census이며, 모집단 중 일부에게서 데이터를 수집하는 것을 표본sample 조사라고 한다. 개발협력평가에서 많은 경우 표집을 통해 표본을 추출하고 표본에 대해 조사를 실시한다. 예를 들어, 수혜자들의 사업 만족도 조사를 위해 수혜자 중 일부를 표본으로 추출하고 조사를 수행하는 것이다.

표본 조사는 전수 조사와 비교하여 인적 물적 자원이 덜 소요되므로 더 경제적이다. 또한, 전수 조사와 비교하여 더 짧은 기간이 소요되어 조사를 수행하는 동안 다른 요인이 개입하게 되는 위험성이 줄어든다. 한편, 조사 대상이 되는 모집단 전체를 정확하게 확정하기 어려운 경우도 많다. 불법 체류자와 같이 이동이 빈번한 집단의 경우 모집단을 특정하기가 어려울 수 있다. 표본 조사는 전체 모집단을 확정하기 어려운 상황에서 유용한 대안이 된다.

모집단에서 표본을 추출하는 방식은 크게 두 가지로 나뉠 수 있다. 모집단 내 모든 개체가 표본으로 선정될 동일한 확률을 갖는 표본 추출 방법인 확률표집법과 표본으로 선정될 확률을 알 수 없는 비확률표집법이다. 비확률표집법은 비무작위표집법이라고도 불린다. 비무작위표집법은 비확률적인 방법으로 표본을 추출하는 표집을 의미하며, 표본의 특징에 기초하여 표본을 선정한다. 따라서 모집단 내에서 각 개체는 특성에 따라 표본으로 선택될 확률이 각기 다르다. 다시 말하면, 구성 요소들이 표본으로 선정될 확률을 알 수 없다. 이 점은 무작위적으로 표본을 선정하여 모집단 내의 모든 개체가 동일한 선택의 확률을 갖는 무작위표집법과 구분되는 가장 큰 차이점이다. 그리고 이 특성으로 인해서 비무작위표집법으로 선택된 표본들은 모집단 전체에 대한 대표성을 갖지 못한다.

무작위표집법random sampling은 확률표집법probability sampling이라고도 불린다. 이름 그대로 무작위표집법은 모집단의 개체 모두가 표본으로 선정될 동일한 확률을 갖는 표집 방식을 의미하며, 따라서 표본은 모집단에 대해 대표성을 가질 수 있다. 즉, 무작위표집으로 선정된 표본에 대한 조사 결과는 모집단에 대한 결론으로 일반화될 수 있다.

2. 방법

표본을 추출하는 방법은 조사 결과에 영향을 미치므로 선택 및 사용에 주의를 기울여야 한다. 표본에 편향bias이 있거나 혹은 표본 숫자가 너무 적다면, 조사 결과는 신뢰성이 부족하거나 심지어 조사의 실효성이 없을unvalid 수 있다. 표집을 위해서는 먼저 표집틀sampling frame을 명확히 해야 한다. 표집틀이란 표본이 될 수 있는 가능성이 있는 모든 개체에 대한 목록을 말한다. 표집틀을 설정하기 위해서는 전체 모집단 내에서 조사 대상이 되는 특정 개체를 명확히 설정하거나(예: 마을 안에 거주하는 모든 가구, 한 구역에 사는 특정 가구) 구체적으로 설명하여 기술한다(예: 조사 대상이 되는 숲의 경계).

표집틀이 모집단을 적절히 대표하지 못하는 경우 표본은 모집단에 대한 대표성을 잃게 된다. 개발협력에서 표집에 가장 빈번하게 사용되는 틀은 수원국 정부의 공식 기록이다. 주민 등록 기록이나 의료 보험 등 사회 보장 제도 관련 기록들이 많이 활용된다. 그러나 국내 난민, 소수 민족이나 여성, 불가촉천민과 같이 낮은 신분 집단은 이러한 공식 기록에 반영되어 있지 않을 가능성이 높다. 따라서 이러한 기록을 기반으로 구성된 표본은 모집단을 적절히 대표하지 못할 수 있다. 표본 조사에서 표본이 모집단에 대한 대표성을 가질 수 있게 표집틀을 재확인하는 것은 중요하다. 〈상자 8-01〉은 표본 조사에서 표집틀의 중요성을 잘 보여 준다.

〈상자 8-01〉 미국 대선 여론 조사와 표집틀의 중요성

미국 뉴스잡지 다이제스트Literary Digest 는 1916년 6개 주 사람들에게 엽서로 당시 대선 후보였던 우드로 윌슨Woodrow Wilson 과 찰스 이반 휴스Charles Evans Hughes 중 누구에게 투표할 것인지 물었다. 응답자들은 전화번호부와 자동차 등록부에서 추출되었다. 응답에 기초하여 다이제스트는 윌슨이 당선될 것이라는 사실을 예측하여 맞췄다. 다이제스트는 이후 1932년까지 5차례에 걸친 대선 결과를 정확히 예측했다. 1936년 다이제스트는 전화번호부와 자동차 등록부에 등재된 1천만 명의 사람들에 대해 조사를 실시했고, 2백만 명 이상의 응답한 결과, 알프 랜던Alf Landon 공화당 후보가 당시 현직 대통령 프랭클린 루즈벨트Franklin D. Roosevelt 를 57% 대 43%로 이길 것으로 나타났다. 그러나 실제 선거에서 루즈벨트는 61%의 득표율로 선거에 승리했다. 이 사례는 표집틀의 중요성을 보여 준다. 다이제스트는 전화 가입자와 자동차 소유주로 표집틀을 구성했다. 그러나 1936년은 역사적인 경제 침체의 말기였고, 따라서 이 조사의 표집틀은 자동차 또는 전화를 보유한 부유한 사람들을 불균형적으로 많이 포함하게 된 것이다. 이 표집틀은 루즈벨트의 뉴딜 정책을 지지하는 가난한 사람들이 배제된 채로 구성되었다. 잘못 선정된 표집틀로 실시한 조사 결과는 모집단 전체에 대한 대표성을 갖지 못한다.

두 번째로는 적정 표본의 크기를 결정한다. 추출한 표본의 크기는 조사 결과의 유효성validity 에 크게 영향을 미치게 된다. 다만, 일반적인 생각과 반대로, 표본의 적정 크기는 조사 대상이 되는 모집단의 크기에 비례하여 증가하지 않는다. 〈표 8-01〉은 모집단 크기별로 5%의 오차 범위에서 95% 신뢰 수준에 필요한 최소한의 표본 크기를 보여 준다. 모집단의 크기 350까지는 표본 크기가 모집단의 절반 이상을 차지하

나, 그 이후로는 완만하게 증가하며, 1,500을 넘게 되면 300여 개의 표본으로도 필요한 신뢰 수준을 얻을 수 있다.

〈표 8-01〉 95% 신뢰 수준과 5% 오차 범위에 필요한 최소 표본 크기

모집단 크기	표본 크기	모집단 크기	표본 크기	모집단 크기	표본 크기	모집단 크기	표본 크기
10	10	200	132	550	226	1,300	297
20	19	250	152	600	234	1,500	306
40	36	300	169	700	248	3,000	341
50	44	350	184	800	260	6,000	361
75	63	400	196	900	269	9,000	368
100	80	450	207	1,000	278	50,000	381
150	108	500	217	1,200	291	100,000+	385

출처: Krejcie and Morgan 1970.

무작위표집법에서 적정 표본 크기는 가용 예산과 자원, 모집단 내 서로 다른 특징을 갖는 하위 그룹의 수, 시간 제약, 모집단 내 변수의 변화, 오차 범위 내에서 평가팀이 원하는 신뢰성 수준, 조사가 만족할 수 있는 최대 수용 오차error 등을 다각적으로 고려하여 결정된다. 한편, 비무작위표집법에서는 가용 예산이나 자원, 하위 그룹 수 등 외에도 데이터 포화도data saturation나 선행 연구 경험에 기반하여 표본 크기를 정한다.

세 번째로 결정된 표본 크기에 맞춰 표집 방법을 결정한다. 표본 추출을 위해서는 무작위표집법과 비무작위표집법 중 하나를 선택할 수 있다. 선택 기준은 평가팀이 원하는 정보의 유형에 따라 결정된다. 비

무작위표집법은 평가팀의 의도에 따라 표본을 선정하는 방법으로 조사 결과의 대표성을 갖기는 어려우나, 표본 수가 적을 때와 같이 무작위표집법을 사용하여 조사가 어려운 경우 널리 사용된다. 비무작위표집법에는 편의표집법(convenience sampling), 의도적표집법(purposive sampling), 할당표집법(quota sampling), 눈덩이표집법(snowball sampling) 등이 포함된다.

무작위표집법은 보통 양적 자료 수집과 분석에 사용된다. 이 방법은 모집단 내의 모든 개체가 표본으로 선택될 수 있는 동일한 기회를 갖는다는 것을 의미하며, 이를 통해 조사의 객관성을 높인다. 또한 무작위표집법은 표집 오차를 수치로 측정하는 등 보다 명확하게 정립된 절차를 갖고 있다. 무작위표집법 중 많이 사용되는 방식은 단순무작위표집법(simple random sampling), 계통표집법(systematic sampling), 층화표집법(stratified sampling), 집락표집법(cluster sampling)이 있다.

3. 비무작위표집법

비무작위표집법은 모집단 내에서 평가팀의 의도나 목적에 따라 특정한 개체만을 표본으로 추출하는 방법이다. 즉, 누가 표본에 포함되는가를 평가팀이 결정하고 이에 기초하여 표본을 추출하는 방법을 의미한다. 비무작위표집법은 특히, 실험적인 연구 조사나 긴급한 의사 결정을 지원할 때 또는 특정 개인들을 대상으로 하는 개입이나 설명적인 예시가 필요한 경우에 유용하다. 또한, 대상 지역이 매우 넓고 모집단에 대한 접근이 어려울 때, 예산과 시간의 제약이 있으나 역량과 경험을 갖춘 인력이 있을 때, 표집틀이 없을 때, 행정 절차를 용이하게 할 필요가 있을 때, 모집단의 규모가 작을 때에도 활용될 수 있다.

최근 무작위표집법을 활용한 영향평가가 주목을 받고 있기는 하지만, 여전히 개발협력에서는 비무작위표집법과 정성적접근법을 활용한 평가가 더 많이 활용된다. 비무작위표집법을 활용할 때는 평가 질문을 확인하기에 가장 적절한 표본을 선택하여 조사에 필요한 정보를 얻는 것이 중요하다. 따라서 비무작위표집을 활용할 때는 표본의 대표성보다는 평가 질문과 관련된 가능한 많은 정보를 확인할 수 있는 표본들을 확보하는 것이 더 중요하다.

편의표집법

비무작위표집방법 중 편의표집법 convenience sampling 은 평가자의 편의 convenience 또는 표본확보가능성 availability 에 따라 자의적으로 표본을 선택하는 방식을 말한다. 예를 들어, 평가팀이 마을에 방문한 날 인터뷰 가능한 응답자만을 대상으로 조사를 실시하거나, 수원국 담당자가 추천한 장소만을 선택하여 방문 조사를 실시하는 등의 방식이다. 편의표집법은 확보 가능한 표본만을 활용한다는 그 이유로 인해서 비판의 대상이 된다. 편의로 추출된 표본과 모집단과의 관계를 알 수 없으며, 모집단의 다양성을 간과할 수 있다는 약점이 있어, 비무작위표집법 중 가장 신뢰도가 떨어지는 방법이다. 따라서 편의표집법은 다른 대안이 없는 경우에만 활용한다.

의도적표집법

의도적표집법purposive sampling은 조사 목적에 가장 적합한 정보를 줄 수 있다고 생각되는 대상을 표본으로 선택하는 전략이다. 평가자는 먼저 표본의 특성을 파악하고 평가 질문별로 가장 적절한 정보를 제공할 수 있는 표본을 파악한다. 의도적표집법은 특히 모집단 내에서 조사에 필요한 특성을 가장 잘 보여 주는 구성원을 대상으로 정보를 수집하는 데 많이 활용된다. 따라서 이 방법은 모집단 내의 어떤 현상에 대해 통계적 추론보다는 현상을 설명하는데 유용하게 활용된다. 예를 들어 평가팀은 어떤 지역의 농업적인 특성에 대한 역사적 관점을 획득하기 위하여 20년 이상의 농사 경험을 보유한 사람들만 인터뷰하기를 원할 수 있다. 따라서 평가팀의 의도를 반영한 표본은 평가팀의 질문에 대답할 만한 핵심정보원key informants이 될 수 있는 사람들의 목록이 된다.

의도적표집법에서 표본을 선택할 때 고려할 사항으로는 우선 평판과 경험을 포함할 수 있다. 프로젝트 관리 경험이 많은 현장 관리자 또는 많은 지원을 받은 수혜자들 등을 선택할 수 있다. 두 번째로 평가 질문에 대한 정보를 제공할 수 있는 집단을 고려한다. '프로젝트가 취약 계층의 인권을 존중하는 방식으로 진행되었나?'라는 질문에 대한 정보는 당연히 취약 계층에 속하는 표본으로부터 확보하여야 할 것이다. 수혜자 집단의 하위 그룹 구성을 고려하여 구성 요소의 다양성을 반영한 표집을 수행할 수도 있다. 예를 들어, 수혜자 집단을 여성 가장 가정, 소수 민족 가정, 노인 가정 등으로 분류하고 각 분류별 표집을 수행할 수도 있다.

개입의 프로그램이론을 고려하여 프로그램이론의 요소별 정보를 제공할 수 있는 표본을 확보할 수도 있다. 반대로 개입에 가장 비참여적이었던 집단에서 표집을 수행하여 개입의 프로그램이론의 적정성을 확인할 수도 있다. 프로그램이론을 활용한 평가의 경우 프로그램이론의 적정성과 논리성에 대한 정보를 제공해 줄 수 있는 대상을 표본으로 포함한다.

할당표집법

할당표집법quota sampling은 모집단의 주요 속성을 대표할 수 있는 일정 수의 범주를 선정한 뒤, 각 범주를 대표하는 할당량quota의 표본을 선정, 조사하는 표집법이다. 할당표집법을 사용하기 위해서는 먼저 모집단의 여러 특성을 기술하여 할당행렬표quota matrix를 작성한다. 예를 들어, 모집단을 남녀 구성비, 연령 범주, 교육 수준, 인종 등의 상호배타적인 하위 범주로 분류하고, 행렬의 각 칸에 상대적인 구성비를 배정한다. 즉, 할당표집법을 활용하기 위해서는 모집단 내의 각 범주별 구성 비율을 파악하고 있어야 한다. 그 뒤에 각 칸의 모든 특성을 갖는 표본으로부터 자료를 수집한다. 마지막으로 각 칸에 해당하는 가중치를 할당하면 조사 자료는 전체 모집단에 대한 대표성을 갖게 된다.

할당표집법은 서로 다른 특성을 갖는 집단을 비교하거나, 평가 항목들 중 하나의 특정한 면을 분리하여 분석할 때 유용하다. 특정한 성격을 가지고 있는 개체를 미리 결정된 수만큼 선택한 뒤, 비슷하지만 비교 대상이 되는 특성만 결여된 같은 수의 다른 개체들과 비교하는 방식으로 활용할 수 있는 것이다. 예를 들어, 복지well-being 수준에 관한 조사를 할 때, 평가팀은 매우 강한 자립 성장 의지를 가지고 있는 마을의 대상 그룹과 그러한 의지가 부족하다고 여겨지는 마을 내 다른 그룹과의 특성을 비교할 수 있다. 한편, 할당표집법은 의도적표집법이나 편의표집법과 결합하여 사용 가능하다. 예를 들어, 편의표집법을 실시할 때, 특성별 할당을 통해 표본이 보다 다양한 집단을 포괄적으로 반영하게 할 수 있다. 할당표집법의 표본은 다양한 특성의 집단을 포함하는 장점을 갖는다.

눈덩이표집법

눈덩이표집법snowball sampling은 이주 노동자, 불법 체류자와 같이 모집단의 구성원을 찾아내기 어려울 때 또는 모집단에 대한 정보가 많지 않을 때 특히 적절한 표집법이다. 개발협력에서는 특히 인도주의활동평가에서 많이 사용되며 연쇄소개표집법chain-referral sampling이라고도 불린다. 먼저 평가팀은 자신이 찾아낼 수 있는 몇 명의 핵심정보원에 대해 자료를 수집하고 인터뷰를 진행한다. 그 뒤, 그들에게 그들이 알고 있는 모집단 내의 다른 대상을 추천해 줄 것을 요청한다. 눈덩이표집법은 이런 식으로 표본을 확장하여 더 이상 새로운 인터뷰 대상이 나오지 않을 때까지 또는 충분한 조사 내용을 확보할 때까지 진행한다.

눈덩이표집법은 발견하기 어려운 조사 대상자에게 효율적인 접근 방식이기는 하지만, 서로 아는 사람을 추천하는 방식으로 표본이 선정되기 때문에 선정된 표본이 모집단에 대한 적절한 대표성을 갖기 어렵다는 단점이 있다. 또한 여섯 번에서 열두 번 정도의 인터뷰 이후에는 새로운 주제나 인터뷰 대상이 확인되지 않는 경우가 많으며, 인터뷰 대상이 편향될 가능성이 높다. 따라서 인터뷰 대상을 6-12명 단위의 그룹으로 분류하고 새로운 주제나 데이터 발견 여부를 지속적으로 확인하는 것이 바람직하다. 또한, 마지막 질문을 추상적으로 '이 주제에 대해 인터뷰 대상으로 누구를 제안하시겠습니까?'라고 하기보다 '우리가 A, B, C 그룹을 인터뷰하고 있는데 어떤 그룹이 인터뷰에 적절하다고 생각하십니까?' 등으로 보완하여 사용할 수 있다.

비무작위표집법에서 표본 크기

비무작위표집법에서 표본 크기를 결정하는 주요 요소는 데이터 포화도$_{data\ saturation}$이다. 추가적인 조사가 더 새로운 정보를 제공하지 못하는 상태를 데이터 포화 상태라고 한다. 따라서 표본 숫자는 추가 표본이 더 이상 새로운 정보를 제공하지 못하는 상태일 때로 정해질 수 있다. 그러나 데이터 포화도를 정확하게 측정할 수 있는 객관적인 기준은 없으며, 간접적으로만 확인할 수 있다. 예를 들어, 기획 단계에서 준비한 각 평가 질문별로 확인된 데이터와 증거들을 기록하여 충분한 정보가 모였는지를 판단하여 포화도를 확인할 수 있다.

한편, 여러 선행 연구들이 정량적 분석법을 활용할 때 적정한 인터뷰, 사례$_{case}$, 표본 개수를 제안하기도 한다. 일반적으로 사례 조사의 경우, 네 개에서 여섯 개, 인터뷰의 경우 20-30개를 적정 숫자로 보기도 한다. 가구별 인터뷰에서는 500가구 기준 일반적으로 20개 이상 가구를, 5,000가구에서는 50개 이상의 가구를 적정 인터뷰 대상 숫자로 본다. 다만, 이 경우 표본 안에 다양한 사회적 집단을 모두 포함하여 편향을 최소화한다. 또한, 표본 수가 많다고 하여 일반화할 수 있다고 가정해서도 안 된다. 일반적으로 포커스그룹을 활용할 경우, 네 번째 그룹부터는 새로운 이슈가 발견되는 경우가 거의 없으며, 핵심정보원인터뷰의 경우 6-12개의 인터뷰가 포화점으로 여겨진다. 다만 구성원이 다양한 경우는 다양성을 반영해야 한다. 예를 들어, 청소년 교육 관련 조사를 수행할 때 각각 남자 청소년, 여자 청소년, 학부모와 교사로 구성된 세 개의 포커스그룹을 기획할 수 있겠다.

신뢰도는 평가의 또 다른 이슈이다. 평가는 일정한 신뢰도가 있어야만 효용성을 갖는다. 데이터 포화도는 하나의 조건일 뿐 포화도를 달성하는 개수만큼 인터뷰를 했다는 사실이 신뢰도를 보장하는 것은 아니다. 비무작위표집법에서 표본은 미리 결정된 특성에 따라 선정되기 때문에, 편향의 가능성이 더 크고 따라서 조사 결과는 모집단을 적절히 대표하지 못할 수가 있다. 특히, 비무작위표집법은 표본 오차에 대한 추정치를 숫자로 제공할 수 없다는 한계가 있다.

그러나 비무작위표집법은 소규모 조사에서도 활용이 가능하며, 시간이 상대적으로 적게 소요된다는 장점도 있다. 특히 개발협력에서는 소규모 표본만이 활용가능한 상황이 빈번하다. 소규모 조사는 표본의 수가 적기 때문에 각각의 표본이 표본 평균과 편차에 미치는 영향이 크다. 이런 상황에서 각각 표본의 값이 표본 전체의 평균값과 매우 다른 상황이더라도 표본 평균만은 모집단 평균과 동일할 수도 있다. 따라서 적은 수의 표본을 무작위 표집으로 선정하였다는 이유만으로 신뢰성과 대표성이 보장될 수는 없으며, 오히려, 표본 각각의 차이점은 무시되고 전체 모집단에 대한 대표성이 오도되는 결과를 도출할 수도 있다.

편의성 또는 접근 가능성에 지나치게 의존하여 적은 수의 표본에 대해 조사를 했을 경우, 표본으로부터 얻어진 데이터와 결론은 신뢰도가 낮을 수 있다. 특히, 인도주의지원에서는 이 문제가 두드러질 수 있는데 재난이나 분쟁 등으로 통계적으로 유효한 일반화가 가능한 무작위 표본 크기를 얻기 어려울 수 있다. 따라서 표본 수가 적은 경우, 무작위표집법보다는 할당표집법이나 의도적표집법을 활용하는 것이 더 바람직하다. 또한, 비무작위표집법을 통한 조사의 신뢰도를 위해서 삼각측량법triangulation을 활용할 수 있다. 그룹 인터뷰, 워크샵, 개입후리뷰post-intervention review 등을 활용하여 인터뷰 등으로 확보된 정보의 신뢰성을 재확인하고 좀 더 많은 정보를 입수하여 평가 정보의 신뢰도를 높일 수 있다.

4. 무작위표집법

무작위표집법은 확률표집법이라고도 불리며 대규모 표본 조사에서 많이 활용된다. 무작위표집법은 전체 모집단으로부터 동일한 선정 확률에 따라 표본을 선별하기 때문에 표본 조사 결과의 일반화가 가능하다. 즉, 모집단의 모든 구성원들이 표본으로 추출될 가능성이 동일한 경우, 표본이 모집단에 대한 대표성을 갖는다고 말할 수 있다. 무작위표집을 위해서는 무작위로 표본을 선택할 모집단 전체에 대한 목록이 필요하다. 앞서 서술한 바와 같이 표집틀은 표본이 추출될 요소들의 목록을 말한다. 대표적으로 사회보장서비스 등록부, 전화번호부, 학생 등록부와 같은 기록이 표집틀로 활용된다. 실제 평가에서 전체 목록을 확보할 수 있는 경우는 드물며 수혜자 목록 등 유사 목록에서 표본을 추출한다. 무작위표집법의 조사 결과가 대표성을 갖기 위해서는 표집틀이 모집단의 거의 모든 구성원을 포함해야 한다. 〈상자 8-01〉에서 보여 주었듯이 잘못된 표집틀은 잘못된 조사로 이어질 수 있다는 점에 주의한다. 무작위표집법에는 단순무작위표집법simple random sampling, 계통표집법systematic sampling, 층화표집법stratified sampling, 집락표집법cluster sampling 등이 있다.

단순무작위표집법

단순무작위표집법simple random sampling은 가장 기초적인 무작위표집법이다. 단순무작위표집법을 활용하기 위해서는 첫 번째로 목록의 각 요소에 대해 번호를 할당한다. 그 뒤 표본 추출을 위해서 특정 항목과 일치하는 난수표table of random numbers를 사용하여 무작위로 표본을 선택한다. 컴퓨터 프로그램을 활용하여 표본을 자동 추출할 수도 있다. 예를 들어, 100개의 항목에서 표본을 선정한다고 가정한다. 우선, 표집틀의 100개의 항목에 대해 1부터 100까지 번호를 매긴다. 〈표 8-02〉와 같은 난수표에서 첫 번째 행의 위에서 두 번째 숫자부터 시작하여, 첫 번째 두 숫자를 사용하기로 결정한다. 그렇다면, 번호가 33, 77, 58, 21… 인 목록의 항목들이 추출될 것이다. 단순무작위표집법은 비효율적이며 수작업으로 실시할 경우 노동력이 많이 투입되어야 하므로 실제 조사에서는 거의 사용되지 않는다.

〈표 8-02〉 엑셀로 생성한 난수표

13364	82708	44685	46956	12649
33212	53553	25282	19501	56978
77550	49598	38203	93503	78349
58298	12597	57920	28946	44849
21950	53704	48390	68503	94157
88076	50522	99312	67802	37531
62861	23900	15084	79467	28243
81913	85205	26606	52980	78422
91683	74277	66969	95323	45872
63509	54374	89108	82712	37986
72858	23113	20298	23934	98535
80706	51006	92206	91736	84002
12059	18448	28054	93304	59074
58074	24651	62168	51546	32440
69704	60165	69952	68784	52622
70538	14725	82102	36156	41716
44656	65162	72404	99456	38365
63724	80746	23919	29945	19055
15036	58203	86744	79895	20761
99159	17320	90058	57287	79184

계통표집법

실제 조사에서는 단순표집법의 변형된 형태인 계통표집법systematic sampling이 더 많이 사용된다. 이는 미리 결정된 간격(예를 들면, 목록에서 시작점과 이동 방향을 정한 뒤, '세 번째 열 마다'와 같은 일정한 간격에 위치하는 표본 선택)에 따라서 표본을 선택하는 것이다. 만약 1만 개의 요소 중에서 천 개의 표본을 추출한다면, 매 10번째 요소를 표본으로 추출해야 한다. 따라서 편향을 제거하기 위해 먼저 1부터 10 사이에서 숫자 하나를 무작위로 추출한다. 그 뒤 그 숫자에 해당하는 요소와 그 후 매 10번째 요소를 표본으로 포함한다. 이를 무작위시작 계통표집법이라고 한다. 계통표집법에서 표본으로 추출되는 요소들 사이의 거리인 표집 간격sampling interval은 모집단 크기를 표본 크기로 나누어서 구한다. 반대로 표집비율sampling ratio은 모집단 내의 요소들이 표본으로 추출되는 비율을 의미하며, 표본 크기를 모집단 크기로 나누어 구한다. 앞의 예에서 표집 간격은 10이고 표집 비율은 1/10이다.

계통표집법을 사용할 때 고려할 중요한 사항은 주기성periodicity이다. 계통표집법은 요소들이 표본으로 추출되기 전에 무작위로 되어 있다고 가정한다. 그러나 만약 표집 목록에 주기성이 있다면, 계통표집법은 그 주기를 반영하여 무작위성이 훼손될 수 있다. 예를 들어, 40명이 한 학급으로 구성된 학급에서 학생들이 1-40번까지 번호를 갖고 있다고 하자. 매 10번째 학생씩 4명을 선정하여, 평균 키를 조사한다고 하면, 10, 20, 30, 40번째 학생 4명이 선정될 것이다. 만약 40명의 학생의 번호가 키 순서로 정해진 것이라면, 이 표본 조사의 결과는 실제 모집단(전체 학생)의 평균 키보다 높게 나타날 것이다. 따라서 목록에서 계통적으로 표본을 추출하고자 할 때는 원래 목록의 특성과 의미를 먼저 확인한다.

층화표집법

층화표집법stratified sampling은 표집 오차를 줄여 표본의 대표성을 강화할 수 있는 무작위표집법이다. 층화표집법은 모집단을 상호 배타적인 계층strata으로 구분하고 각각의 계층에서 무작위표집법을 활용하여 표본을 추출하는 방식이다. 우선 표집 시작 전에 조사에 필요한 미리 결정된 특성을 기반으로 모집단을 상호 배타적인 하위 계층으로 구분한다. 이런 하위 계층 구분의 특성으로 사용 가능한 것은 가구 조사household survey에서 나이, 성별, 부족, 혹은 농업 조사 시 특정한 지형적 특성 등이 될 수 있다. 그 후 개별 계층 내에서 무작위 표집을 수행한다. 예를 들면 난수표를 사용하거나 계통적표집(매 5번째 항목/사람)을 실시한다. 층화표집법은 계층화를 통해 모집단을 보다 상호 배타적인 동질적 하위 집단으로 조직한다. 이제 계층화를 통해 동질화된 하위 집단에서 표본을 추출하게 되어 층화표집은 층화되지 않은 표집과 비교하여 더 대표성을 갖게 된다. 따라서 층화표집은 특정한 취약 계층이나 소외 집단이 반영되지 못할 우려가 있을 때 더욱 유용하게 활용된다.

집락표집법

집락표집법cluster sampling은 특히 개입이 넓은 지역에 걸쳐 분산되어 있거나, 목표 모집단을 모두 포함하는 목록을 수집하기 어려운 경우 활용된다. 우선 무작위 또는 의도적표집을 통해 집락clusters을 선정하고 집락 내에서 무작위표집을 실시하여 표본을 추출한다. 예를 들어, 에티오피아 전역의 클린스토브clean stove 수혜자에 대한 조사를 실시한다고 하자. 에티오피아 전체 지역에 대해 클린스토브 수혜자는 파악할 수 없어도, 각 원조 기관별로 1년 이내에 클린스토브사업을 실시한 지역과 사업 수혜자 목록은 파악이 가능할 수 있다. 따라서 각 사업 대상 지역을 먼저 파악하고, 각 지역을 집락으로 나누고 지역별 사업들에서 표본을 추출한 뒤, 표본으로 추출된 각 사업별 수혜자를 층화표집법 등을 활용하여 추출할 수 있다. 집락표집법은 모집단 속의 개인에 대한 표집틀이 없이도 사용 가능하다는 장점이 있으나, 많은 표본을 요구하며, 표본의 정확도가 떨어진다는 단점도 있다. 집락표집법은 영양프로그램이나 백신 접종 관련 조사에 널리 활용된다.

무작위표집법을 활용하는 대규모 정량 조사는 모집단 중 어느 정도 비율이 개입의 수혜를 받았는지 또는 특정한 성과를 경험했는지와 같은 사실 확인에 유용하다. 비무작위표집법을 활용한 소규모 정성조사는 왜 이러한 상황이 발생했는지와 같은 원인 분석에 활용된다. 즉, 무작위표집법과 비무작위표집법은 모두 각기 다른 장점과 단점을 가진다. 중요한 것은 평가자가 평가 목적과 평가대상의 특징을 반영하여 적절한 표집 방법을 선택하는 것이다. 또한, 어떤 표집법을 사용하더라도, 평가자는 조사 결과와 함께 사용한 표집 방법의 잠재적 편향과 한계를 명확하게 서술하여야 한다.

짚어 보기

1. 표본 추출 시 유의 사항을 설명한다.
2. 비무작위표집법의 종류와 의미를 설명한다.
3. 무작위표집법의 종류와 의미를 설명한다.

생각해 볼 문제

1. 표본 추출에서 표집틀의 왜 중요한지 논의해 본다.
2. 컴퓨터 프로그램을 활용하여 300가구 중 50가구를 단순무작위 표본 추출하고 표본 추출 절차와 방법을 설명한다.

제9장
데이터 분석

 데이터 수집이 완료되면, 평가팀은 이제 데이터 분석 작업을 수행한다. 평가를 위해서 수집한 데이터가 평가결과보고서의 결론 또는 제언의 근거로 활용되기 위해서는 분석 과정을 거쳐야 한다. 평가팀은 정량적 또는 정성적 분석 방법을 활용하여 데이터를 분석하고 그에 따라 결론을 도출한다. 이 과정은 기계적일 수도 있으나 복잡한 추정과 추론을 포함할 수도 있다. 조사로 수집된 데이터가 신뢰성 있는 결과로 이어지기 위해서는 체계적이고 논리적인 분석이 요구된다. 분석 과정에서의 오류와 편향은 잘못된 제언으로 이어져 평가의 활용도와 신뢰도를 저해할 수 있다. 따라서 이 장에서는 데이터 분석에서 유의할 점을 살펴보고, 정성데이터 분석법과 정량데이터 분석법을 차례로 확인한다.

1. 분석의 의미

 조사 데이터를 바탕으로 결론을 내리는 작업은 그 자체적으로 간단하고 자연스러운 과정으로 여겨질 수도 있다. 그러나 실제로는 섬세한 확인과 체계적인 분석이 요구된다. 예를 들어, 총 100명의 마을 여성 주민 대상으로 여성 자립 역량 강화 사업을 실시했다고 하자. 100명

중 마이크로파이낸스 micro-finance 대출 사업에 참여한 마을 여성은 40명, 역량 강화 교육 사업에 참여한 여성은 35명, 창업 컨설팅 사업에 참여한 마을 여성은 25명이다. 소득 증가율을 확인한 결과 마이크로파이낸스 대출 사업에 참여한 여성의 평균 소득 증가율이 가장 높았다. 따라서 평가는 마이크로파이낸스 대출 사업에 참여한 여성들이 가장 부지런하며, 마이크로파이낸스 사업의 자립 역량 강화 효과가 가장 높았다고 결론지었다.

참여자에 대한 데이터는 조사로 확인된 사실이다. 그러나 그에 기초한 분석 결과 또한 사실로 추정할 수 있을까? 평가는 소득 증가율이 높았다는 이유 하나만으로 마이크로파이낸스 대출 사업에 참여하지 않은 다른 여성들은 상대적으로 부지런하지 않다는 추론을 하고 있다. 또한 평균 소득 증대율을 여성 자립 역량 강화와 동일시하는 추론을 하고 있다. 그러나 여성의 소득 증가에 영향을 줄 수 있는 요인은 다양하다. 따라서 마이크로파이낸스 사업에 참여한 여성의 소득 증가가 사업 참여로 인한 것인지, 농작물 가격 상승으로 기존 농가 소득이 증가한 때문인지 등 다양한 영향 요소에 대한 추가 분석이 필요하다.

아울러 단순히 소득이 증대했다는 사실로 여성이 부지런함을 규정할 수도 없다. 따라서 위의 평가 결론은 건실한 분석으로 도출된 유용한 결론이라고 보기 어렵다. 만약에 위의 평가 결과를 반영하여 다른 역량 강화 사업을 기획한다면, 개발협력사업 예산의 효과적 사용을 저해하는 결과를 초래할 수도 있다. 평가팀은 개발협력평가에서 수집된 데이터를 해석하고 분석하여 결과를 도출하는 것은 매우 중한 책임이 따른다는 사실을 인식하고 체계적이고 논리적으로 분석을 수행해야 할 것이다.

2. 정성 분석

정성데이터는 질적데이터라고도 하며, 주로 텍스트의 형식을 갖는다. 정성데이터 분석을 위해서 평가팀은 우선 수집된 데이터를 검토한다. 분석을 수행하기 전에 평가팀은 반드시 자신이 수집한 데이터를 온전히 이해하고 있어야 한다. 인터뷰, 포커스그룹, 전문가 패널에게 제시한 질문과 답변을 확인하고, 불분명하거나 불완전한 문장이 있는지 점검하여 데이터를 코딩할 때 에러 발생 가능성을 최소화한다. 데이터를 확인한 뒤에는 인터뷰나 포커스그룹 녹음, 현장에서 작성한 메모와 같은 다양한 자료를 모두 읽을 수 있는 텍스트 형식의 문서 기록으로 변환하여 정리한다. 문서 기록은 누구나 읽고 이해할 수 있는 내용과 형식으로 작성한다. 문서 기록 작성이 완료되면 분석이 시작된다.

정성데이터 분석은 크게 네 가지 단계로 수행된다. 수집한 모든 데이터를 관리 가능한 형식으로 코딩하고, 데이터 세트의 내용을 정리하여 색인으로 분류하고 메모를 추가한 뒤, 유형을 찾아내어 데이터를 설명하고, 유효성을 점검한 뒤 결론에 도달한다.

코딩

평가팀은 조사를 마치면 방대한 자료를 갖게 된다. 자료를 정리하고 분석하여 유의미한 유형을 찾아내고, 평가 질문과 연계된 결론을 도출하기 위해 첫 번째로 평가팀은 자료를 관리 가능한 형태로 정리해야 한다. 이를 위해 평가팀은 수집한 정보를 모두 논리적인 일관성이 있는 기준에 따라 구분하여 나누고 각 자료 그룹을 잘 설명할 수 있는 제목을 붙인다. 이렇게 텍스트 자료를 정리하고 이름을 붙이는 작업을 코딩coding이라고 한다. 코드code는 관련 내용을 확인할 수 있고, 찾을 수 있고, 분석 가능할 수 있도록 필요한 개수만큼 충분히 사용한다.

코드는 평가팀이 평가 목적에 맞춰 다양한 방식으로 고안하고 선택할 수 있다. 예를 들어, 다양한 조사 방식으로 여러 명의 답변자에게 얻은 답변들을 평가 질문별로, 또는 답변자별로, 또는 주제별로 구조화할 수 있다. 코딩 방식은 다양하지만 크게 보면, 기존의 코드를 활용하거나, 평가에 맞춰 새로운 코드를 고안하는 두 가지 방식 중 하나를 선택할 수 있다. 물론 두 방식을 병행하여 일부는 기존 코드를 사용하고 새로운 코드를 추가할 수도 있다. 기존의 코드를 사용할 때는 이미 정해진 코드 세트code set 중 평가 질문에 부합하는 것을 선택한다. 부합성 여부를 판단하기 위해서 기존에 수행된 평가 자료나 연구 결과를 조사하거나 이해관계자들이 요구하는 정보들을 분석한다.

특정 평가를 위해서 새로운 코드 세트를 만들 때는 우선 평가팀이 작성한 자료와 노트codes를 반복적으로 확인한다. 이 과정에서 평가 자료에 담긴 관점들과 생각들을 이해하기 위해 노력한다. '평가 자료에 담긴 각기 다른 사람들의 관점은 무엇인가?', '인터뷰를 대상자들이 제시한 유형이나 방식은 무엇이었나?' 등의 질문을 통해 조사에 참여한 다양한 집단의 관점을 정리하고, 조사 대상자들이 가졌던 생각, 그들에게 의미 있던 사건, 그들의 상호 작용을 반영하여 코드들의 명칭을 고안한다. 논리적이고 체계적으로 코드 세트를 고안해 내는 것은 코딩에서 가장 어려운 부분 중 하나이다. 지침도 기존 모델(model)도 없는 상황에서 순수하게 새로운 코드 세트를 만들어 내는 것은 고도의 전문성과 풍부한 경험을 필요로 한다. 코드를 새롭게 고안할 때는 기존 코드 세트를 이용할 때보다 더 많은 자료가 요구된다.

  기존의 코드 세트를 활용하던 새롭게 고안하던 코드 개발을 위해서는 첫 번째로 평가팀은 보유하고 있는 정보들을 모두 확인하고 각각의 정보에 알맞은 임시 제목을 부여한다. 평가팀은 모든 문서 기록을 꼼꼼하게 검토하고 직접 분류명을 기입한다. 분류와 코드를 기입하는 과정에서 반복적으로 나타나는 코드명을 확인한다. 분류와 코드를 모두 기입하는 일차 과정이 끝나면, 과정을 반복하면서 추가적인 분류와 코드가 필요한지 또는 삭제하거나 수정해야 할 코드가 있는지 확인한다. 어떤 제목은 다른 제목과 유사할 수도 있고, 어떤 제목은 더 잘게 나누어져야 할 수도 있다. 즉, 코딩은 일회성으로 자료를 읽고 코드 세트를 고안하여 끝나는 것이 아니라, 반복적으로 점검하고 수정하여 완성하는 다회성 반복 과정이라는 점을 유의한다.

  한편, 코딩은 기본적으로 데이터 그 자체에 기반하고 있어야 한다.

평가팀의 가정이나 예측, 기대, 조사 대상에 대한 지식은 배제하고, 데이터 그 자체에서 코딩 주제가 선정되도록 열린 방식으로 작성한다. 그럼에도 현실에서는 이와 반대로 폐쇄형 방식을 사용하는 경우도 있다. 폐쇄형 코딩이란 평가 질문에 기초하여 미리 답을 원하는 부분에 대해 코드를 정해 놓은 방식을 의미한다. 데이터를 코딩할 때는 특정 주제에 대한 정보나 통찰insight을 제공하거나 평가 질문에 대한 답이 되는 텍스트들을 미리 확인하고 라벨label을 붙여 놓는다.

데이터 코딩을 완성한 후에도, 평가팀은 코드를 정교화하기 위해 코드를 수정할 수도 있다. 특히 폐쇄형 방식을 선택한 경우, 데이터에서 예상치 못한 무언가를 발견한다면 코드 수정은 필수적이다. 한편, 평가팀은 너무 많은 데이터와 코드들로 혼돈에 빠질 수 있다. 이런 경우, 코드에 준위를 부여하여 상위와 하위 코드로 데이터를 정리할 수도 있다. 코딩할 때는 코드를 데이터에 맞춰야지, 데이터를 코드에 맞추는 것이 아니라는 점을 평가팀은 주의해야 한다. 코딩에는 몇 가지 유의할 사항이 있다. 우선 긴 코드를 피해야 한다. 코드명, 코드의 정의, 코드 정립 시기, 코드 선정 사유를 포함하는 코드 목록을 만들어 필요시 수정한다. 코드는 데이터의 전체 텍스트를 충분히 반영하도록 하여, 원천 텍스트로부터 분리된 의미 없는 단어의 나열이 되지 않도록 주의한다. 코드 사이의 관계에 항상 주의하여 패턴pattern을 확인한다.

실제 코딩 수행 방법을 예를 통해 확인해 보자. 여성 경제 자립 역량 강화 사업에서 역량 강화 교육의 효과를 평가하기 위해 인터뷰 조사를 수행하였다고 가정하자. 평가팀은 역량 강화 교육 구성, 전달 방식, 강사에 대해 조사를 수행했다. 그렇다면 이 세 가지 영역을 사용하여 모코드parent codes를 고안할 수 있다. 평가팀은 모코드 초안을 만든 뒤, 조사 자료를 반복 확인하며 적절성을 확인하고, 필요한 경우, 자코드child codes를 만든다. 각각의 자코드는 노드node를 포함하도록 확장될 수 있다. 〈표 9-01〉은 교육 구성, 교육 전달 방식, 강사를 기준으로 모코드를 작성한 모습을 보여 준다.

〈표 9-01〉 코드와 코딩 구조 예시

코드	코드구조
교육 구성	모코드 1
시간	자코드 1.1
짧다	노드 1.1.1
적절하다	노드 1.1.2
길다	노드 1.1.3
교육 전달	모코드 2
강의	자코드 2.1
오전 강의	노드 2.1.1
오후 강의	노드 2.1.2
교재	자코드 2.2
책	노드 2.2.1
핸드아웃	노드 2.2.2
강사	모코드 3
강의 계획	자코드 3.1
강의 관리	자코드 3.2

교육 구성 모코드는 교육 시간 길이에 대한 의견을 수렴하는 자코드를 가질 수 있다. 교육 전달 모코드는 강의나 교재에 대한 의견을 정리하여 자코드를 개발할 수 있다. 강사의 강의 계획이나 강의 관리 노하

우에 대해서 역시 자코드를 개발할 수 있다. 각각의 자코드에 대한 설명 노드를 부여하여, 추후 분석에 활용할 수 있다. 강의 시간의 적정성, 교육 전달 형식 등의 연결 고리를 부여할 수 있다. 모코드를 먼저 고안하고 자코드와 노드로 분화할 수 있다. 반면, 자코드와 노드에서 출발해서 모코드로 올라가는 방식을 취할 수도 있다. 중요한 점은 어떤 방식을 활용하던 코딩은 반복적 과정이라는 점이다. 평가팀은 꼼꼼하고 성실하게 문서 자료를 점검하고 정리하여 체계적인 코드 세트를 수립해야 한다.

최근 엔비보NVivo, 아틀라스티Atlas.ti와 같은 소프트웨어 프로그램이 코딩에 점차 많이 활용되고 있다. 다만, 아직까지는 소프트웨어는 보조 도구일 뿐 코딩을 완벽하게 수행할 수는 없다. 정성 분석 소프트웨어를 사용하여, 자동 코딩을 수행하거나, 특정 단어에 대한 주제어 코딩을 실행하면, 문서 자료 전체에 대해 동일한 방식으로 특정한 구조가 있다고 이미 가정하는 취약점이 발생할 수 있다. 그러나 정성 분석 소프트웨어 프로그램은 점차 발전하고 있으며, 대량의 문서 자료를 검토하는 데 유용하다.

색인과 메모

정성 분석의 두 번째 단계는 색인작업indexing이다. 색인작업은 코드와 코딩된 문서 자료를 분석하기 위한 사전 준비 작업으로 코드의 색인은 책의 색인처럼 작동한다. 색인index은 평가팀이 코드와 관련된 인용문을 문서 자료 어디에서 확인할 수 있는지 또는 다양한 주제어를 어디에서 확인할 수 있는지 알려 준다. 색인을 통해 평가팀은 또한 특정 코드가 얼마나 빈번하게 나타나는지 코드 밀도를 알 수 있다. 〈표 9-02〉는 〈표 9-01〉의 일부분을 활용한 코드 색인의 예시이다. 표의 색인을 통해 평가팀은 자코드 뿐만 아니라 교육 시간이 '짧다', '길다', '적절하다'라는 각각의 노드에 대한 원천 데이터 위치를 쉽게 확인할 수 있다. 모코드인 교육 구성에 대해서는 이후 빈칸에 결론이나 분석 결과 확인된 사항을 기입할 수 있다. 색인을 구성하는 방식은 다양하다. 평가팀은 평가별로 적절한 방식을 사용하여 색인을 작성할 수 있을 것이다.

〈표 9-02〉 코드 색인 예시

코드	데이터 원천
교육 구성	
기간	I1, I2, I3, I4, FG1, FG2, FG3
짧다	I1.L3-12, I1.L29-43
적절하다	I2.L7-18, I2.L31-39
길다	I3.L56-69, I4.L12-21, FG1.L.22-34, FG1.L52-66

주: I: 인터뷰, FG: 포커스그룹, L: 행번호

코딩과 색인작업을 반복하다 보면 패턴이나 결론을 도출하고 싶은 시점이 도래할 것이다. 이때 서둘러 결론을 도출하는 것을 지양하고, 별도로 메모를 작성하여 반복적으로 점검하는 것이 더 바람직하다. 주요 사항이나 결론, 패턴 후보를 일정한 형식을 갖추어 기록한다. 이러한 초기 기록은 데이터를 완전히 이해하고 충분한 증거를 수집하기 이전에 평가팀이 가졌던 느낌, 직감, 생각뿐 아니라 잠정적인 편향도 포함한다. 따라서 코드별로 관련된 노드와 문서 자료를 확인하고, 반복적 검토를 수행하며, 메모를 수정하고 정교화한다.

유형 도출

세 번째 단계는 코드로부터 일관성 있는 유형(patterns)을 확인하는 것이다. 앞서 서술한 바와 같이, 정성 분석은 반복적 작업이다. 코딩을 종료하고 색인과 메모 작업을 종료하면 유형 도출이 뒤이어 시작되는 것이 아니다. 색인작업을 수행하다가도 새로운 코드의 필요성을 확인하고 코드 수정 작업을 다시 시작할 수도 있다. 코딩을 하고 색인을 수행하며 새로운 가설을 계속 생각해 내기도 한다. 정성 분석 작업은 따라서 많은 시간이 소요되며, 이따금 평가팀이 좌절감을 느끼게 되는 작업이다. 평가팀은 단계별로 데이터를 다시 검토하고 의미를 찾아가야 한다. 그렇다가 일정한 지점에 다다르면, 코딩과 색인, 메모 추가를 중단하고, 유형을 찾아내는 다음 단계로 나아가야 한다. 평가팀이 데이터 포화 지점에 다다르면 이제 유형 발견의 단계를 시작할 수 있다. 데이터 포화 지점이란 평가팀이 발견한 유형에 상반하는 예시를 더 이상 찾지 못하는 지점을 의미한다.

코드의 특성을 주의 깊게 확인하고 코드 사이의 상호 관계를 분석하여 유형을 도출하는 것은 정성 분석의 핵심이다. 요약하면, 이 과정은 코드를 요약하고 코드 내에서 유사성과 차이점을 검토하는 작업이다. 코드 내부의 노드, 자코드와 모코드를 하나하나 주의 깊게 검토하고 사실을 확인한다. 예를 들어, 위의 〈표9-02〉 색인 예시에서 많은 데이터가 '강의 시간이 길다'라는 노드에 모여 있음을 확인할 수 있다.

평가팀은 이것이 무엇을 의미하는지 추가적으로 확인할 필요가 있다. 코드를 반복적으로 검토하고 데이터가 관련 코드와 평가 질문과 연계되어 있는지 확인한다. 연계성이 확인되면 한두 문장으로 주제를 잡아 사실을 정리한다. 이러한 주제들의 적절성을 역시 반복적으로 확인한다.

평가팀은 또한 코드 사이의 유사성과 차이성을 확인하고 중복되는 코드가 있는지 확인한다. 평가팀은 또한 코드가 얼마나 자주 나타나는지와 동시에 나타나는 경우가 있는지 확인한다. 예를 들어, '교육 시간이 길다' 노드와 '오후 강의' 노드가 함께 나타나는 경우가 많다는 사항을 확인한다면 이 동시성의 의미를 추가적으로 분석해야 할 것이다. 추가 분석을 통해 오후 강의에 참여한 사람들이 교육 시간이 길다고 느낀 경우가 많고 오전 강의에 참여한 사람들은 적절하다고 느낀 경우가 많다면, 이 관찰은 예비 주제로 발전할 수 있다.

이런 동시등장 또는 예비 주제를 발견하면, 이러한 주제가 특정한 유형을 갖는지 조사한다. 만약 주제별로 상반된 데이터가 나타난다면, 우선 데이터를 재확인하고 정확성을 점검한다. 또한, 데이터가 현지 상황을 정확히 반영하고 있지 재확인한다. 이후에 데이터를 별도로 기록하고, 다시 현지 조사를 수행하여 추가 데이터를 확인하거나, 불일치성을 그대로 보고한다. 재조사는 시간과 비용이 추가적으로 소요되지만 중요한 불일치성이 존재한다면 재조사를 수행해야 할 것이다.

유효성 점검

이제 네 단계에 걸쳐 데이터 분석이 끝나면 결과를 유의미하게 하는 작업이 필요하다. 즉, 분석 결과와 원래의 평가 질문 또는 평가대상의 예상 성과들의 현재 상황에 대한 정보를 비교하여, 비교 결과에 따른 제언을 도출할 준비를 한다. 평가 결론을 도출할 충분한 유형이 확인되었다면, 최종적으로 유효성 검사를 실시한다. 유효성 검사validity check를 실시하는 한 가지 방법은 각 주제에 대해 반대 질문을 해 보는 것이다. 즉, '내가 발견한 유형이 사실이 아니라면?'이라는 질문을 자신에게 던지고, 다른 설명을 가정해 보는 것이다. 데이터를 구성하는 보다 적절한 방법이 있는지, 그렇다면 더 적절한 설명은 무엇인지 또는 발견된 주제에 대해 새로운 해석 시나리오scenario를 생각해 보고 데이터가 이를 뒷받침하는지 확인할 수도 있다.

평가 기획 단계에서 예상하지 못했던 주제나 패턴이 데이터 분석 결과 나타났는지를 확인하고, 잔차outlier나 예상 밖의 이탈deviation을 일으킨 영향 요소를 정리한다. 정성 분석에서 잔차는 다른 정성데이터 정보와 확연히 다른 데이터를 의미한다. 예를 들어, 포커스그룹 내의 한 명이 나머지 구성원과 전혀 다른 의견을 제시했을 수 있다. 이런 경우, 잔차의 신뢰성을 점검해야 한다. 이러한 다른 의견을 염두에 두고 다시 자료를 확인한다면 평가팀은 새로운 해석이나 관점을 갖게 되는지 확인할 수 있고, 이를 통해 각각의 의견에 대한 보다 정확한 이해를 갖게 된다.

삼각측량법 triangulation 도 유효성 점검에 유용한 방법이다. 삼각측량법은 서로 다른 방법 instrument 을 활용하여 성과에 영향을 주는 다양한 요소나 위협 요인을 분석하거나 제어하여 분석 결과의 일관성을 높이는 방법을 말한다. 예를 들어, 인터뷰 기법을 통해 확인된 정보를 문헌 조사나 설문 조사 등의 다른 방법을 통해 확인된 정보와 비교하여 서로 다른 조사 방법으로 확인된 정보의 일관성과 정확성을 높이는 것이다. 간단히 말하면 삼각측량법은 둘 이상의 데이터 정보를 활용하여 결론의 정확성을 확인하는 것이다. 그러나 삼각측량법을 잘 활용하면 다중의 관점과 다양한 해석을 통해 조사 데이터에 대한 이해의 깊이와 폭이 넓어질 수 있다. 삼각측량법을 통해 평가팀은 다양한 편향을 줄이고 신뢰도 높은 결과를 얻을 수 있다.

정성 분석에서 삼각측량법은 어려운 점이 많다. 포커스그룹의 결론과 반구조화인터뷰의 결론이 다를 수도 있다. 이러한 차이는 평가자 각각의 성향이나 관점에서 기인할 수도 있고, 각각의 조사 대상의 서로 다른 관점 때문일 수도 있다. 따라서 다양한 데이터를 활용하여 정성 분석 결과의 정확성을 높이는 것이 필요하다.

평가에서 삼각측량법을 사용할 때는 〈표 9-03〉과 같이 평가매트릭스를 활용할 수 있다. 평가 초기에 수립한 평가매트릭스의 평가 질문별로 다양한 데이터 조사 기법에 따라서 실제 데이터가 확보되었는지를 확인할 수 있다. 〈표 9-03〉의 첫 번째 하위 평가 질문에 대해서 매트릭스는 문헌 조사와 인터뷰로 관련 데이터가 확보되었음을 나타내준다. 이제 평가팀은 문헌 조사의 결과와 인터뷰 내용이 부합성을 확인하여 분석의 유효성을 점검할 수 있다.

〈표 9-03〉 평가매트릭스를 활용한 삼각측량법

평가 질문	하위 평가 질문	데이터 조사법		
		문헌	인터뷰	설문
개입 전략은 적절했는가?	개입 전략은 수원국의 관련 분야전략과 연계되었나?	V	V	
	개입 전략은 공여국의 지원 전략과 연계되었나?	V		V

만약 정량데이터가 있다면, 정성 분석 결과가 정량 분석 결과를 지지하는지, 아니라면 그 둘 간의 차이를 설명할 수 있는 요소가 무엇인지도 정리하는 방식으로 삼각측량법을 실시할 수 있다.

또 다른 유효성 검사법은 참여자 확인이 있다. 인터뷰 대상자와 같이 조사 대상으로 참여한 정보원과 인터뷰 기록이나 메모, 데이터가 정확하게 정리되고 이해되었는지 확인한다. '이 메모는 당신의 생각을 잘 요약하고 있습니까?', '적절하게 번역되었습니까?'와 같은 질문을 통해 유효성을 점검한다. 한편, 평가팀은 예비 분석 결과와 예비 결론 주제들을 정리하여 이해관계자 회의를 통해 정확성을 점검할 수도 있다. 최종적으로 유효성을 점검하는 주체는 바로 평가팀 자신이다. 정성 분석에서 평가팀은 평가 수행자인 동시에 인터뷰나 관찰의 도구가 된다. 평가팀 자체의 관점과 편향을 스스로 점검하고, 노트와 메모들을 반복적으로 확인한다. 평가팀의 관점이 주제 선정이나 코딩에 부적절한 영향을 주지 않았는지 항상 주의를 기울이는 것이 필요하다.

유효성 점검을 완료하면, 마지막으로 분석 결과가 평가대상 개선에 필요한 제안을 제시하고 있는지 확인한다. 평가팀은 데이터 분석 결과 해석에 주의를 기울여야 한다. 이 장의 맨 앞부분에서 설명한 예시처럼 성급한 결론이나 가정은 잘못된 제안을 도출하여 오히려 평가 목적 달성에 실패하는 부정적 결과를 초래할 수 있다. 항상 이해관계자 및 동료와 대화하고 토론하며, 분석된 데이터의 의미가 정확하게 정리될 수 있도록 노력한다.

3. 정량 분석

정량데이터 분석은 종종 통계 분석을 의미한다. 통계 분석은 전문적 기술과 지식이 요구된다. 다만, 이 책은 통계학적 지식이 없는 독자가 정량 분석법을 사용한 개발협력평가를 이해할 수 있도록 정량 분석의 주요 기초 개념을 소개한다. 이 책은 전문적인 통계 분석법을 설명하고자 하지 않는다. 개발협력평가에서 주로 사용되는 기초적인 통계 분석법을 차례로 소개하고, 통계 분석과 해석 시의 유의 사항을 설명한다.

통계 분석을 위해서는 먼저 제8장에서 소개한 모집단과 표본이라는 개념의 차이를 숙지해야 한다. 모집단(population)이란 통계 분석 대상 전체 집합을 말한다. 예를 들어, 카메룬의 여성 전체, 방글라데시 초등학생 전체와 같은 대상이다. 그러나 제8장에서 서술한 바와 같이 모집단 전체에 대해 조사를 수행하는 것은 어렵다. 따라서 과학적 절차와 방법을 활용하여 모집단을 대표할 수 있는 일부를 추출하여 조사를 실시하게 되며 이때 추출되어 직접 조사의 대상이 되는 모집단의 일부를 표본sample이라 한다. 모집단을 분석하여 얻은 결과치는 모수parameter라 하고, 모평균, 모분산, 모비율 등이 포함된다. 표본을 분석하여 얻은 결과치는 통계량statistic 라고 하며, 표본평균, 표본분산, 표본비율 등을 포함한다.

데이터 종류

정량데이터 분석을 시작하기 전 평가팀은 수집한 데이터의 종류를 이해해야 한다. 특히, 개발협력평가의 경우, 수치화되지 않은 자료를 수치화하는 작업이 필요한 경우가 많다. 데이터 수치화를 위해서는 평가의 성격과 목적에 따라, 측정 도구와 데이터가 일대일 관계로 연결되어야 한다. 이때 수집되는 데이터의 성격에 따라 통계 분석 방법이 달라질 수 있다. 정량데이터는 명목nominal, 순서ordinal, 등간interval, 비율ratio 데이터 크게 네 가지 종류로 나눌 수 있다. 명목 데이터와 순서 데이터를 범주형 데이터라고 함께 묶기도 하며, 등간 데이터와 비율 데이터를 연속형 데이터라고 구분하기도 한다.

명목 데이터는 문자 그대로 이름이 붙은 데이터로 수치 개념과 상관이 없다. 예를 들어, 에티오피아에서 인종 설문에 대한 답변은 오로모족Oromo, 암하라족Amhara, 소말리족Somali, 티그레이족Tigray, 시다마족Sidama 등으로 나뉘어 범주category 데이터가 만들어질 수 있다. 또는 방글라데시에서 선호 정당을 물을 때, 아와미 리그Awami League, 자맛이이슬라미Jamaat-i

I-Islami, 방글라데시 국가주의전선Bangladesh Nationalist Front, 방글라데시국가주의당Bangladesh Nationalist Party 등의 범주 데이터가 생성될 수 있다. 종교에 대해서도, 기독교, 이슬람교, 유대교, 불교, 기타의 범주가 생성될 수 있다.

순서 데이터는 순서를 구분할 수 있는 데이터를 말한다. 예를 들어, 성적 순위, 달리기 등수 등이 있다. 등간 데이터는 순서 데이터처럼 순서 개념을 포함한다. 차이점은 각 순위 간 간격이 동일하다는 점이다. 다시 말하면, 척도에서 각 비교 지점 간 간격이 동일하다는 점이다. 예를 들어, 100cm와 110cm 사이의 간격은 50cm와 60cm 간의 간격과 동일하다. 섭씨 30도는 섭씨 25도보다 5도 따뜻하고, 섭씨 20도는 마찬가지로 섭씨 15도보다 5도 따뜻하다. 단, 등간 데이터는 숫자로서 무를 의미하는 0의 값이 존재하지 않는다. 예를 들어, 섭씨 0도는 온도가 없다는 의미가 아니다. 비율 데이터도 등간 데이터와 동일 간격이라는 특성을 공유한다. 단, 비율 데이터는 숫자로서 무의 개념인 0의 값이 존재한다. 예를 들어, 가구당 인원 수, 직장 경력, 속도, 무게와 같은 변수들은 모두 무의 개념으로 0의 값이 존재한다. 따라서 비율 데이터는 거의 모든 통계 분석이 가능하다.

데이터 세트 설명

정량데이터 분석의 다음 단계는 데이터를 보다 편하게 사용할 수 있도록 정리하는 것이다. 예를 들어, 명목 데이터인 에티오피아의 인종 데이터는 〈표 9-04〉와 같이 정리할 수 있다. 등간 데이터의 경우, 〈표 9-05〉와 같이 정리할 수 있다. 이렇게 각 데이터가 나타난 빈도를 보여 주는 표를 빈도표frequency table라고 부른다.

⟨표 9-04⟩
에티오피아인종 명목 데이터 빈도표

인종	빈도
오로모	35
암하라	21
소말리	15
티그레이	9
시다마	6
구라지에	4
웨라이타	2
기타	8
계	100

⟨표 9-05⟩
시험 성적 등간 데이터 빈도표

성적	빈도
100	1
98	5
91	4
87	11
82	8
79	3
76	2
72	1
계	35

등간 데이터의 경우, 빈도분포frequency distribution의 상대적인 위치를 확인하는 것도 도움이 된다. 예를 들어, 시험 성적에서 한 학생의 집단 내에서 상대 위치는 집단 내 몇 퍼센트의 학생이 그 학생보다 더 낮은 점수를 받았는지를 확인하여 알 수 있다. 이 상대 위치를 백분위수percentile라고 한다. 상대 위치는 십분위수decile 또는 사분위수quartile로도 나타낼 수 있다.

기술통계분석

데이터를 표로 정리하면, 본격적으로 분석을 시작한다. 정량데이터 분석은 크게 기술통계분석descriptive statistical analysis과 추론통계분석inferential statistical analysis으로 나뉠 수 있다. 기술통계분석은 데이터의 주요 특성에 대한 요약 분석을 말한다. 가장 흔한 기술통계분석방법은 평균이라고 불리는 중심 성향 측정과 편차 또는 분포 분석이다. 즉, 평가자가 특정 질문에 대한 응답률을 계산하거나, 교육의 유용성과 같은 질문에 대한 답변들의 평균치를 구하는 것은 대표적인 기술통계분석 활용법이다.

중심 경향도   라는 개념은 데이터를 종합하였을 때 중심이 되는 값을 말한다. 평균   이라는 개념이 바로 중심 경향도에 포함된다. 그러나 중심 경향도가 평균은 아니다. 중간값   과 최빈값   등도 중심 경향도를 나타내는 값이다. 즉, 중심 경향도는 응답 분포의 중간에 있는 답변, 평균 답변, 또는 가장 빈번하게 나타난 답변을 알려준다.

명목 데이터에서 중심 경향도를 가장 잘 표현하는 용어는 최빈값으로, 가장 빈번하게 나타난 데이터 값을 말한다. 순서 데이터의 경우는 중간값   을 활용할 수 있다. 중간값은 정중앙에 위치한 값을 말한다. 예를 들어, 45명의 사람에 대해서 '매우 동의', '약간 동의' '동의' '약간 반대' '매우 반대'의 5개의 선택지를 갖는 설문을 했다면, 23번째로 높은 값이 중간값이다. 만약 46명의 사람이 있었다면, 23번째와 24번째 값의 평균이 된다. 등간 데이터는 비교 지점 간 간격이 동일한 숫자 데이터라는 특성으로 빈도값, 중간값 이외에도 평균값을 계산하는 것이 가능하다. 평균값은 데이터 모든 값을 더하고 데이터의 숫자로 나누어 계산한다. 〈표 9-05〉에서 학생 35명의 평균성적은 86.51점이다.

기술통계분석은 또한 분포도   라고 불리는 기술적인 정보를 제공한다. 분포도는 데이터가 평균으로부터 떨어져 분포한 정도를 의미한다. 명목 데이터는 각각의 항목이 특성을 나타내는 별개의 범주이므로 분포도 분석이 무의미하다. 순서 데이터의 경우, 최저 답변과 최고 답변 간의 범위를 확인할 수는 있다. 예를 들어 〈표 9-06〉에서 '매우 불만족'과 '매우 만족' 답변의 분포, 〈표 9-05〉에서 72점부터 100점 사이의 분포는 확인 가능하다. 그러나 유의미한 추가 정보를 확인하기는 어렵다.

〈표 9-06〉 성별 만족도 조사결과표

범주	여성	남성	합계
매우 불만족	50	55	105
불만족	10	15	25
만족	15	10	25
매우 만족	25	20	45
계	100	100	200

전체 데이터 세트의 분포로부터 유의미한 정보를 도출하기 위해서는 4분위수를 활용할 수 있다. 〈표 9-05〉에서 우리는 이미 전체 데이터가 72점과 100점 사이에 분포한다는 것을 알고 있다. 여기에서 중심경향도를 계산하면, 중간값은 87점이다. 4분위수간 거리는, 35명 학생의 점수를 4그룹으로 나누는 것이다. 1분위수와 3분위수는 각각 82점과 91점이다. 여기에서 4분위수범위, 즉, 3사분위수에서 1사분위수를 뺀 값은 9점이다. 〈그림 9-01〉은 〈표 9-05〉 데이터의 4분위 분포를 상자수염그래프 형식으로 보여 준다.

〈그림 9-01〉 상자수염그래프

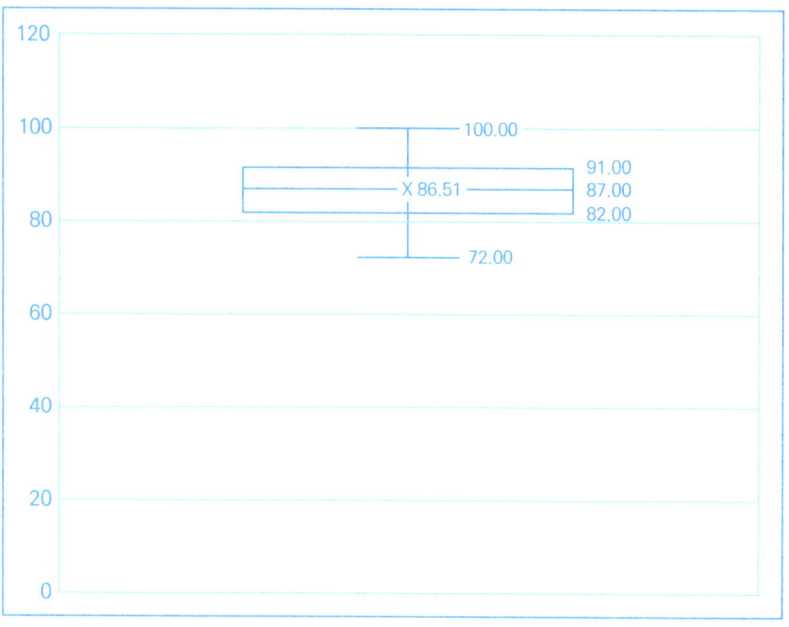

등간데이터에서 우리는 최고 점수와 최저 점수 간의 거리를 확인할 수 있다. 등간데이터에서 분포도를 확인하는 또 다른 방식은 표준편차 standard deviation 이다. 표준편차는 평균을 중심으로 각각의 점수가 떨어져 있는 정도를 숫자로 나타낸다. 표준편차로 데이터와 결괏값의 확률이 우연히 얻어진 것이 아니라는 점을 확인할 수 있으므로 표준편차는 매우 중요한 통계 개념이다. 정규분포 normal distribution 에서 데이터의 약 68%는 평균값을 중심으로 좌우로 1표준편차 이내에 분포하며, 96%의 확률로 평균값을 중심으로 좌우로 약 2표준편차 이내에 분포한다(〈그림 9-02〉 참조).

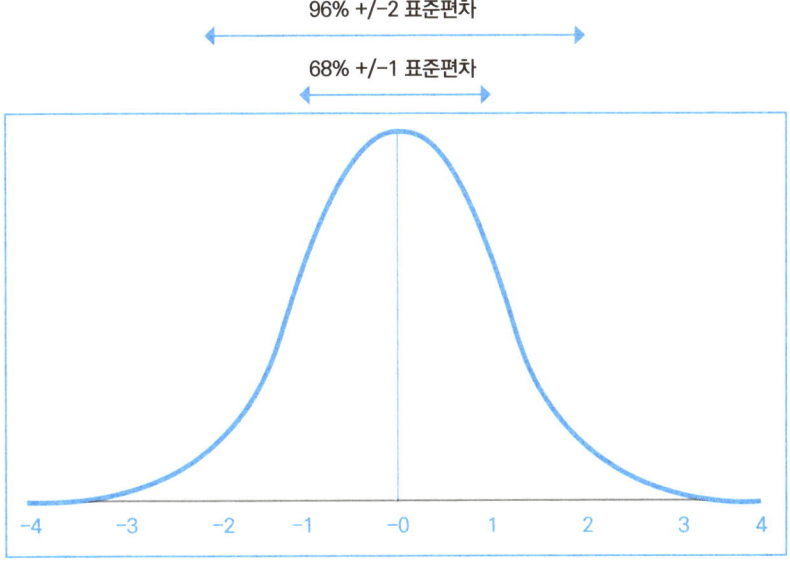

〈그림 9-02〉 표준정규분포 그래프

정규분포_normal distribution_에서 1표준편차만큼 좌우로 또는 위아래로 확장하면 사건의 또는 응답의 65%를 포함한다. 여기서 1표준편차를 좌우로 더 확장하면 95% 확률을 갖게 된다. 여기서 1표준편차를 더 확장하면 전체 사건 또는 응답의 99%를 포함하게 된다. 따라서 평가팀이 양적 분석을 의뢰하고 그 기술 통계 분석 결과를 접수한다면 다음과 같은 의문을 가질 수 있다. 평균값은 최빈값과 유사한가 아니면 평균값과 차이가 큰 값이 많이 존재하는가? 만약 표준편차 값이 크다면, 참여자의 응답이 서로 매우 다르다는 의미이고, 이러한 큰 편차의 원인을 추가 분석해야 할 것이다. 반면에 표준편차 값이 작다면, 참여자의 응답이 서로 유사하다는 의미이며, 이 경우, 참여자를 하위 그룹으로 세분화하고 하위 그룹 간의 차이를 추가 분석해야 할지 검토해야 할 것이다.

중심 경향성이나 분포도는 데이터를 요약하여 기술한다. 데이터의 특징을 묘사하는 또 다른 방식은 독립 변수들과 종속 변수들 간의 관계를 확인하는 것이다. 교차표   는 여기에 도움이 된다. 예를 들어, 〈표 9-06〉은 남성과 여성의 만족도 답변을 보여 준다. 표를 보고 남성과 여성의 답변 간 차이를 확인할 수 있다. 한편, 두 변수 간 상관관계   를 확인할 수도 있다. 만약 두 변수가 강한 양의 상관관계를 갖는다면, 한 변수가 증가할 때, 다른 변수도 증가할 것이다. 반대로 강한 음의 상관관계가 있다면, 한 변수가 증가할 때, 다른 변수는 감소할 것이다. 또는 둘 사이에 아무런 상관관계가 존재하지 않을 수도 있다. 기술통계분석은 표와 그래프를 사용하여 데이터의 특징을 일목요연하게 나타낸다.

추론통계분석은 표본을 활용하여 모집단의 특성을 추정하여 분석하는 것을 의미한다. 즉, 표본 데이터로부터 더 큰 모집단의 경향성을 추론하는데 활용된다. 또한, 두 집단 또는 두 개의 데이터 세트 간의 차이로부터 통계적으로 유의미한 차이가 있는지를 추정하는 데에도 활용된다. 추론통계분석은 전문적인 통계 분석 지식이 요구된다. 표본을 활용한 추론통계분석은 SPSS, 스타타, 파이썬   , 알   등과 같은 통계 분석 소프트웨어를 활용 전문 기술을 갖춘 인력을 통해 분석을 수행하는 것이 바람직하다.

추론통계분석을 위해서는 일정 규모 이상의 표본 수가 필요하다. 표본 크기가 너무 작은 경우, 결괏값의 신뢰도가 떨어진다. 따라서 추론통계분석을 계획하고 있는 평가팀은 표본 크기가 분석에 적정한지 확인해야 한다. 추론통계분석의 또 다른 주의 사항은 결측치이다. 결측치를 모두 제외할 것인지 아니면 대체imputation할 것인지 고려한다. 추론통계분석은 개발협력평가에서 점차 주목받고 있는 분석이다. 그러나 항상 사용할 수 있는 것은 아니다. 사실상 개발협력평가에서 많은 경우는 모집단 자체의 숫자가 적어 표본을 활용하지 않는다. 영향평가와 성과 측정이 화두로 떠오르면서 정량 분석을 통해 숫자로 표현되는 성과 도출이 주목받고 있는 것은 사실이다. 그러나 모든 상황에 적용 가능한 만능인 분석법은 없다. 분석 방법은 도구이며, 평가팀은 평가 질문을 답하는 데 최선의 분석 도구를 선택한다.

4. 지표와 범위

지표와 목표치

지금까지 정성 및 정량데이터 분석을 위한 기초적인 사항을 확인해 보았다. 한편, 현장에서 평가업무를 수행할 때는 분석을 위해 지표의 효과적인 관리가 중요하다. 따라서 이 절에서는 지표 설정 및 관리와 관련된 사항을 확인한다. 모니터링과 평가를 위해 데이터를 관리할 때 많이 사용되는 단어는 목표치target 와 지표indicator 일 것이다. 지표는 개입의 진행 상황과 성과를 추적하는데 용이한 수단으로 주로 숫자나 백분율로 표현된다. 목표치는 지표의 특정한 성과 수준을 나타내며 주로 기한과 정량 목표가 함께 표기된다. 예를 들어, '○년○월○일까지 XX 달성'과 같은 형태이다. 목표치는 개입 전체에 걸쳐 대표되는 한 개의 목표가 설정되기도 하지만 대부분 연간/반기별 달성 목표가 분리되어 총괄 목표와 함께 제시된다.

지표를 설정할 때는 현실적으로 관리 가능한지를 고려해야 한다. 예를 들어, 어떤 국가에서 지난 3년간의 국가 단위 피임 기구 보급률 평균이 14%이었다고 가정하자. 이때 어떤 보건 프로젝트가 피임 기구 보급률의 연간 목표치를 60% 달성으로 설정하였다면 이 목표치는 적절하다고 판단할 수 있겠는가? 한편, 국토의 80%가 산악 지역이고 도로 보급률이 15%인 국가의 오지에서 교육 프로젝트 기획팀이 프로젝트 기간 동안 매주 사업 지역을 방문하여 목표치 달성 정도를 측정하겠다고 한다면, 이는 적절하다고 할 수 있는가? 지표를 관리할 때는 지표의 질, 수량, 수집 주기와 기한, 수집 대상 지역, 수혜자 그룹 등의 측면에서 구체적이고 현실적이어야 한다. 또한, 가급적 비용 대비 용이한 방법으로 수집되는 지표를 정하도록 하며, 지나치게 많은 지표를 정하지 않도록 한다.

관리 가능하고 현실적인 지표를 설정하기 위해서 양질 시간 세분화 Quantity, Quality, Time targeting, QQT targeting를 활용하기도 한다. QQT targeting은 지표를 선정한 뒤에는 각각의 지표가 수량, 품질, 시간의 측면에서 구체화하는 방법을 말한다. 때로는 지역을 지정하거나 예산을 추가하여 구체화할 수 있다. 〈표 9-07〉은 QQT targeting의 네 단계를 보여준다.

〈표 9-07〉 QQT targeting 예시

지표는 반드시 사용이 용이하며, 쉽게 구할 수 있고, 측정하려는 각 사항에 귀속성을 가져야 한다. 개입 초기에 성과 지표 개발 시에는 '개입 관리자가 선정될 지표를 수집할 방법과 전문성을 갖추고 있는가?', '만약 지표 측정을 위해 데이터 수집 시, 복잡한 분석이 필요하다면 개입 관리자가 이를 수행할 수 있는가?', '지표는 개입이 성취하려는 목표를 잘 설명하고 있는가?'와 같은 질문을 반복하여 설정된 지표를 점

검함으로써 합리적이며 활용 가능한 지표가 선정되도록 한다.

한편, 지표는 측정하는 성과와 인과 관계를 갖지 않으며, 단순히 달성 상태를 측정하도록 설정한다. 예를 들어, 어떤 프로젝트의 목적이 '농업 생산성 증대'라면 이 목적과 인과 관계를 갖는 '농촌 지도소 서비스 개선'과 같은 지표는 성과 지표가 될 수 없다. '농업 생산성 증대'의 정도는 'YY 수준의 질을 갖춘 쌀 생산 XX톤 증대'와 같은 지표를 설정하여 실질적으로 농업 생산성이 증대된 정도를 측정한다. 농촌 지도소 서비스 개선은 농업 생산성 증대를 도울 수 있는 활동일 뿐이지, 농업 생산성 증대 정도를 측정하거나 설명할 수 없기 때문이다.

범위와 유지

개입의 성과를 측정할 때 고려할 또 다른 요소는 개입 범위coverage 와 유지retention 이다. 범위는 개입이 목표한 수혜 집단, 기관 또는 대상 지역을 목표 대비 어느 정도 포함하고 있는지를 확인한다. 주로 전년도 또는 지난 분기 대비 현재 성과를 비교하는 형식으로 시간에 따른 변화를 확인하거나 각 장소별 성과를 지역별로 비교하는 방식으로 확인한다. 범위를 확인하는 가장 중요한 질문은 '개입이 의도한 대상 그룹에 전달되고 있는가?'이다. 즉, '개입을 필요로 하는 집단에 그들이 필요로 하는 서비스를 전달하고 있는가?'를 확인한다. 평가팀은 개입 범위를 확인하여 개입의 진행 정도를 모니터링하고 목표치 달성 정도를 점검하고, 목표치 사이의 달성 정도나 특이점을 비교하여 개선점을 도출할 수 있다.

개입 범위를 실제 측정할 때는 활용도   와 이용 가능성   을 조사한다. 활용도는 '대상 집단이 개입이 제공하는 서비스를 실제 활용하는가?'를 확인한다. 이용 가능성은 '개입이 필요할 때 필요한 지역에 전달되고 있는가?'를 확인한다. 개입이 제공하는 서비스나 재화를 활용   하기 위해서는 우선 이용 가능해야 한다. 따라서 이용 가능성은 활용도의 전제 조건이 된다. 개입이 제공한 서비스를 의도한 수혜자가 활용한다면 개입이 의도한 대상 그룹에 전달되고 있다고 볼 수 있다. 따라서 범위는 활용도와 이용 가능성으로 확인할 수 있는 것이다.

예를 들어, 어떤 교육 프로그램의 개입 대상 집단이 300명이고, 프로그램 시작 후 6개월 뒤, 실제 교육 프로그램을 활용한 사람 수가 170명이라고 하면, 활용도는 56.7%라고 할 수 있다. 즉, 활용도는 서비스 활용자 숫자를 개입 대상 숫자로 나눈 뒤, 100을 곱하여 백분율로 주로 표기한다. 즉, 교육 프로그램은 목표 집단의 56.7%에게 전달된 것이다. 만약, 6개월 뒤 최종적으로 270명이 교육 프로그램을 활용하였다면, 6개월간 100명의 신규 참여자가 생긴 것이며, 프로그램 기간인 1년 동안 22.5명이 매월 교육받았다고 표현할 수도 있다. 이용 가능성은 비율로 표시한다. 예를 들어, 개입 대상 지역에 5개의 분만 가능 보건소가 있으며, 10,000명의 임산부가 있다고 하면, 분만 가능 보건소 이용가능성은 5:10,000, 즉, 1:2,000이다. 만약, WHO의 권고 기준이 1:500이라고 한다면, 서비스 이용 가능성은 목표치인 WHO 권고 기준 대비 25%라는 것을 확인할 수 있다.

유지   는 수혜자가 원래 계획대로 개입에 참여하고 중도에 탈락하지 않는 정도를 의미한다. 개입이 효율적일수록 수혜자가 중도에 탈락하지 않을 것이다. 개입 단계별로 유지 정도를 측정하면, 어떤 시점에서 탈락이 많이 발생하는지 확인 가능하며, 이는 이후 개선을 위한 중요한 시사점이 될 것이다. 예를 들어, 순차적으로 추진되는 세 개의 요소로 구성된 영유아 백신 프로그램이 있다고 하자. 첫 번째 단계는 생후 4개월 이내에 DPT(diphtheria, pertussis, tetanus) 예방 접종, 두 번째는 6개월 이내에 소아마비 예방 접종, 마지막은 12개월 이내에 MMR(measles-mumps-rubella) 예방 접종으로 종료된다. 대상 지역의 수혜 대상 영유아는 모두 500명이고, 그중 400명이 1단계에 참여, 360명이 2단계까지 참여, 200명이 3단계까지 참여 완료했다면, 중도 탈락의 의미, 각 단계별로 다음번 접종 미참가 사유, 3단계에서 탈락률이 높아진 이유, 탈락률을 낮추기 위해서 필요한 추가 활동과 같은 사항에 대한 데이터 수집과 분석이 수행될 수 있다.

위 예시에서 개입은 최종적으로 500명 중 200명에게 제공되었으므로 활용도는 40%이다. 한편, 초기 400명 참여자 중 200명이 개입이 제공한 서비스를 모두 제공받았으므로 유지율은 50%이다. 이는 적절한 성과라고 생각할 수 있는가? 지표를 활용하여 개입의 범위와 유지 정도를 확인하는 것은 그 자체에서 그치는 것이 아니라, 활용 가능한 제언을 도출하고 향후 보다 심도 있는 평가 질문을 개발하는데 활용된다.

이 장의 시작에서 서술한 바와 같이 데이터를 정확하게 분석하고 해석하는 일은 이후 유용한 제언 도출에 직결되는 중요한 사항이다. 개

개발협력현장에서 수집한 데이터의 분석에는 누락, 탈락, 편향 등의 어려움이 포함되어 있다. 평가팀은 수집한 데이터를 가능한 논리적이고 체계적으로 분석하고 그 과정을 투명하게 관리하여 평가가 공정하고 유용한 결론을 도출할 수 있도록 주의한다.

짚어 보기
1. 정성데이터 분석의 네 단계를 설명한다.
2. 중심 경향성과 분포도의 의미를 설명한다.
3. QQT targeting의 네 단계를 설명한다.

생각해 볼 문제
1. 연수 프로그램 참가자의 급여가 비참여자의 급여보다 15% 증가했다면, 연수 프로그램 참가가 15% 급여 증가의 원인이라고 분석하는 것이 적절한지 논의해 본다.
2. 교육 프로그램을 실시하고 설문 조사를 수행한 결과, 설문 응답자의 51%가 교육 프로그램 수정에 찬성한다고 답했다. 응답자의 절반 이상이 교육 프로그램 수정에 찬성한다고 결론짓는 것이 정확한지 논의해 본다.

제10장
영향평가 I: 정성평가와 RCT

　개발협력에서 영향평가는 개입의 결과로 나타난 여러 성과에 대해 인과 관계를 측정하는 평가이다. 개입의 성과에 영향을 주는 요소는 매우 다양하기 때문에, 인과 관계 질문의 답을 찾는 것은 쉽지 않은 일이다. 예를 들어, 신품종 보급 사업의 성과측정을 위해 단순히 농가 소득 증대 정도만을 관측하는 것은 적절하지 못하다. 당해 연도의 농가 소득 증대에 영향을 미치는 요소는 신품종 이외에도 다양하기 때문이다. 유난히 좋았던 기후, 비료나 농약의 보급, 농산물 가격 상승 등 많은 다른 이유가 연계되어 있다. 영향평가는 이러한 복잡한 환경 속에서 인과 관계 모델을 수립하여 특정 개입의 고유한 영향 정도를 규명하고자 한다.

　개입이 의도한 효과성이나 영향력을 얼마만큼이나 달성하였는지를 분석하는 것은 예산 투입의 정당성을 확보하려는 각 공여국들의 책무성 강화 노력과 함께 점차 평가에서 중요한 부분을 차지하게 되었다. 따라서 개입의 장기적인 성과를 측정하는 영향평가의 중요성이 강조되었으며, 이와 함께 개입의 영향을 계량적으로 확인 가능한 무작위통제실험법Randomized Control Trial, RCT이 주목받고 있다.

　그러나 영향평가는 RCT 이외에도 다양한 방법으로 수행될 수 있다. 이 책에서는 이 장과 다음 장에 걸쳐서 다양한 영향평가 방법을 소개한다. 우선, 이 장에서는 정성적 영향평가 방법과 RCT를 설명한다. 먼저 정성적 방법론 중 기여도분석과 가장중요한변화법을 살펴보고, RCT의 논리, 수행 방법과 고려 사항, 한계와 유의점을 차례로 확인한다.

1. 기여도분석

기여도분석contribution analysis은 개입의 인과 관계를 추론하고 인과 관계 질문들을 정성적으로 평가하는 영향평가의 한 방법이다. 기여도분석은 존 메인John Mayne이 개발한 평가 방법론으로, 개입이 가정한 변화이론과 실제 증거를 비교하여, 관측된 성과에 대한 개입의 기여도를 분석, 확인한다. 개발협력에서 개입은 예상한 또는 예상치 못한 다양한 결과를 만들어 낸다. 따라서 개입이 도출한 각각의 결과에 대한 원인의 이유가 되는 귀인attribution요인과 기여contribution요인[9]을 정확히 분석하는 것은 성과관리와 평가의 핵심이 된다. 기여도분석의 목표는 관측된 성과에 대해 증거에 기반하여 개입의 '기여도 서사contribution story'를 분석적으로 구성하는 것이다. 따라서 기여도분석을 통해 평가팀은 다양한 인과 관계 간의 불확실성을 줄이고 성과를 도출한 내, 외부적인 요인을 중

---

9) 귀인attribution이란 A가 B의 직접적인 원인이 될 때를 말하며, 기여contribution란 A가 B의 발생에 도움이 된 경우를 말한다. 예를 들어, X마을 DPT백신 접종프로그램은 X마을 DPT발생율 감소의 귀인 요인이 될 수 있다. 한편, X마을 DPT백신 접종프로그램은 X마을의 영유아사망율 개선에 기여 요인이 될 수도 있다. 또한, X마을이 속한 XX지역의 DPT발생율 감소에 기여 요인이 될 수 있다.

요도에 따라 구체적으로 분석할 수 있게 된다.

　기여도분석은 개입의 변화이론과 수행 과정을 비교 분석하여 실제 발생한 인과 관계를 밝혀낼 수 있다는 가정에서 출발한다. 따라서 문제를 특정하고 변화이론을 개발한 뒤, 실제 증거를 확인하고, 비교 분석하는 여섯 단계로 수행된다. 첫 번째로 분석 대상이 될 귀인 문제 attribution problem 를 확정한다. 개입의 다양한 인과 관계들을 확인하여, 그중 유의미한 기여도를 측정할 수 있을 인과 관계를 정리한다. 이때, '그 문제가 결과의 원인인가?' 또는 '그 문제는 정량적으로 어느 정도 그 결과에 영향을 미쳤나?'와 같은 전통적인 인과 관계 질문은 지양한다. 대신 '개입은 관찰된 결과에 영향을 미쳤는가?', '개입이 관찰된 결과에 중요한 기여를 하였는가?', '왜 결과가 발생했나?', '개입은 어떤 역할을 수행했나?'와 같은 질문의 답을 구한다. 관리의 측면에서 기여도분석은 '개입이 변화를 만들었다고 결론짓는 것이 타당한가?', '개입이 변화를 일으킨 방법에 대해 다수의 증거는 어떤 의미를 보여 주는가?', '이런 종류의 개입이 성공하기 위해서 필요한 조건들은 무엇인가?'와 같은 질문의 답을 찾는다.

　두 번째로는 변화이론을 개발한다. 평가팀은 개입 기획 당시 의도를 설명하는 변화이론을 개발한다. 만약 개입 기획 당시의 개발된 변화이론이 있다면 이를 사용한다. 그리고 관측된 결과를 설명할 수 있는 주요 외부 요인들을 확인한다. 변화이론은 개입이 추구한 성과와 개입의 산출물 사이에 논리적인 관계를 갖도록 구축되어야 한다. 또한 변화이론은 공여 기관의 압력, 동료의 영향, 자원 동원 등의 외부 요인뿐 아니라 개입의 내부 요인과 변화이론 구축의 기반이 된 가정과 조건들을 모두 포함하여야 한다. 변화이론의 몇몇 요소와 관계는 쉽게 이해되고 받아들여질 수 있다. 반면 몇몇 관계는 반론이 제기될 수도 있다. 다양한 이해관계자와의 협의 및 충분한 조사를 통해 체계적인 변화이론을 구축하도록 한다.

세 번째로 변화이론을 점검하고 성과에 대한 증거를 수집한다. 우선 기존의 유사한 평가나 연구 조사 또는 이전에 수행된 모니터링 자료 등의 기존 자료를 활용하여 구축한 변화이론의 논리성과 타당성을 시험한다. 이제 산출물, 중간 성과, 장기 성과와 같이 개입이 의도했던 성과들을 정리하고, 이 성과들이 실제 발생했다는 것을 입증할 증거들을 수집한다. 변화이론을 구성하는 각 연결 고리들도 다시 한번 점검한다. 변화이론의 연결 고리의 조건과 가정들에 대한 증거를 확인하고, 어떤 조건과 가정이 논리적 근거 또는 이해관계자의 광범위한 지지를 받는 등의 강한 증거를 갖는지 여부를 확인한다. 마지막으로 성과에 기여하는 내, 외부의 다른 조건과 가정이 있는지 증거를 확인한다.

네 번째로 기여도서사 contribution story 또는 성과서사 performance story 를 조합하여 평가하고 그에 대한 반론을 제시한다. 세 번째 단계에서 수집된 정보를 활용하여, 평가팀은 개입의 행위들이 관측된 성과에 각각 어떻게 기여했는지에 대해 논리적으로 설명하는 기여도서사를 구성한다. 이후 '서사는 어느 정도의 신뢰성을 갖는가?', '이해관계자는 서사에 동의하는가?', '관측된 성과의 패턴이 성과들과 유효한 관계를 갖는가?', '서사의 주요 취약점은 무엇인가?' 등의 질문을 통해 구성된 서사의 신뢰도를 검토한다.

　다섯 번째로 추가 증거를 수집한다. 앞선 단계에서 서사의 취약점이 발견되었다면 이를 보완하거나 수정할 증거와 정보를 찾아서 변화이론의 논리 체계와 주요 가정과 조건 등 기타 기여 요인을 점검한다. 평가팀은 새로운 데이터를 추가하거나 기존 평가나 연구 조사의 증거를 조합하는 등의 방법으로 증거를 보강한다.

　마지막으로 추가 증거를 활용하여 기여도 서사를 수정하고 강화한다. 새로운 증거로 평가팀은 좀 더 신뢰도 있고 충실한 기여도서사를 구성하게 된다. 일반적으로 아래와 같은 사항이 충족되었다면 기여도분석은 개입이 관측된 또는 예상되는 성과에 중요한 인과 관계를 갖는다고 추정할 일반적인 인과 관계를 도출한 것으로 여겨진다. 첫 번째로 개입을 설명하는 논리적인 변화이론이 존재한다. 다시 말하면, 개입이 작동하는 데 관련된 주요 가정들이 타당하며, 기존 연구나 증거에 의해 뒷받침되고, 주요 이해관계자들의 동의에 기반하고 있다. 또한, 개입의 활동들이 변화이론에 따라서 수행되었다. 변화이론의 주요 요소 및 가정과 조건들의 실제 유효성이 증거에 의해 뒷받침된다. 마지막으로, 다른 외부 요인들은 성과에 중요한 기여를 하지 못했거나, 외부 효과가 발생한 성과에 대해 상대적으로 어느 정도 기여하였는지 기여도가 확인되었다.

　기여도분석은 개입이 관측된 결과에 기여한 정도를 분석하여 귀인 요인을 확인한다. 평가팀은 기여도분석을 통해 개입의 기반이 되는 변화이론을 확인하고 변화이론에 누락된 다른 영향 요소가 있는지 확인할 수 있다. 기여도분석을 통해 도출된 인과 관계는 논리적 취약점이 없이 완벽할 수는 없다. 그러나 앞 단락에서 서술한 조건들이 충족된다면 인과 관계가 확인된다고 여겨진다. 기여도분석은 단계별로 구성된 인과 관계 분석을 통해 관리자나 연구자, 정책 결정자들이 개입이 만들고 있는 또는 만들어 낸 특정한 성과의 기여 원인을 체계적으로 알 수 있게 한다는 장점이 있다. 다만, 분석의 정확성을 높이기 위해서 변화이론에 대한 기여도분석은 반복적으로 수행되어야 하며, 기여도분석 결과와 관련된 새로운 증거를 확보하기 위해 지속적으로 노력해야 한다. 즉, 기여도분석은 단시간 내에 수행되기 어렵다는 단점이 있다.

2. 가장중요한변화법

가장중요한변화법(Most Significant Changes, MSC)은 개입을 통한 변화에 대한 설명과 이해를 분석하여 개입이 초래한 가장 중요한 변화가 무엇인지 확인하고, 그 원인을 파악하는 정성적이며 참여적인 영향평가 기법이다. 이 기법은 1990년대 릭 데이비스(Rick Davies)에 의해 고안되었다. 데이비스는 방글라데시에서 참여적 농촌 개발 사업을 수행하던 중 사업 평가와 모니터링의 어려움을 극복하기 위해 MSC를 고안했고, 이 기법은 이후 개발협력평가 전반에 걸쳐 사용되게 되었다.

MSC는 비무작위표집법을 통해 조사 대상을 선정하고, 변화의 인과 관계와 종류를 확인하는 방식으로 수행된다. MSC는 크게 세 단계에 걸쳐 수행되는데, 첫 번째로 평가팀은 현지에서 개입의 성과와 관련된 이야기를 수집한다. 즉, 비무작위표집법을 활용하여 표본으로 선정된 수혜자들에게 개입을 통해 자신들이 겪은 가장 큰 변화가 무엇인지, 왜 그렇게 생각하는지에 대한 의견을 수집한다. 두 번째로, 수집된 이야기들을 분석하여, 그중 가장 큰 변화가 무엇이었는지 하나의 이야기를 결정한다. 마지막으로, 이해관계자 및 평가발주기관과 이야기의 의미를 논의하고, MSC의 가치를 학습으로 연계한다. MSC는 단순히 이야기 수집에서 그치는 것이 아니라 수혜자가 직접 선택한 중요 변화와 그 원인들을 확인하고 이를 통해 평가발주기관을 포함한 이해관계자의 학습으로 이어져야 한다.

MSC를 효과적으로 사용하기 위해서는 몇 가지 전제 조건이 필요하다. 우선 MSC 사용에 대한 고위 관리자의 지지가 필요하다. 아울러, MSC를 수행하는 인력과 현지 주민 간의 신뢰가 구축되어 있어야 한다. 또한, 평가발주기관이 학습을 지향하는 기관이고, 반복적으로 MSC를 사용할 수 있는 예산과 일정이 보장되어야 한다. 마지막으로 정기적인 피드백을 위한 시스템이 구축되어 있어야 한다. 한편, MSC는 완료된 성과에 대한 분석에 적합하며, 예상되는 성과를 확인하는데 사용해서는 안 된다. 또한, 홍보를 위한 이야기를 만들기 위해서 사용되어서도 안 된다. MSC는 이해관계자의 평균적인 경험을 이해하기 위한 기법이 아니며, 책무성을 목적으로 하는 평가에 사용되기에는 부적절하다. 또한, 기여도분석과 동일하게 반복적인 검토를 필요로 한다.

MSC는 개입의 부정적, 긍정적 영향을 확인할 수 있으며, 특히 개입의 영향에 대한 수혜자의 입장과 생각을 알 수 있다는 장점이 있다. 따라서 MSC는 수혜자가 동의하는 개입의 개선 방향을 도출할 수 있다는 장점이 있어 영향평가뿐만 아니라, 모니터링과 평가에도 활용된다. MSC는 또한 수혜자들이 개입에 대해 다시 한번 생각하고 자신의 목소리로 생각을 표현할 수 있는 기회를 제공한다는 이점도 있다. 또한, 여러 이해관계자가 참여하고 다양한 성과를 목표로 하는 복잡한 개입에서 성과사슬을 확인하고, 정량적 영향평가를 보완하는 기법으로도 유용하다.

MSC는 변화가 발생한 원인과 변화 발생의 조건에 대한 서사를 제공하기 때문에 변화이론을 확인하거나, 인과 관계를 확인하는데 유용하다. 다만, MSC만으로 영향평가를 완료하기는 어렵다. MSC는 명칭 그대로 극단적인 변화에 대한 정보를 수집하기 때문에 수혜자들이 큰 차이를 느끼지 못하는 변화는 간과될 수 있다. 즉, 만약 개인별 성과가 정규분포를 이루고 있다면, MSC는 가장 높은 긍정적 변화(그래프의 우측)에 대한 이유와 서사를 설명할 수 있지만, 크지 않은 변화(그래프의 중간)와 미미한 변화(좌측)을 설명하기는 어렵다.

3. RCT와 인과추론

영향평가는 인과 관계를 밝혀내는 활동이다. RCT는 실험적 영향평가 방법으로 개발협력개입의 수혜자가 되는 실험군과 비교 대상이 되는 비교군이 모집단 중에서 무작위로 선정된다는 특징을 갖는다. RCT

는 실험군과 비교군의 결과를 비교하여 계획된 영향이 어느 정도 달성되었는지를 점검한다. RCT를 활용한 영향평가의 가장 큰 특징인 실험군과 비교군의 무작위 선정이 왜 중요한지 살펴보자.

기초적인 영향평가 질문인 '개입(P)이 측정대상 결과(Y)에 미친 영향?'은 아래와 같은 공식으로 치환된다.

$$\alpha = (Y|P=1) - (Y|P=0)$$

사업 성과(Y)에 대한 사업의 영향(α)은 사업을 수행했을 때의 성과(Y, 즉 P=1)와 사업이 없을 때의 결과(Y, 즉 P=0)의 차이를 의미한다. 예를 들어, 신품종 보급 사업을 P, 결과를 Y라고 하면, 신품종 보급 사업의 성과 α는 사업에 참여한 이후 참여자의 소득(Y), 즉 P=1일 때의 결과와 동일한 시간에 동일한 사람이 사업에 참여하지 않았을 때의 소득(Y), 즉 P=0일 때의 결과 간의 차이(α)이다. 즉, 평가자는 두 개의 다른 상황 속에 있던 동일한 관찰 대상에 대해 동일한 시간에 측정한 소득을 비교하기를 원한다. 이것이 가능하다면 우리가 발견한 차이는 정확히 사업의 결과로서만 설명될 것이다.

그러나 현실에서 동일한 측정 대상이 동일한 시간대에 서로 다른 두 개의 상황을 경험한다는 것은 불가능하다. 누구나 사업에 참여하거나 하지 않거나 양자택일을 해야 한다. 이것을 반대경우의 문제 또는 반사실 문제라고 말한다. 영향평가 공식에서 (Y|P=0)는 반대경우를 상징한다. 반대경우 란 개입 수혜자가 개입에 참여

하지 않았을 경우의 가상의 성과측정치를 의미한다. 사업 참여자의 사업 참여 결과는 관찰하고 측정할 수 있다. 그러나 사업이 없었을 경우에 대한 결과는 데이터를 구할 수 없다. 따라서 영향평가는 반대경우의 추정치를 활용하여 실제 데이터를 대체한다. 이를 위해 평가는 대부분 실험군과 비교군으로 나뉘어 추진된다. 영향평가의 최대 문제는 결국 반대경우에 대한 최선의 추정치를 확인하는 것이다. 반대경우에 대한 유의미한 추정치 없이는 사업의 영향은 확인되기 어렵다.

반대경우 문제를 통계학적으로 활용하여 영향을 확인하는 것이 실험설계법이다. 충분히 많은 숫자의 개인으로 구성된 두 그룹을 생성할 수 있다면 이 둘은 서로 통계적으로 구분이 불가능하다. 따라서 RCT의 핵심은 사업이 없었다면 통계적으로 동일했을 사업참여자그룹(실험군)과 비참여자그룹(비교군)을 확인하는 것이다. 만약 두 그룹이 사업 참여 유무 이외의 다른 모든 조건이 동일하다면, 두 그룹 간의 결과 차이는 사업에 기인한 것이라고 확인할 수 있다.

문제는 실험군과 동일한 특성을 갖는 유의미한 비교군을 확인하는 것이다. 실험군과 비교군은 적어도 세 가지 측면에서 동일해야 한다. 첫째, 실험군과 통제군은 사업의 없었을 경우 동일해야 한다. 물론 각 그룹의 모든 개개인이 동일할 수는 없다. 그러나 평균 연령과 같은 기본적인 특성은 동일성을 유지해야 한다. 둘째로 실험군과 비교군은 사업에 동일한 방식으로 반응해야 한다. 예를 들어, 신품종은 실험군과 비교군에게 유사한 혜택을 주어야 한다. 셋째, 실험군과 비교군은 평가 기간 동안 다른 사업에 다른 방식으로 노출돼서는 안 된다.

4. RCT 수행 방법

전제 조건

RCT는 무작위로 비교군과 실험군을 선정한 뒤, 주기적으로 데이터를 수집하고, 통계적으로 분석하는 과정을 요구한다. 따라서 모든 평가에 RCT를 활용할 수 있는 것이 아니며, 전제 조건이 수반된다. 우선 RCT는 데이터 수집과 분석에 많은 예산이 소요된다. 따라서 RCT를 활용하기 위해서는 충분한 예산이 확보되어야 한다. 두 번째로는 RCT 기획, 데이터 수집, 분석을 위한 전문 인력과 시간이 요구된다. 또한, 적절한 비교군과 실험군을 확인할 수 있는 환경이 마련되어 있어야 한다. 즉, 측정 대상이 되는 개입이 RCT 활용 가능한 특성을 갖고 있어야 하며, 대규모의 표본이 있어야 한다. 마지막으로 RCT는 개입 초기에 개입 수행계획과 같이 설계되어야 한다.

RCT 수행의 또 다른 전제 조건은 사업수행기관과의 긴밀한 협력이다. 개발협력에서 RCT를 계획대로 수행하기 위해서는 많은 어려움이 따른다. 특히, RCT를 기획, 수행하는 평가팀과 개입을 직접 수행하는 사업수행기관 간의 이해와 협력은 RCT 수행의 성패를 좌우하는 중요한 문제 중 하나이다. 개발협력사업에 전문성을 갖춘 사업수행기관이 RCT 자체의 효과성이나 유효성을 배제하는 경우는 거의 없다. 다만,

RCT를 위해 개입과정에서 추가적인 업무를 수행하는 데 부담을 느낄 수도 있다.

한편, 무작위로 수혜자를 배정하는 데 대해서 거부감을 가질 수도 있다. 어떤 경우, 수혜자나 수혜자 그룹 선정은 수원국 담당 부서나 사업수행기관의 사업 통제 수단이 될 수 있다. 따라서 이러한 주요 통제 수단을 무작위 방식으로 변경하는 데 대한 우려나 거부감은 당연히 있을 수 있다. 한편, 수혜자가 아동인 경우와 같은 일부 상황에서 무작위 수혜자 배정은 윤리적 또는 도덕적인 반감을 일으킬 수도 있다. 개입 자체를 위해 희소한 자원과 인력을 투입하는 데도 역부족인 개도국의 상황에서, 개입의 효과를 객관적으로 측정해야 한다는 목적으로 많은 시간과 비용, 노력을 요구하는 RCT를 반드시 평가 방법으로 활용해야 하는지에 대해서 사업수행기관이 의문을 가질 수도 있다.

평가를 기획하는 것은 평가팀이지만 기획에 따라 개입을 수행하는 것은 사업수행기관이다. 만약 사업수행기관이 RCT수행계획에 대한 이해와 소통 부족 등으로 기획에 따라 개입을 수행하지 않는다면 RCT는 의도한 목적을 이루지 못한다. 따라서 평가팀은 반드시 사업수행기관과 대면 등의 수시 협의를 통해 RCT 평가의 의의와 중요성, 협조의 필요성 등을 설명하여 사업수행기관의 이해와 동의, 협조를 구해야 한다.

사업수행기관과 평가팀이 개입 초기 단계에서 RCT수행계획과 수행방안에 대해 합의를 도출하고, 합의 내용을 공식 문서화하여 양측의 서명과 함께 정리하는 방식으로 갈등을 줄일 수도 있다. 개발협력개입은 장기간에 걸쳐 이루어지는 경우가 많다. 따라서 RCT수행계획에 따라 모니터링과 데이터 수집을 진행하며 무작위 배정 과정이 전 개입에 걸쳐 지켜지도록 하기 위해서는 관련자 모두의 공통된 이해를 담은 문서화된 자료가 반드시 필요하다. 사업수행기관과 평가팀 사이의 평가협약서는 〈상자 10-01〉과 같은 내용을 포함하여 정리할 수 있다.

〈상자 10-01〉 평가 협약서 주요 내용

▷ RCT평가 관련자 모두의 역할과 책임roles and responsibilities: 평가 관련자는 평가팀 구성원 모두, 사업수행기관 구성원 모두, 평가 참여자 등을 포함한다.
▷ 평가대상 개입에 대한 설명: 개입 수행 관련자들의 역할과 개입의 내용, 예산 규모, 기간 등
▷ RCT수행계획서: RCT평가 기획의 주요 내용, 평가 수행 방법, 모니터링 및 데이터 수집 빈도 등
▷ RCT평가 관련 홍보, 비밀 유지, 인센티브incentive, 수집되는 데이터 지식 재산권 및 보안 유지 방안 등
▷ 무작위 배정 관련 설명: 수혜자 집단 및 무작위 배정 방식과 단위에 대한 설명 일체 등

사업의 변화이론과 성과의 구체화

RCT의 수행 단계도 다른 평가와 크게 다르지 않다. 다만 RCT는 대상 개입의 기획 및 실행과 함께 추진되어야 한다. 즉, RCT방식의 영향평가는 사업 종료 후에 사업의 영향을 평가하기 위해 별도로 기획되어 수행되기 어렵다. 사업 기획 단계부터 비교군과 실험군을 선정하여 사업을 추진하며 평가를 위한 데이터 수집이 병행된다. 따라서 RCT의 첫 단계는 사업 기획 단계에서 사업의 예상 성과들과 변화이론을 확인하여 평가 질문을 도출함으로써 시작된다. 평가팀은 평가대상 개입에서 확인할 성과들을 확정하고 사업의 변화이론을 점검하고, 평가 질문

을 구체화한다. 한편, 평가 질문이 완성되면 RCT수행계획을 수립한다. RCT수행계획도 다른 평가계획서와 동일하게 평가 질문, 기준치 및 목표치 정보와 지표, 데이터 수집 및 관리, 분석 방법과 보고 체계, 예산, 일정, 위험 관리 계획, 평가팀의 구성과 업무 분장을 포함하여 수립한다.

모집단 설정과 실험군과 비교군 표본의 무작위 지정

RCT 기획의 핵심은 무작위로 선정될 사업 단위들의 지정과 관리이다. 우선, 지정 단위를 개인으로 할지 가구로 할지 또는 마을이나 학교와 같은 그룹으로 선정할지 결정한다. 실험군과 비교군은 몇 가지 방식으로 무작위로 지정 가능하다. 단순 무작위 방식은 무작위 번호 생성기 등을 활용하여 생성된 숫자를 활용하여 실험군과 비교군을 지정한다. 짝짓기 방식에서는 개인이나 클러스터cluster가 유사한 특성에 따라 짝지어진다. 각 쌍에서 한쪽은 실험군으로 다른 한쪽은 비교군으로 지정된다. 층화표집법을 활용하여 성과에 영향을 줄 수 있는 주요 변수들에 따라 참여자를 분류하고, 각 분류 내에서 무작위 선정을 실시할 수도 있다. 이를 통해 주요 변수가 실험군과 비교군 모두에서 동등하게 분포될 수 있다. 이후 사업 수행 기간 전체에 걸쳐 실험군과 비교군에서 감소attrition나 오염contamination에 대한 지속적인 확인이 필요하다.

실험군과 비교군의 기초선 데이터 수집

무작위 지정 전과 후에 평가팀은 전체 표본에 대해서 기초선 조사를 실시하고, 관련된 지표에 대한 데이터를 모두 수집한다. 기초선 데이터는 이후 사업 결과 데이터의 비교 기준이 된다. 또한, 실험군과 비교군 간의 기초선 데이터의 동등성에 대한 확인, 즉 균형 확인balance check을 수행하고, 각 변수에 대해 실험군과 비교군간 평균값에 차이가 있는지 살펴본다. 이를 통해 무작위 선택이 성공적이었는지 확인할 수 있다. 표본 크기는 검증력power 계산 결과에 따라 결정한다. 기초선 조사는 개인 또는 가구 단위로 데이터를 수집할 수 있다. 이때, 사업 성과와 관련된 사항뿐 아니라 사회경제적 상황, 교육 정도, 보건 상황 관련 일반 데이터도 수집한다.

데이터 수집

비교군과 실험군의 확정되고, 기초선 조사가 완료되면, RCT수행계획에 따라 데이터를 수집한다. 가능한 경우에는 중간 설문을 수행할 수 있다. 특히, 앞서 언급한 바와 같이 감소나 오염이 발생하는지, 비교군과 실험군의 상황을 확인하는 것이 중요하다. 비교군에 대한 데이터 수집은 실험군에 대한 데이터 수집보다 더욱 어려울 수 있다는 점에 주의한다. 비교군은 데이터 수집에 참여할 인센티브incentive가 실험군보다 더 적다. 따라서 시간이 지남에 따라 비교군의 개체들이 다른 기관의 수행하는 사업에 참여하거나, 다른 계층으로 이동하는 등의 이유로 오염될 수 있다. 한편, 참여자가 참여를 중단하는 감소가 발생할 수도 있다. 이러한 변화는 평가계획 수립 당시 설정한 무작위 기준에 영향을 주어 평가 자체에 큰 문제가 될 수 있다. 따라서 사업 수행 기간 동안 비교군과 실험군의 상황을 지속적으로 확인하고 대응해야 한다.

실험군과 비교군 최종 데이터 수집 및 성과측정

개입 종료 시 종료 설문을 수행한다. 종료 시점은 각 사업의 변화이론에 따라 성과가 나타날 시점으로 계획 단계에서 이미 지정되어야 한다. 성별차, 소득차 등이 서로 다른 그룹에서 사업의 효과가 다르게 나타날 수 있다. 이러한 범주별로 실험군과 비교군에서 사업 결과를 모두 확인하는 것은 하위 그룹 내의 영향을 측정하는 데 도움이 된다.

5. RCT 설계 시 고려 사항

비교 대상의 정의

RCT설계를 위해서는 첫 번째로 RCT의 목표를 가능한 상세하고 구체적으로 정의해야 한다. '마이크로파이낸싱microfinancing은 작동하는가?', '교과서 보급은 학업 성적을 증진하는가?'와 같은 개입의 목표를 RCT의 목표와 동일시한다면, 실험의 대상과 내용을 구체화하는 데 어려움을 겪을 수 있다. 위의 질문을 '마이크로파이낸싱 참여자는 비참여자보다 소득이 높아졌는가?', '마이크로파이낸싱 참여자는 참여하지 않았을 때보다 소득이 높아졌는가?', '마이크로파이낸싱 참여자는 다른 소득 증대 프로그램 참여자보다 소득이 높아졌는가?', '마이크로파이낸싱 참여 여성은 다른 소득 증대 프로그램 참여 여성보다 소득이 높아졌는가?' 등으로 구체화하여 RCT설계의 목적과 내용을 보다 정교화할 수 있다. 또한 각각의 질문이 대조 집단을 포함하고 있는 바, 비교군과 실험군을 도출하기에도 용이하다. 평가팀은 정책결정자 등 이해관계자와 함께 평가 목표에 최적화된 비교 집단을 도출한다.

한편, RCT를 위한 비교군과 실험군의 특성을 사전에 분석하고 유효한 숫자의 표본을 구할 수 있는지 고려한다. 만약 마이크로파이낸싱의 효과성을 측정하려고 하는 상황에서, 개입 대상 지역의 일부 주민이 다른 소득 증대 프로그램 등에 참여 중이라면 개입의 효과성을 적절하게 확인하기 어려울 수 있다. 개입 이후 과정에서 발생하게 될 문제에 대응하기 위해서는 충분한 숫자의 표본이 확보되어야 한다. 이러한 문제를 해결하기 위해서 개발협력 RCT는 현지 사정을 잘 알고 RCT에 협조적인 파트너를 확보하는 문제가 무엇보다도 중요하다. 언어, 풍토, 정치, 사회, 문화적 문맥 등을 고려 시 개입을 수행하고, 데이터를 수집하는 데 있어서 RCT에 대한 지식을 갖춘 적절한 파트너를 우선적으로 확보하고 실험을 설계하는 것이 바람직하다.

무작위 배정 단위 특정

두 번째로 중요한 문제는 개입을 배정할 단위를 정하는 것이다. 예를 들어, 마이크로파이낸싱 평가에서 개별 고객들을 배정 단위로 정할 수도 있으나, 각각의 채무자 그룹을 단위로 정할 수도 있고, 채무자 그룹이 속한 지역 즉, 마이크로파이낸싱 기관 내의 각 지점들의 영업 지역을 단위로 정할 수도 있다. 배정 단위를 정확하게 선정하는 것은 통계 검정력 문제나 이후의 참여자 교차 등의 문제에 영향을 미칠 수 있으므로, 평가 목적과 현장 상황을 고려하여 특정할 필요가 있다. 예를 들어, 평가팀은 마이크로파이낸싱 프로젝트에 대해 개별 대출자를 설계 단위로 생각했다 하자. 만일 현장에서 평가대상 마이크로파이낸싱 기관이 개인별 대출이 아닌 그룹 대출만 수행한다면 상황에 따라 설계 단위를 수정해야 한다. 대출 그룹들을 평가 단위로 선정하려 한다면 그에 따른 비교군을 어떻게 대응하여 확인할지도 고려한다.

한편, 교과서 보급을 통한 학업 성취도 증진 프로젝트를 기획할 때, 설계 단위는 개별 학생, 학급, 학교 등을 고려해 볼 수 있다. 개별 학생 단위로 설계하면, 학급 내에서 교과서를 받은 학생과 그렇지 못한 학생 사이에 갈등이 있을 수 있다. 개별 학급 단위를 설계 단위로 한다면, 학교 내에서 교과서를 받은 학급과 그렇지 못한 학급 사이에 불화가 있을 수 있다. 또는 학부모나 학생회로부터 항의의 원인이 될 수도 있다. 같은 학교 내에서의 이러한 혜택의 차이는 윤리적, 도덕적으로 문제가 될 수 있는 것이다. 한편, 학생 개인을 단위로 할 때 학생들이 서로 교과서를 공유하거나 하는 등의 교차 문제의 위험이 더 높아질 가능성도 있다. 따라서 학교를 단위로 하는 것이 바람직하다. 즉, 무작위 설계 배정 단위를 고려할 때는 검정력과 같은 통계적인 문제뿐 아니라 개입 현장의 상황, 평가 목적 등을 다양하게 고려한다.

적정한 통계 검정력 설정

RCT설계에서 검정력은 비교군과 실험군 간에 통계적으로 유의미한 차이가 있다는 결과가 나올 확률을 의미한다. 설계 방식은 검정력에 직접적인 영향을 미친다. 표본 규모, 통계적 유의미 정도를 어떻게 정의하는지, 측정 대상이 되는 개입의 숫자와 그에 따라 늘어나는 개입

간 비교 숫자, 무작위 배정 단위의 개수, 하위 그룹 테스트 등을 어떻게 결정하느냐는 모두 검정력에 영향을 미친다.

표본 규모는 통계 검정력statistical power에 가장 직접적인 영향을 미친다. 일반적으로 표본 규모가 클수록 그렇지 않은 경우에 비해 통계 검정력이 높아진다. 예산 등의 이유로 표본 규모를 증대할 수 없다면 기초선 조사에서 성과와 연계된 표본 특성의 차이를 조정하는 등의 방식으로 영향 측정 정확도를 향상할 수 있다. 하위 그룹 테스트 유무 또한 고려 요소가 된다. 만약 학업 성취도 조사에서 남학생과 여학생 하위 그룹의 차이를 추가적으로 분석하고 싶다면, 하위 그룹 분석의 통계 검정력 역시 기획 단계부터 고려하여 하위 그룹에도 충분한 표본이 포함되도록 해야 한다. 평가대상이 될 실험군이 하나 이상인 경우도 있다. 실험군들 간의 차이, 실험군과 비교군과의 차이를 모두 분석하려 한다면, 한 개의 실험군과 한 개의 비교군을 평가할 때보다 각각 더 큰 표본 크기를 갖도록 해야 한다.

비참여자, 교차, 감소의 문제

이론적으로 RCT는 편향이 없고 효율적으로 개입의 영향을 분석하는 유용한 도구이다. 그러나 현장에서 RCT를 실제 수행할 때 다양한 이유로 이러한 장점이 무력화될 수도 있다. 예를 들어, 실험군에 배정된 개인들이 적극 참여를 원하지 않을 수 있다. 학업 성취도 증진을 위해 방과 후 과외 프로그램에 참여하게 된 학생들이 과외에 참여하지 않을 경우가 있다. 가족 문맹 퇴치 프로그램에 참여한 가족이 첫 번째

달에만 참여하고 이후에는 참여를 거부할 수도 있다. 이렇게 비참여자가 많은 경우, RCT는 비편향적인 결과를 도출하지 못할 수도 있다.

비교군에 있는 참여자가 실험의 수혜자가 되는 교차로 인한 오염이 발생할 수도 있다. 수학 실력 증진을 위한 커리큘럼 개선 사업을 수행할 때 비교군에 배정된 학생 중 많은 수가 도중에 실험에 참여하여 개선된 커리큘럼으로 수업을 받았다고 하자. 이러한 교차는 비교군과 실험군 간의 차이를 줄일 것이고 실험의 효과는 실제보다 더 적게 측정되는 편향이 발생할 수 있다.

RCT는 또한 감소의 영향을 받는다. 학생들은 학업을 중도에 포기하기도 하고, 실험군 또는 비교군의 가구가 이사를 하기도 한다. 배정 대상이 이후에 데이터 수집을 거부할 수도 있다. 감소가 비교군과 실험군에서 비슷한 비율로 발생한다면 문제가 되지 않을 수도 있지만, 만약 한쪽 집단에서만 더 많이 발생한다면, 역시 측정 결과에 편향의 영향을 줄 수 있다. 학업 성적이 낮은 학생들은 우수한 학생보다 학업을 포기할 가능성이 크다. 만약 학업 성적이 낮은 학생들이 비교군에서 많이 학업을 중단한다면 실험 효과는 실제보다 더 좋게 나타나는 편향이 발생할 수 있다.

감소에 대응하기 위해서는 표본 전체에 대한 행정 기록을 활용할 수 있다. 표본 전체에 대한 행정 기록이 있다면, 중도에 표본의 평가 참여 기록이 없다고 해도 행정 기록과 비교하여 데이터에 주는 편향의 정도를 측정할 수 있고 평가팀은 이에 따라 영향 측정을 조정할

249

수 있다. 감소 효과를 줄이기 위해 무작위 배정 과정에서 짝짓기를 활용할 수 있다. 예를 들어, 가족 단위 평가에서 비슷한 특성의 가족을 쌍으로 묶고, 만약 개입의 과정에서 한쪽이 참여를 포기한다면, 그 가족이 속한 쌍을 모두 제외하여 남은 표본의 비편향성을 보존할 수도 있다. 다만, 이런 경우 표본 규모가 감소하여 통계 검정력에 영향을 줄 수 있다는 점을 고려해야 한다.

누락변수

비교군과 실험군 선정 문제는 통계기법으로 어느 정도 보정 가능하다. 그러나 누락변수omitted variables 문제는 보다 복잡하다. 누락변수란 비교군과 실험군 간의 차이의 중요한 원인이 되지만, 어떤 이유로 확인 및 측정이 되지 않은 변수를 의미한다. 평가를 실시하면서 평가팀이 이렇게 누락된 변수를 인지하게 될 수도 있다. 그러나 더 큰 문제는 평가팀이 매우 중요한 변수를 누락했다는 사실 자체를 인지하지 못한 경우이다. 예를 들어, 여성 창업자의 성공 요인 중 하나가 여성이 속한 부족이 여성 경제 활동에 호의적인 문화적 전통 때문이라고 하자. 만약 이 변수를 평가팀이 인지하지 못한 상태에서 평가가 수행된다면 평가 결과에 심각한 왜곡이 있을 수 있다. 누락변수 문제에 대응하기 위해 심층 인터뷰와 같은 다른 조사법을 보완하여 사용하기도 한다. 그러나 어떤 방법론도 누락변수 문제를 완전히 해결할 수는 없다. 평가팀은 개입에 영향을 미치는 주요 변수가 누락되지 않도록 주의한다.

평가팀의 역량과 무작위성 유지

RCT의 가장 큰 특징은 무작위성을 통한 신뢰도와 유효성 확보에 있다. 무작위 배정 과정을 유지하면서 RCT를 차질 없이 수행하는 데 있어서 가장 중요한 것은 RCT를 실제 수행한 경험이 많은 평가팀을 확보하는 것이다. RCT 수행 과정에서의 여러 변수와 돌발 상황을 고려할 때, RCT평가는 실무 경험이 무엇보다도 중요하다. 따라서 경험 있는 팀을 확보하도록 노력해야 한다. 두 번째로는 사업수행기관과의 협력을 통해 개입 전체 과정에서 무작위성이 유지되도록 하는 것이 중요하다. 사업수행기관은 자신들의 사업추진계획에 따라 개입을 수행하는 것을 주목적으로 하며, 무작위성 유지는 사업수행기관에게는 우선순위가 높은 업무는 아니다. 평가팀은 사업수행기관이 개입을 수행할 때 무작위성이 유지되도록 긴밀히 소통하고 협력해야 한다.

6. RCT의 한계

기술 발전으로 보다 정교하고 광범위한 데이터 수집 및 처리가 가능해지며 실험실에서 사용되던 RCT가 개발협력평가에도 도입되었다. 전통적으로 RCT는 신약의 효과 등 실험실에서 실험 성과를 비교, 확인하는 데 활용되었다. 개발협력에서 RCT는 개입의 기획 단계부터 비교군과 실험군을 분리하여 개입을 실행하고 그 결과를 분석하여 비교군과 실험군과의 차이에서 계량적이고 유의미한 개입의 효과를 분석, 확인한다.

RCT는 개입 수단의 통제를 통해 과학 실험의 방법으로 기존의 개발 관련 가설들을 검증하여 보다 성과가 높은 사업에 투자를 가능토록 한다는 증거 중심 정책 결정evidence-based decision making을 지향하고 있다. RCT는 교육이나 보건, 마이크로파이낸스microfinance 등의 분야에서 기존과는 다른 방법을 활용하여 비용 대비 효과가 높은 추진 방안이나 정책을 선별할 수 있게 해 준다는 이점을 보여 주었다.

그러나 RCT에도 단점은 있다. 먼저 실험과 관련된 윤리적인 문제로 비교군이 개입에서 배제된다는 점이 있다. 따라서 무작위 선정 방식은 투명하고 공정해야 한다. 특히 무작위 단위가 개인 수준일 경우는 더욱 그러하다. 평가팀은 실험군과 비교군 사이에 긴장이나 갈등 관계가 없도록 주의한다. 갈등을 줄이기 위해서는 RCT의 목적을 잘 설명하여 이해와 동의를 구하거나 파이프라인pipeline 무작위설계 등을 통해 모집단이 모두 순차적으로 개입을 받을 수 있도록 할 수 있다. 주기를 도입하여 1차 개입의 비교군이 2차 개입에서는 실험군이 되어 결국 표본 모두가 개입의 수혜자가 되게 하는 방법도 있다. 한편, 비교군에게 다른 인센티브incentive를 추후 제공하는 방식을 사용할 수도 있다.

RCT와 관련된 다른 비판점은 필요성의 문제이다. '혜택이 분명한 경우에도 RCT를 사용해야 하는가?' 논리적으로 분석했을 때 개입의 혜택이 명백하다면 RCT와 같은 예산과 인력 소모가 많은 영향평가보다는 모니터링이 더 바람직할 수 있다. 반면, 예산이 과소하고 프로그램의 효과성이 불분명할 경우는 무작위 선택을 통해 소규모로 효과성을 측정하고, 효과가 증명되는 경우 사업을 확장하여 개입의 효과성을 증대할 수도 있다.

또 다른 한계는 RCT 자체의 미시적 특성과 관련이 있다. RCT는 특정 환경에서의 효과적 개입 방안을 확인해 준다는 장점이 있지만 이를 다른 환경에 적용하는데 한계를 보인다. 또한, RCT는 어떤 방법이 효과적이었나를 일일이 검증할 수는 있으나, 왜 효과적이었나 또는 비효과적이었냐는 질문에는 답할 수 없으며, 궁극적인 원인 규명에 취약하다. 따라서 RCT 활용의 전제 조건이 충족되며, 비용 대비 효과성이 뚜렷한 경우에 선별적으로 사용해야 할 것이다.

짚어 보기
1. 영향평가의 정의를 설명해 본다.
2. 가장중요한변화법과 기여도분석의 정의를 설명해 본다.
3. RCT의 정의와 RCT 수행 절차를 설명해 본다.

생각해 볼 문제
1. 영향평가에서 프로그램이론의 역할을 논의해 본다.
2. RCT를 수행할 때, 각 단계별로 발생 가능한 어려움과 대응방안을 논의해 본다.

제11장
영향평가 II: 준실험설계법

RCT는 영향평가의 대표로 여겨지기도 하지만, 앞서 서술한 바와 같이 현장에서 활용하는 데 많은 조건과 제약이 따른다. 따라서 실제로는 개입 이후의 상황을 개입 이전 또는 개입이 없었을 때, 또는 다른 개입이 있었을 때의 상황과 비교하는 준실험설계법이 다양하게 사용된다. 따라서 이 장에서는 준실험설계법을 활용한 대표적인 평가설계 방법론인 전후비교법before-after comparison, 단절적시계열기획법interrupted time-series design, 비동등집단설계법nonequivalent group design, 회귀불연속기획법regression Discontinuity Design:RDD, 이중차분법difference in difference에 대해 차례대로 알아본다.

1. 전후비교법

전후비교법의 의미

전후비교법before-after comparison은 말 그대로 개입 참여자들의 개입 이전 상태와 이후의 상태를 측정, 비교하여 개입의 효과를 확인하는 방법이다. 측정 대상 참여자는 개인이 될 수도 또는 집단이 될 수도 있다. 〈그림 11-01〉과 같이 전후비교법은 측정 대상의 개입 이전pretest 상태를 측정하여 평균을 계산하고, 개입을 수행한 이후posttest의 상태를 측정하여 역시 평균을 계산한다. 이 두 평균값 간의 상태 차이가 개입의 효과로 추정된다.

〈그림 11-01〉 전후비교법

전후비교법은 사업 참여자의 변화를 시간 순으로 측정하여 사업의 영향을 규명한다. 즉, 전후비교법은 사업이 존재하지 않았다면 사업 참여자의 성과는 이들의 사업 참여 전 상황과 정확하게 동일할 것이라고 가정한다. 그러나 많은 경우 이러한 가정은 유효하지 않다. 예를 들어, 신품종 보급 사업을 실시했다고 했을 때, 신품종 보급 사업 참여자 A가 전년도에 500kg의 곡물을 수확했고, 사업 이후에는 600kg을 수확했다면, 전후비교에 따라 사업 효과는 100kg이라고 측정할 수 있다. 그러나 만약 전년도는 기후가 좋았고 올해는 심한 가뭄이 있었다면, 사업이 없었을 경우 수확은 전년도보다 더 낮았을 수 있고 이 경우 정확한 사업의 효과는 100kg를 초과할 수 있다. 만약 전년도에 비해 올해 기후가 더 좋았다면 사업 효과는 100kg보다 작을 것이다. 즉, 평가팀이 강우량을 포함하여 작황에 영향을 주는 모든 다른 요소를 시간의 변화에 따라 통계적으로 통제하지 못한다면, 사업의 정확한 성과를 전후비교만으로 확인할 수 없다.

전후비교법은 상대적으로 활용이 용이하고 결과 보고도 손쉽기 때문에 널리 활용된다. 그러나 전후비교법은 측정대상자의 개입 전과 후의 상태만을 단순 비교하기 때문에 측정된 결과가 개입으로 인한 것인지 아니면 다른 외부 효과에 의한 것인지 명확히 구분하지 못한다. 따라서 평가팀은 측정 결과에 대해서 사실상 자신이 원하는 어떤 이유도 원인으로 주장할 수 있다. 이러한 외부 효과에 대한 취약점은 전후비교법의 심각한 단점이 된다. 따라서 평가팀은 전후비교법을 활용할 때 측정 결과가 개입에 의한 것인지 아니면 외부 효과에 의한 것인지를 주의 깊게 고려해야 한다.

외부 효과

전후비교법은 외부 효과에 취약하다. 외부 효과는 개입에 영향을 미칠 수 있는 개입 이외의 요소를 의미한다. 개발협력에서 고려할 수 있는 외부 효과로는 첫 번째로 역사 또는 문맥이 있다. 즉, 측정대상자를 둘러싼 정치적, 사회적, 문화적, 역사적 환경은 측정에 영향을 미칠 수 있다. 예를 들어서, 여성의 발언권 강화 프로젝트를 두 개 지역에서 실시하고 그 결과를 비교 분석한다고 할 때, 만약 한 지역의 종교가 여성의 권한을 제약하는 교리를 갖고 있고, 다른 지역의 종교는 아니라고 한다면, 두 지역 간의 결과 차이는 종교적 영향에 의한 것인지 프로젝트에 의한 것인지 설명하기 어려울 것이다.

측정대상자의 성장도 외부 효과 중 하나이다. 측정대상자는 시간의 흐름에 따라 자연히 나이가 들고 성숙하며, 변화한다. 특히 성장기의 청소년이나 노인을 대상으로 한 개입의 경우 측정대상자 자체의 성장 또는 노화와 같은 변화가 중요한 외부 효과가 될 수 있다. 예를 들어,

청소년 자존감 강화 프로그램을 실시했을 때, 청소년 자존감 상승이라는 성과가 자연적 성장에 따른 강화인지 개입에 의한 결과인지 확인이 필요하다.

계절이나 기후 또한 성과에 영향을 미치는 주요 외부 요인이 될 수 있다. 정신 건강 강화 프로그램을 6개월간 실시한다고 할 때, 겨울과 여름의 일조량과 일조 시간 차이가 큰 지역이라고 하면, 그에 따른 영향을 반드시 고려해야 한다. 또는, 농작물 생산성 강화 프로젝트와 같은 개입의 경우, 강수량, 날씨, 태풍 등의 영향과 개입의 영향을 구분해야 한다.

때로는 개입 자체가 결과에 영향을 미칠 수 있다. 예를 들어, 청소년 자존감 향상 프로그램을 실시하며 개입 이전 상황을 조사하면, 프로그램에 대해 알게 된 청소년들이 자존감 향상의 필요성을 인지하거나, 또는 긍정적 성과를 보여야 한다는 생각을 갖게 될 수 있고, 이는 개입 후 결과에 영향을 미친다.

측정 도구 또한 측정 방식도 외부 효과가 될 수 있다. 청소년 연산 능력 강화 프로젝트를 실시하면서 연산 능력 측정을 위해 태블릿 PC를 활용하였다고 하자. 만약 청소년들이 개입 전에 태블릿 PC 활용에 익숙하지 않다면 개입 전 결과는 이에 영향을 받았을 수 있다. 청소년들이 개입 과정에서 태블릿 PC에 익숙해진 상황에서 개입 후 측정을 한다면 전후비교법을 활용한 연산 능력 향상 결과는 태블릿 PC라는 측정 도구에 익숙해진 때문인지 온전히 연산 능력 자체가 향상된 것인지 구분하기 어려울 수 있다.

 측정대상자 모두가 개입의 시작부터 종료까지 빠짐없이 참여하지 않고 중도 탈락이 일어난다면 이런 감소도 외부 효과가 될 수 있다. 만약, 여성 자존감 강화 프로그램에서 일부 참여자가 중도 포기를 했고 그 이유가 이들이 자존감이 더 낮기 때문이라고 하자. 개입 전후의 참여자 평균을 단순 비교하는 전후비교법을 활용하였을 경우, 자존감이 낮은 참여자가 빠진 개입 후 성과의 평균이 상승했을 것이고 이는 감소의 외부 효과가 일정 부분 작용했기 때문으로 추정할 수 있다.

 마지막으로, 전후비교법은 참여자가 RCT처럼 무작위로 배정되지 않으므로 참여자에 의한 편향이 발생할 가능성이 높다. 농업 생산성 강화를 위한 새 품종 재배 프로젝트를 시행한다고 했을 때, 근면하고 정보력이 빠르며, 새 품종 재배 실패 시에도 일정 부분 손실을 감당할 수 있는 농부들이 참여한다고 한다면, 프로그램의 결과는 참여자가 비참여자에 비해 근면하다는 특성 때문일 수 있다.

 전후비교법은 시행이 단순하고 대중 매체에 간략하게 성과를 나타내기 용이하다는 등의 이점이 있지만, 개발협력이라는 복잡한 상황에서 발생할 수 있는 다양한 외부 효과의 영향을 배제하기 어렵다는 단점이 있다. 따라서 평가자는 전후비교법을 활용할 때 외부 효과에 의한 편향을 최소화하기 위한 방안을 강구해야 할 것이다.

2. 단절적시계열기획법

단절적시계열기획법(Interrupted Time-Series designs: ITS기획법)은 사전 또는 사후에 여러 번 반복해서 참여자의 상황을 측정하여, 변화의 추세를 계산하고 추세 변화를 분석하여 개입의 성과를 측정한다. 〈그림 11-02〉는 ITS기획법을 도식화하여 보여 준다. 비료 보급을 통한 농산물 생산 증대 프로젝트를 실시하고 ITS기획법으로 성과를 측정한다고 하자. 평가팀은 비료 보급이라는 개입 이전에 여러 차례(그림에서는 4회) 생산량 변화를 측정하고 변화 추세를 계산한다. 그리고 개입을 실시한 후 여러 차례(그림에서는 4회) 생산량 변화를 관측하고 추세를 계산한다. 그림의 세로 점선은 개입 이전과 이후를 나누는 구분선이다. 점선 좌측의 개입 이전 추세선과 점선 우측 개입 이후 추세의 변화 차이가 개입의 효과로 분석된다. 만약 개입이 즉각적이고 급격한 변화를 도출하면 측정 결과는 그림과 같이 개입 이전 예측치와 실제 추세에 단절이 발생할 수 있다. 따라서 이 평가법의 이름이 단절적(interrupted)시계열기획법이 되었다.

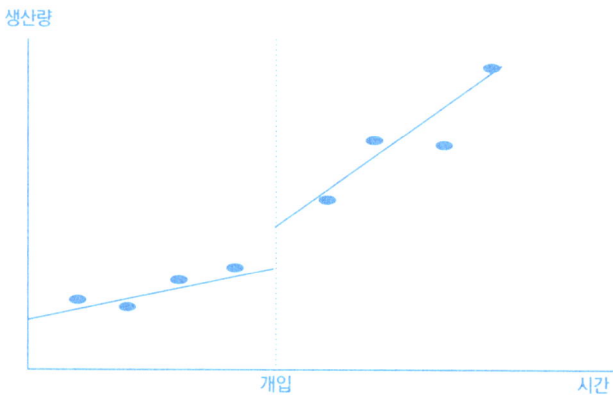

〈그림 11-02〉 단절적시계열기획법

　　ITS기획법은 측정 횟수를 증가하는 방식으로 전후비교법의 취약점을 어느 정도 보완한 방법이다. 특히, 앞서 전후비교법의 한계 중 한 가지로 서술된 성장 또는 성숙에 의한 외부 효과의 경우, 여러 번의 변화 측정을 통해 변화 추이를 확인하여 대응이 가능하다. 계절에 의한 외부 효과도 같은 이유로 어느 정도 처리가 가능하다. 그럼에도 불구하고 역사 또는 문맥에 의한 외부 효과나 측정 도구에 의한 또는 감소와 같은 외부 효과에는 여전히 취약점을 갖는다.

　다만, 개입반복treatment interventions, 비교군설치comparison group, 변수 추가, 다른 방법과 결합 활용 등의 방식으로 설계를 고도화하여 결과의 신뢰도를 강화할 수 있다. 개입반복은 개입을 추가적으로 반복하여 신뢰도를 높이는 보완법이다. 예를 들어, 사전 측정 후 개입을 한 차례 실시하고, 개입 후 결과치에 대한 측정을 수행한다. 그 뒤 개입을 제거하거나 역전시키는 또 다른 개입(이를 반개입이라고 하자)을 실시하고, 이후 결과치를 측정한다. 만약 오토바이 사고 감소를 위해 실시한 헬멧 착용 홍보 프로젝트를 ITS기획법으로 평가한다고 하자. 이 프로젝트에 대해 사전 측정을 하고 홍보 프로젝트 실시 후, 결과치를 측정하고, 홍보 프로젝트 중단 후 결과치를 측정하여 홍보 효과를 분석할 수 있다.

비교군을 추가하여 ITS기획법을 보완하는 방식도 활용된다. 여기서 비교군은 개입을 받지 않는 집단이지만, 무작위로 선정되지는 않는다. 따라서 ITS기획법의 비교군은 실험군과는 동질성을 갖지 않는 비동등비교군non-equivalent control group이다. 자동차 사고 감소를 위해 안전벨트 착용 홍보 프로젝트를 ITS기획법으로 평가한다고 하자. 홍보 프로젝트가 실시된 지역의 자동차 사고 사망률과 실시되지 않은 지역의 사망률을 비교하여 효과를 분석할 수 있다.

세 번째 방법은 비동등종속변수non-equivalent dependent variable를 활용한다. 위의 예에서 안전벨트 착용 홍보 프로젝트를 평가할 때 비교군을 추가하는 것이 아니라 결과에 영향을 줄 수 있는 또 다른 변수를 추가하는 것이다. 예를 들어, 실험 대상 지역에서 자동차 면허 발급 현황을 추가적으로 조사하여, 자동차 사고 사망률 감소가 홍보 프로젝트의 결과인지, 면허 발급자 수가 증가하여 상대적으로 사망률이 감소한 외부 효과가 있는지 추가 분석이 가능하다.

네 번째 방법은 위의 방법들을 하나 이상 결합하는 것이다. 예를 들어, 비동등비교군을 추가하고, 서로 다른 시기에 비교군과 실험군 모두에게 개입을 실시하여 효과를 분석할 수 있다. 실험군에서 개입을 실시할 때 비교군이었던 집단이 두 번째로 동일한 개입의 대상이 되며 실험군과 비교군이 바뀌게 된다.

ITS기획법은 외부 효과를 어느 정도 감소시킬 수 있다는 점에서 전후비교법보다는 강점을 갖는다. ITS기획법은 또한 개입 이후 결과에 대한 여러 번 측정을 통해 시간의 흐름에 따른 개입의 효과 측정이 가능하다는 장점이 있다. 또한, 비교군 없이도 평가가 가능하여 측정이 상대적으로 용이하며, 참여자의 수가 적거나 소규모 그룹에 대해서도 수행이 가능하다는 장점이 있다. 그러나 여러 번 측정한다는 장점은 비용이 상대적으로 많이 필요하다는 단점이 될 수도 있다. 또한, ITS기획법은 이후 데이터에 대한 정교한 통계 분석이 필요하다. 시계열 관측치는 상호 연계성이 높을 가능성이 있으며, 관측치 간의 이러한 자동상관관계auto-correlation로 인해 통계적 유의도와 신뢰구간에 편향이 나타날 수 있다는 점에 유의해야 한다.

3. 비동등집단설계법

비동등집단설계법non-equivalent group design은 작위적으로 선정된 비교군과 개입의 수혜자인 실험군 간의 결과를 비교하는 평가법이다. 비교군이 무작위표집으로 선정되지 않으므로, 실험군과 비교군 사이에 동질성이 보장되지 않는다. 따라서 이 평가법은 비동등집단설계법이라고 불린다. 가장 단순한 방식의 비동등집단설계법은 〈그림 11-03〉과 같이, 단순히 개입의 수혜자인 집단과 아닌 집단에 대해 개입이 종료된 뒤 결과를 측정하는 방식으로 수행된다. 다만, 두 집단이 동질하지 않기 때문에 개입 이후 나타난 두 집단 간의 차이가 개입에 의한 것인지 두 집단 간의 원래의 차이에 의한 것인지 명확히 확인하기 어렵다는 취약점이 있다.

〈그림 11-03〉 단순 비동등집단설계법

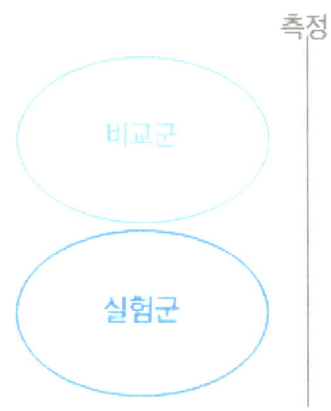

따라서 이러한 단점을 보완하기 위해 코호트(cohort)를 활용하기도 한다(〈그림 11-04〉참조). 예를 들어, 교과서 보급을 통한 학업 성취도 향상 프로젝트를 실시한다면 첫 번째 해부터 프로젝트 기간 동안 매년 신입생에 대해서 교과서를 보급하고, 각 연도별 코호트집단에 대한 결과를 비교 분석하여 성과를 측정할 수 있다. 이때 매년 신입생들은 어느 정도 지리적, 환경적, 신체적 유사성을 가진 집단으로 간주할 수 있으며, 매년 반복적으로 성과 데이터를 수집하여 유효성에 대한 취약성을 보완한다.

〈그림 11-04〉 코호트 비동등집단설계법

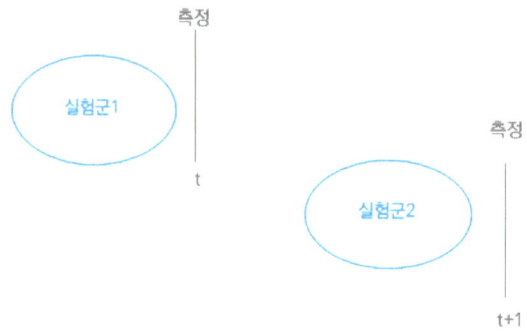

앞의 두 경우는 모두 개입 이전 기초선에 대한 조사를 수행하지 않는 방식으로 기획되었다면, 개입 전 기초선 조사를 추가하는 방식의 보완도 가능하다(〈그림 11-05〉 참조). 비교군과 실험군에 대해서 개입 이전과 이후 데이터를 수집하고 비교분석한다. 이를 통해 작위적으로 선정된 표본으로 인한 차이를 보완한다.

〈그림 11-05〉 기초선 추가 비동등집단설계법

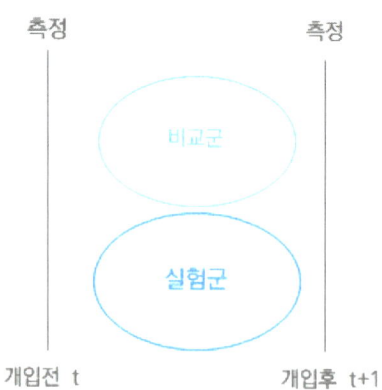

비동등집단설계법 또한 비교군추가확대, 성과 변수 outcome variables 추가 등의 방식으로 고도화하여 결과의 신뢰도를 강화할 수 있다. 비교군을 둘 이상으로 추가하여 취약성을 보완하거나, 개입의 정도를 조정하여 다양화하는 방식을 취할 수 있다. 성과 관련 변수를 추가하여 유효성을 강화할 수도 있다. 성과에 영향을 미칠 수 있는 변수에 따라 실험군과 비교군을 각각 두 하위 그룹으로 나눈 뒤, 그 결과를 분석하는 것이다. 예를 들어, 성·생식 역량 강화 프로젝트의 효과성 검증을 위해, 실험군과 비교군을 종교에 따라 추가적으로 나눈다. 종교와 관계없이 실험군에서 모두 비교군에 비해 유의미한 역량강화 결과가 관찰되었다면, 이 프로젝트는 효과성이 있다고 분석할 수 있다.

비동등집단설계법도 기본적으로 비교군과 실험군에 대한 데이터를 개입 전, 후에 1-2회만 수집한다는 등의 점에서 상대적으로 실행이 쉽다는 장점이 있다. 그러나 비동등집단설계법 또한 비교군과 실험군이 무작위로 선정되지 않는 선택 편향으로 인한 취약점을 갖는다. 따라서 결과의 신뢰도를 향상시킬 수 있도록 설계를 보완할 필요가 있다.

4. 회귀불연속기획법

회귀불연속기획법 Regression Discontinuity Design: RDD 은 개입을 위해 특정 제약 조건이나 자격을 정하고, 그에 따라 실험군과 비교군을 배정하여 두 집단 사이의 결과를 비교하는 방식으로 수행한다. 제약 조건이나 자격이 되는 변수를 배정변수 assignment variable 라 하며, 개입 참여 여부가 결정되는 배정변수의 값을 '임계값'이라 한다. 시험 점수가 특정 임계값 아래인 학생에 대해서, 또는 소득 수준이 특정 금액 이하인 가구에 대해서 개입을 시행하고 결과를 비교할 수 있다.

예를 들어, 수학 시험 점수 50점 이하의 학생에게 수학 참고서를 지원하는 프로그램이 있다고 가정하자. 이 프로그램의 결과가 만약 〈그림 11-06〉의 좌측과 같다면 참고서 지원의 개입을 받은 실험군과 그렇지 않은 대조군과의 결과에 차이가 없으므로 프로그램의 효과는 없다고 분석할 수 있다. 실험군의 측정치를 회귀분석한 그래프와 비교군의 측정치를 회귀분석한 그래프의 절편과 기울기가 같으므로 개입으로 인한 유의미한 변화는 없는 것이다.

그러나 만약 회귀분석 결과가 〈그림 11-06〉의 우측과 같이 나타난다면, 실험군의 결과값 회귀분석 그래프와 비교군의 결과값 회귀분석 그래프의 절편과 기울기에 임계값을 기준으로 차이가 있으므로 개입으로 인한 변화가 발생했음을 추정할 수 있다. 임계값을 기점으로 한 회귀분석그래프의 불연속성 에서 이 분석법의 이름이 지어졌다. 실험군의 회귀분석 그래프 기울기가 비교군보다 높다는 것은 실험군의 향상도가 더 높다는 것을 나타내므로 개입이 점수를 향상시키는 데 기여했다고 볼 수 있다.

<그림 11-06> 회귀불연속기획법

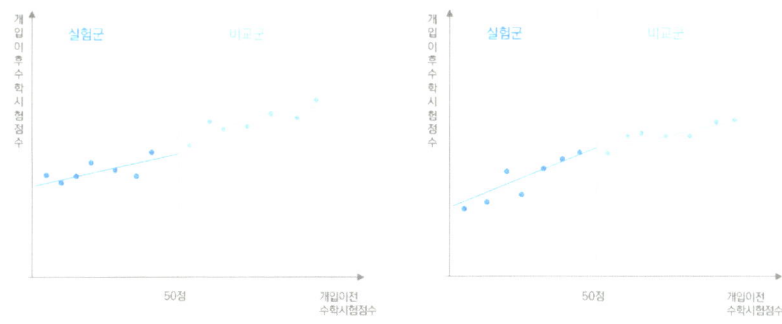

  RDD는 다른 준실험설계법들과 동일하게 비교군을 추가하거나, 개입을 추가하는 등의 방식으로 설계를 강화할 수 있다. 또한, RDD는 다른 준실험설계법보다 더 신뢰도 높은 결과를 도출할 수 있다는 장점이 있다. 그러나 다른 준실험설계법보다 실행이 상대적으로 어렵다는 단점도 있다. 따라서 RDD보다 RCT를 선호하기도 한다. 그러나 비동등집단설계법이 유효성에 대한 위협을 제거하지 못할 때 또는 RCT를 사용하기 어려울 때 대안적으로 사용이 가능하다.

5. 이중차분법

  이중차분법difference in difference은 실험군과 비교군 사이 시간의 흐름에 따른 성과의 변화를 비교한다. 만약, 도로개보수사업을 수행하고 있고, 사업 목표 중 하나는 시장 접근권 개선이며 성과 지표가 취업률 개선이라고 가정하자. 전후비교법을 사용하여, 사업 시작 전후의 취업률만 단순히 비교한다면, 외부 효과로 인한 영향과 실제 개입의 영향을 분리하여 알기 어렵다. 개보수사업 대상 지역과 아닌 지역만 비교하는 방법도 여전히 외부 효과에서 자유롭지 못하다.

그러나 전후비교법과 비동등집단설계법을 결합하여, 개입에 참여한 실험군의 사업 전후 상태와 개입에 참여하지 않은 비교군의 사업 전후 상태를 비교하면 보다 정확한 개입의 영향을 분석할 수 있다. 이때, 실험군에 대한 개입 전후 성과 비교(첫 번째 차이)를 통해 실험군에 영향을 미치는 요소들을 통제할 수 있다. 그리고 개입에 참여하지 않은 비교군에 대한 전후 성과 비교(두 번째 차이)를 통해, 시간의 흐름에 따른 외부 효과를 어느 정도 통제할 수 있다. 이제 첫 번째 차이와 두 번째 차이를 비교하면 보다 정확하게 개입의 영향을 확인하게 된다.

즉, 이중차분법이라는 명칭은 바로 두 개의 차이를 분석한다는 의미이다. 예시로 돌아가 보면, 도로개보수사업 대상 지역의 사업 전후 취업률 차이에서 비대상 지역의 사업 전후 취업률의 차이를 뺀 값이 도로 개보수사업의 실질적인 취업률에 대한 영향이 된다. 이중차분법에서 비교군과 대조군은 동질하지 않다. 분석의 정확성을 높이기 위해서는 비교군의 성과가 실험군에서 사업이 실시되지 않았다면 나타났을 성과와 가능한 유사할 수 있도록 비교군을 선정하는 것이 바람직하다. 〈그림 11-07〉은 이중차분법을 도식화하여 보여 준다.

<그림 11-07> 이중차분법

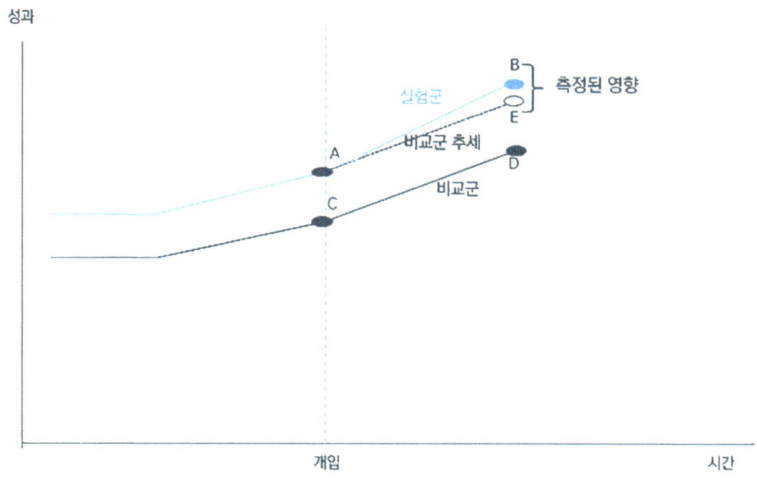

〈그림 11-07〉에서 세로 점선은 개입을 의미한다. 첫 번째 차이 즉, 실험군의 개입 전후 차이는 (B-A)이고, 두 번째 차이 즉, 비교군의 개입 전후 차이는 (D-C)이다. 따라서 〈그림 11-07〉에서 이중차분법으로 계산한 영향은 {(B-A)-(D-C)}가 된다. 이중차분법은 실험군과 비교군의 개입이후 성과를 비교하는 것이 아니라, 비교군과 실험군의 추세를 비교한다. 즉, 개입 이전의 성과를 개입 이후의 성과에서 차감함으로써, 비교군과 대조군이 가진 차이를 효과적으로 처리할 수 있도록 한다.

이중차분법은 개입 이후에 비교군과 실험군의 성과 경향 차이를 측정한다. 이를 위해, 〈그림 11-07〉이 보여 주듯 이중차분법은 비교군과 실험군의 성과가 유사한 경향으로 변화할 것이라고 가정한다. 따라서 만약 어떤 요소로 인해 이 경향성의 가정이 영향을 받는다면 이중차분법의 측정치는 유효하지 않을 것이다. 다시 말해, 비교군과 실험군 사이의 경향 차이에 영향을 주는 어떤 요소가 발생하고 이 요소가 통계적으로 적절하게 처리되지 않는다면 이중차분법의 분석 결과는 그로 인한 편향에서 자유로울 수 없다.

예를 들어, 비료 제공을 통한 농작물 생산성 증대 사업의 성과를 이중차분법을 통해 측정한다고 가정한다. 비료를 제공받은 실험군 쪽 농부의 개입 전후 농작물 생산량 변화와 그렇지 않은 비교군 쪽 농부의 개입 전후 농작물 생산량 변화를 비교하여 사업 성과를 측정할 수 있다. 그러나 만약 사업 초기에 실험군 쪽 농부가 위치한 지역만 홍수 피해를 받았다면, 이중차분법을 사용하여 산출된 결괏값은 사업 성과를 유효하게 반영했다고 말하기 어려울 것이다. 즉, 개입 도중에 실험군과 비교군 중 어느 한쪽에만 영향을 미치는 요소가 발생하고, 이 요소가 통계적으로 적절하게 처리되지 못한다면 이중차분법으로 측정된 개입의 영향은 유효하지 않거나 편향되었을 가능성을 갖는다는 점에 주의해야 한다.

준실험설계법으로 개발협력개입의 영향력을 측정하기 위해서는 개입이 없었을 경우와 개입이 초래한 결과를 비교 분석한다. 전후비교법이나 ITS기획법은 같은 집단에 대해서 서로 다른 시간에 따른 변화를 측정한다. 반면, 비동등집단설계법이나 RDD, 이중차분법은 서로 다른 집단 간의 변화를 비교한다. 어느 한 방법도 다른 방법보다 더 우수하다고 말할 수는 없으며, 각각 장단점을 갖고 있다. 평가팀은 다양한 상황, 유효성에 대한 다양한 위협들, 설계방법론의 특징 등을 고려하여 적합한 방법론을 선택해야 한다. 또한, 분석 결과를 기술할 때 분석에 사용한 가정과 방법론의 한계를 명확하게 기술하여, 분석의 결과가 오용되거나 남용되지 않도록 주의한다.

짚어 보기

이 장에서 설명한 준실험설계법들의 특징을 설명해 본다.

생각해 볼 문제

10장과 11장에서 논의된 영향평가 방법들의 장단점에 대해 논의해 본다.

제12장
인도주의활동평가

 개발협력에서 인도주의활동은 독특한 위치를 차지한다. 인도주의활동과 개발협력활동을 연계하려는 노력이 강화되고 있지만, 인도주의활동과 개발협력사업은 서로 다른 특성을 갖는 것이 사실이다. OECD에서도 인도주의활동평가에 대해 별도의 가이드라인을 수립하고 있다. 한편, 기후 위기가 심화되고 각종 분쟁이 끊이지 않으면서, 인도주의활동에 대한 수요는 나날이 증가하고 있으며, 그 범위와 형태가 점차 다변화되고 있다. 따라서 다양한 인도주의활동을 조사하고 교훈을 도출하여 또 다른 위기를 예방하고, 위기에 더 적절하게 대응할 수 있도록 하는 평가가 필요하다. 그러나 인도주의활동은 개발협력사업보다 불확실성이 높으며, 위험한 상황에서 수행되는 경우가 많으므로 평가와 모니터링에 더 많은 어려움이 수반된다. 이 장에서는 인도주의활동 관련 주요 개념의 의미를 살펴보고, 인도주의활동평가의 특징과 방법을 확인한다. 마지막으로 인도주의활동평가에서 유의할 사항들을 점검한다.

1. 주요 개념

정의

인도주의활동humanitarian action은 분쟁, 무장 갈등, 지진이나 홍수, 가뭄 등의 자연 재난, 또는 감염병에 의한 보건 위기 등의 다양한 이유와 원인으로 촉발된 인도주의적 위기 상황에 대응하는 활동을 의미한다. 인도주의 위기의 증대로 인해 점점 더 인도주의활동과 개발협력사업 사이의 경계가 모호해지고 있지만, 전통적으로 인도주의활동은 개발협력사업과는 차이가 있다. 인도주의활동은 주로 위기 이후 단기의 즉각적인 수요에 대한 대응을 제공한다. 따라서 인도주의활동은 주로 생명을 구하고 재건rebuild을 지원하는 데 집중한다. 한편, 개발협력사업은 보다 장기적이고 구조적인 개발 문제에 대응하여, 빈곤을 완화하고 사회경제체제의 구조적인 변화를 추진한다.

인도주의활동의 정의는 다양하지만, 선한인도주의공여이니셔티브 Good Humanitarian Donorship initiative: GHD initiative[10]에 따르면, 인도주의활동은 자연재해나 그 이후의 위기 상황에서 생명을 구하고, 고통을 줄이며 인간의 존엄성을 유지하며, 이러한 상황의 발생을 예방하고 이에 대비한 대응태세를 강화하는 것을 목적으로 한다.

---

10) GHD initiative는 GHD 원칙과 활동을 촉진하는 공여기관들의 비공식 포럼이며 인도주의원조 이니셔티브이다. 2003년 이후 17개 공여국이 선한인도주의공여원칙과모범사례Principles and Good Practice of Good Humanitarian Donorship를 지지했으며, 현재 42개 회원을 보유하고 있다.

인도주의활동 상황이 변화함에 따라 인도주의활동의 범위도 점차 확대되어 기존의 단순한 인명 구조에서 생계 보장 활동도 포함하게 되었다. 이제, 인도주의활동은 지원 과 보호 를 모두 포함한다. 재난 상황에서 보호는 관련 법규에 의거하여 개인의 권리를 완전히 유지하도록 하는 모든 활동으로 정의된다. 시민 보호는 물론 정부의 의무지만, 재난 상황에서 정부의 역할만으로는 한계를 갖게 된다. 유엔 기구들과 국제적십자위원회 등 인도주의 지원에 전문성을 갖춘 국제기구들은 재난 상황에서 다수의 경우에 시민 보호의 역할을 분담하는 것이 사실이다.

인도주의활동은 또한 발생한 재난에 대한 대응, 재난 발생 전 재난위험경감 과 준비 지원, 재난 발생 후 회복과 재활 관련 사항을 모두 포함한다. 재난에 대비하는 이러한 활동들은 인도주의활동이 아닌 개발협력사업이라는 주장도 있다. 예방과 대응 활동이 인도주의활동과 개발협력사업 사이에 존재하며 명확히 구분하기 어려운 것이 사실이다. 그러나 재난 발생 직후 회복 요구에 대한 신속 대응의 중요성이 점차 강조되고 있다. 사실 분쟁 등 지속되는 재난과 위기 상황에서 긴급 상황이 종료되고 회복이 시작되는 분명한 시점이 정확히 나타나지 않으며, 인도주의활동과 개발협력사업이 모두 다 동시에 필요한 경우가 많다.

따라서 다른 모든 평가도 그렇듯 인도주의활동평가에서는 평가 범위와 대상을 명확히 하는 것이 중요하다. 평가가 집중하고자 하는 것은 무엇인가? 평가자가 집중하고자 하는 단계는 긴급 대응 초기인가 후기 단계인가? 재난 대비 상황도 평가에 포함할 것인가? 회복이나 재활 지원도 포함할 것인가? 인도주의활동의 범위와 종류가 방대하므로 평가의 범위를 가능한 집중하여 평가 결과 활용도를 높이도록 한다.

원칙

인도주의활동은 인류애humanity, 공정성impartiality, 중립성neutrality, 독립성independence의 네 가지 원칙(아래 〈상자 12-01〉 참조)에 따라 수행되며, 이 원칙들이 인도주의활동을 다른 정치적 군사적 행위자들에 의해 수행되는 활동과 구분하는 준거가 된다. 또한, 인도주의활동은 이 원칙들에 따라서 현장의 관련 행위자들의 승인을 받게 된다. 인도주의활동원칙은 인도주의활동평가의 중요한 시작 지점이자 지침이 된다.

〈상자 12-01〉 인도주의활동 원칙

▷ 인류애: 인간의 고통이 목격된 경우 반드시 대응 조치를 취해야 한다. 인도주의활동의 목적은 생명과 건강을 보호하고 인간에 대한 존중을 보장하는 것이다.
▷ 중립성: 인도주의활동은 정치적, 인종적, 종교적, 이데올로기적 성격의 분쟁에 관여하거나 어느 한쪽을 적대시해서는 안 된다.
▷ 공정성: 인도주의활동은 필요에 의해서만 수행되어야 하며, 국적, 인종, 젠더, 종교적 믿음, 계급, 정치적 견해를 기초로 차이를 두지 않으며, 가장 긴급한 상황에 우선순위를 두어야 한다.
▷ 독립성: 인도주의활동은 활동이 수행되는 지역에 관련된 어떤 행위자의 정치적, 경제적, 군사적 또는 기타 다른 목적들로부터 자율성을 가져야 한다.

출처: OCHA, 2012:2.

인도주의활동 기관들은 또한 "피해를 끼치지 않는다Do No Harm: DNH."의 원칙을 준수한다. 여기서 피해는 폭력이나 권리의 남용뿐만 아니라 물리적 위험을 포함한다. 이 원칙은 인도주의 현장 보호 원칙에 "당신의 행동의 결과로 사람들이 더 큰 피해에 노출되지 않도록 한다."라는 문구로 나타난다. 실제 DNH 원칙은 인도주의활동을 필요로 하는 대상에 대한 개입의 부작용을 최소화하거나 회피하는 수단으로 사용된다. 따라서 인도주의활동평가를 기획하고 수행할 때에도 〈상자 12-01〉의 네 가지 원칙뿐만 아니라 DNH 원칙을 적용하는 것이 필요하다.

인도주의활동평가

인도주의활동평가의 정의는 OECD DAC의 개발협력평가 정의에 기초한다. 따라서 인도주의활동평가는 인도주의 행위, 정책, 프로그램의 중요성과 가치를 결정하기 위한 인도주의활동에 대한 체계적이고 목적성을 갖는 조사를 의미하며, 책무성을 증진하고 정책과 집행을 개선하기 위한 교훈을 도출한다.[11] 일반적으로 인도주의활동평가는 원조 사업 평가와 동일하게 수행되지만, 몇 가지 특징을 갖는다.

우선, 평가대상 사업수행기관이 내부평가 방식으로 직접 평가를 수행하거나 외부평가를 수행하더라도 함께 평가를 주관하는 경우가 많다. 즉, 피평가기관 내부 직원과 외부평가팀이 함께 평가를 수행하는 경우가 많다. 또한, 인도주의활동평가는 OECD DAC의 인도주의 지원 평가 기준에 따라 실시하고 결론 및 제언을 도출한다. 다만, 〈상자 12-02〉가 보여 주듯 OECD DAC의 인도주의 지원 평가 기준은 인도

---

11) The systematic and objective examination of humanitarian action, to determine the worth or significance of an activity, policy or programme, intended to draw lessons to improve policy and practice and enhance accountability (ALNAP, 2016: 27).

주의활동의 특성에 따라 기존 평가 기준의 해석을 약간 달리하고, 연계성connectedness, 적용범위coverage 등의 평가 항목을 추가했다. 따라서 인도주의활동평가를 기획할 때 평가대상이 되는 인도주의활동의 특성과 평가 시기, 목적을 고려하여 〈상자 12-02〉의 평가 기준을 적절하게 준용한다.

〈상자 12-02〉 인도주의 지원 평가 기준

- ▷ 효율성efficiency: 투입 대비 산출물을 측정한다.
- ▷ 효과성effectiveness: 시의적절성timeliness 및 조정 능력coordination. 단, 분쟁 또는 치안 불안 상황의 경우 보호protection 항목을 강조한다.
- ▷ 영향력impact: 개입이 개인, 성별 및 세대별 집단, 마을 제도 등에 끼친 사회, 경제, 기술, 환경적인 측면에서 포괄적인 영향을 측정한다.
- ▷ 적절성relevance/적합성appropriateness: 최근 인도주의활동평가에서는 적절성 항목을 적합성이 대체하고 있다. 이는 지역 수요, 주인 의식 중요성 강조, 책임성, 비용 효과성 측면 부합도를 평가하는 것이다. 적절성이 프로그램 목적/목표purpose/goal 측면을 강조하는 것이라면, 적합성은 활동activities과 투입input 측면에 보다 초점을 맞추고 있다.
- ▷ 지속가능성sustainability/연계성connectedness: 인도주의활동은 지속가능성을 고려하여 시행되지는 않는다. 그러나 사업 수행 시 정확하고 즉각적 수요에 부합되는지, 보다 장기적인 측면을 고려하고 있는지에 대해 평가할 필요는 있다. 연계성은 이런 측면에서 단기적인 인도주의개입이 장기적이고 상호 연계된 문제를 고려하여 수행되고 있음을 보장할 필요성이 있음을 내포하는 평가 항목이다. 즉, 단기 긴급 구호가 이후의 재건 및 개발 활동과 연계되는지를 주로 평가한다.
- ▷ 적용 범위coverage: 삶의 위협 등으로 고통받고 있는 주요 집단들에 영향력을 미치고 있는지를 평가한다.
- ▷ 일관성coherence: 안보, 개발, 무역 및 군사 정책뿐 아니라 인도주의적 정책을 평가할 필요성, 그 정책 간에 일관성이 있으며 특히 모든 정책이 인도주의 및 인권에 대한 배려를 고려하고 있다는 것을 보장하고 있는지를 평가한다.

출처: OECD DAC, 1999.

2. 모니터링과 평가 주기

인도주의활동평가는 일반적으로 인도주의 긴급 대응 주기상의 주요 시점에서 일회성으로 수행되어 향후 대응 방안 예측과 현재 상황 분석을 위한 정보를 제공한다. 다르푸르(Darfur)나 아이티(Haiti) 지원 경우에서처럼 각 주기별로 평가가 연속적으로 기획될 수도 있다. 그러나 대부분의 경우, 인도주의활동평가는 일회성으로 실시되며, 활동이 진행 중인 경우 인도주의활동과 병행하여 실시될 수도 있다.

모니터링은 반대로 인도주의활동 집행 단계에서 여러 번에 걸쳐 지속적으로 수행된다. OECD DAC(2002)는 인도주의 개입에서 모니터링을 관리자와 주요 이해관계자에게 진행 중인 인도주의 개입의 진척 정도, 목적 달성도, 예산 집행률 등과 관련된 정보를 제공하기 위해 특정 지표에 대해 체계적으로 수집된 데이터를 활용하는 지속적인 기능으로 정의한다. 인도주의활동평가가 가능하기 위해서는 모니터링 데이터가 필수적이다. 인도주의활동 시작 단계부터 적절한 모니터링이 이루어지지 않았다면 평가 또한 성공적으로 이루어지기 어렵다.

일반적으로 개입을 수행하는 기관이나 단체가 모니터링도 병행하여 수행한다. 예를 들어, 식량 구호를 실시한 기관은 제공된 식량의 양과 식량을 제공 받은 인원의 숫자에 대한 기록과 같은 집행데이터를 관리한다. 인도주의활동 모니터링도 개발협력개입의 모니터링과 동일하게 투입부터 산출까지의 과정에 집중한다. 현금 제공 프로그램과 같은 일부 경우에서는 제공된 현금의 사용처와 같은 단기성과 데이터를 측정할 수도 있으나, 대부분의 경우, 모니터링은 계획 대비의 투입, 활동, 산출물의 진척도를 측정하는 데 집중한다. 인도주의활동 모니터링은 평가와 마찬가지로 많은 제약과 어려움을 갖는다.

긴급 대응은 위기 상황 발생으로 시작한다. 위기 상황이 발생하면 분석과 함께 대응 계획이 수립되고 계획에 따라 개입을 집행한다. 단, 개발협력사업 평가와 달리 인도주의활동의 경우, 대응 과정에서 동시에 모니터링과 평가를 수행한다. 개발협력개입과 달리 인도주의활동은 정확한 종료 시점을 확인하기 어려운 경우가 많기 때문에 평가는 각 인도주의활동의 특성을 반영하여 실시된다. 평가와 모니터링은 대응 집행과 함께 동시다발적으로 이루어지는 경우가 많으며, 모니터링과 평가의 결과가 즉시 분석이나 대응 계획 또는 집행 방식의 수정으로 이어진다. 인도주의활동에서 모니터링과 평가는 인도주의활동이 직면하게 되는 복잡한 어려움들과 동일한 과제에 마주한다. 따라서 인도주의활동평가는 일반적인 개발협력평가와는 다른 방식으로 수행되는 경우가 많으며, 평가 추진에서 더 많은 사항을 고려하고 주의해야 한다.

3. 실시간평가와 공동평가

실시간평가의 의미

실시간평가real-time evaluation와 공동평가joint evaluation는 인도주의활동평가에서 많이 활용되는 평가 방식이다. 실시간평가는 인도주의활동 진행 과정에서 실시간으로 참여적 방식으로 특정 평가 목적에 대한 피드백을 즉각 제공하기 위해 수행된다. '즉각'은 다음 주 활동에 영향을 주기 위해 이번 주 활동을 살펴보고 주말까지 결과보고서를 제출하는 경우도 있다는 뜻이다.

실시간평가는 인도주의활동을 실시하는 기관과 상호 협력을 통해 수행된다는 점에서 참여적이라는 특성을 지닌다. 또한, 주로 활동 중간 시점에 초반에 수행된 활동 관련 주요 사항을 확인하거나 개선점을 즉시 도출하기 위해 사용된다. 인도주의활동 초기 단계에서 실시간평가를 수행하면 관리 초반 상황에 대한 즉각적인 피드백을 통해 이후 활동에서 위험을 줄이고 변화에 보다 유연하게 대응할 수 있다.

따라서 실시간평가는 일반적인 평가와 크게 두 가지 점에서 차이가 있다. 하나는 평가팀이 현장을 떠나기 전에 실시간평가결과보고를 인도주의활동팀에 제출한다는 시간상의 차이가 있다. 다른 하나는 실시간평가의 주요 활용자가 해외 본부, 지역별, 국별 사무소부터 인도주의활동 현장을 포함하여 인도주의활동을 관리하고 수행하는 다양한 기관 직원을 포괄한다는 점이다.

실시간평가는 시작과 끝을 알기 어렵고 예측 불가하게 변화하는 상황 속에서, 구호, 보호, 재건, 예방 활동이 동시다발적으로 진행되는 인도주의활동의 특징을 반영하여, 인도주의활동과 동시에 실시간으로 수행하는 평가이다. 따라서 실시간평가의 목적은 주로 학습이다. 정책이나 결정이 집행되는 동시에 평가가 이루어지므로, 빠른 대응을 위해 성급한 결정이 이루어졌을 경우, 실시간평가를 통해 이를 확인하고 신속하게 수정할 수 있다. 또한, 실시간평가는 인도주의활동 수행자와 평가자 간의 상호 대화와 교류를 촉진하여 행정 낭비나 비효율적 관료주의를 우회할 수 있다. 다양한 인도주의 상황에서 경험을 쌓은 평가팀이라면 여러 사례를 비교 분석하여 기획 단계나 집행 중에 생각하지 못한 관점을 제시하고, 인도주의활동의 효과성을 제고할 수 있다.

실시간평가 수행

실시간평가 또한 일반적인 평가와 동일하게 기획-수행-종료의 세 단계에 걸쳐 수행된다. 다만 즉시 교훈을 얻을 수 있게 평가 목적을 매우 구체적으로 제한하고 신속하게 실시한다. 실시간평가를 기획하기 위해 우선 평가의뢰기관은 평가 관련 배경 정보를 수집한다. 평가대상 관련 재난이나 위기 상황의 주요 사실과 평가대상이 되는 인도주의활동의 성격 등을 간략하게 정리한다. 그 뒤 평가대상 관련 기관들의 각기 다른 이해관계자가 평가를 통해 얻고자 하는 바와 이후 평가활용도를 고려하여 평가 세부 목적을 구체화하고 TOR을 수립한다. 평가의뢰기관은 이제 평가 일정과 예산을 수립하고 평가팀을 확정한다.

이제, 평가팀은 평가 목적과 관련된 평가 기준을 정하고, 평가 질문을 선정한다. 실시간평가에서는 적기성과 긴급성이 가장 중요하다. 따라서 총 평가 질문이 25개를 넘지 않도록 하며, 1-2개의 평가 기준에 집중한다. 평가 기준은 〈상자 12-02〉에서 서술한 OECD DAC의 기준을 활용할 수도 있고, 평가 목적과 관련된 특정된 새로운 기준을 수립할 수도 있다. 평가 기준과 질문까지 완성하면 평가팀은 조사방법론을 결정한다. 실시간평가에서 가장 많이 쓰이는 방법은 반구조화된 핵심정보원인터뷰semi-structured key informant interview 또는 포커스그룹이다. 정량데이터 조사와 분석은 시간과 자원을 고려할 때 거의 활용되지 않는다. 구체적인 방법론이 수립되면 조사 일정과 투입 인력별 업무 분장, 예산을 확정하고, 평가수행계획서를 제출하여 평가의뢰기관의 승인을 받고, 현지 조사를 실시한다.

실시간평가에서 현지 조사는 주로 2차에 걸쳐 실시한다. 약 1주에서 10일 이내로 1차 현지 조사를 실시하고, 결과를 평가의뢰기관과 간략하게 공유한 후, 2차 조사를 수행하고 평가결과보고서를 현장에서 완성하여 제출한다. 2차 조사의 경우도 일반적으로 2주를 넘지 않으며 만약 현장에서 완성된 평가결과보고서 제출이 어렵다면 초안이라도 제출한다. 이후, 평가팀은 의뢰 기관의 지역 사무소, 본부 등 현장 인력이 아닌 이해관계자에게 보고회 등을 통해 평가결과보고서를 공유하고 평가를 종료한다.

실시간평가결과보고서는 그 목적에 부합하도록 즉각적이며, 유용하며, 구체적이고, 현실적인 제언을 담도록 한다. 또한 평가팀은 지나치게 많은 제언을 담지 않도록 주의한다. 평가 결과가 반드시 제언을 담고 있어야 하는 것은 아니다. 실시간평가의 긴급성과 적기성을 고려할 때, 평가팀이 현장에서 발견한 사실과 결론만을 제시하고, 그로부터 이해관계자가 제언을 직접 개발하도록 하는 것도 고려할 수 있다. 다만, 평가의뢰기관과 원활한 의사소통을 통해 사전에 결론과 제언의 도출

방식에 합의하는 것이 바람직하다.

실시간평가팀은 많은 경험과 전문성을 보유하고 있어야 한다. 특히 평가대상 지역이나 유사한 환경에서 인도주의활동평가를 실시한 경험이 있는 평가팀이 평가를 수행하는 것이 바람직하다. 실시간평가는 주로 4-6주 이내로 1-2인의 현장투입만으로 실시되는 경우가 많으므로, 이전에 효율적으로 평가를 수행한 경험을 보유한 팀을 선정하는 것이 바람직하다. 인도주의활동은 긴박하고 복잡한 상황 속에서 집행되며, 수행 인력들이 과중한 스트레스에 시달리는 경우가 많다. 실시간평가를 수행할 때는 인도주의상황의 어려움을 이해하고 효율적으로 평가를 추진하여, 평가가 활동 수행 인력에게 또 다른 업무 부담이 되지 않도록 주의한다.

공동평가

인도주의활동은 여러 기관들이 공동 수행하는 경우가 많으므로 인도주의활동평가는 공동평가 형식으로 수행되는 경우가 빈번하다. 공동평가를 통해 다양한 기관이 성과에 합의된 이해를 갖게 될 수 있다. 또한, 평가는 기관별로 학습을 촉진할 수 있다. 또한 공동평가는 참여 기관 간의 커뮤니케이션과 상호 관계에 대한 제언을 제시할 수 있다. 실시간평가와 달리 공동평가는 학습뿐 아니라 책무성도 평가 목적으로 채택이 가능하다. 다만, 인도주의활동에 대한 공동평가는 학습을 목적으로 하는 경우가 더 많다.

공동평가는 전략이나 정책 준위의 거시적 관점의 평가가 가능하며, 인도주의활동 참여 기관을 포괄하여 공동의 영향력에 대한 이해와 측정이 가능하다. 또한, 단일 평가보다 예산이 여유로운 경우가 많아 피해자 집단이나 더 많은 이해관계자에 대한 조사가 가능하다. 기관을 아우르는 평가 결과는 다양하게 활용될 가능성이 더 크며, 개별 기관이 단일 평가를 각각 수행할 때, 보다 예산과 행정 처리의 효율성이 높다는 장점이 있다.

다만, 공동평가 역시 여러 기관의 이해관계를 조절하고 다양한 정치적, 기술적 상관관계를 조정하는 역량이 필요하다. 특히, 평가팀 리더의 대인 협상력과 평가팀원들의 전문 역량이 중요하다. 공동평가는 다양한 기관의 서로 다른 행정 절차나 규정을 포괄하기 때문에 TOR을 수립하고 평가를 기획할 때까지 시간이 오래 걸리는 경우가 많다는 점에 주의한다.

4. 주의 사항

인도주의활동평가는 개발협력평가가 갖는 일반적인 어려움과 동일한 어려움을 갖는다. 다만 인도주의활동의 특성과 대상에 따라 이 어려움은 더 심화되기도 한다. 이 절에서는 인도주의활동의 특징으로 평가 수행 과정에서 겪을 수 있는 추가적인 어려움과 대응 방안을 고찰해 보고자 한다. 인도주의활동평가팀은 평가 시작 단계부터 자신들이 직면한 제약 조건과 위험을 분석하고 대응 방안을 수립하는 것이 바람직하다. 또한, 인도주의활동평가 결과보고서는 평가 과정에서 경험한 제약과 대응 과정, 결과를 함께 서술하여 이후 다른 평가와 인도주의 활동 기획에서 참고할 수 있도록 한다.

위급 상황의 긴급성과 혼돈

긴급한 인도주의 대응이라는 단어는 종종 문자 그대로 매우 극단적인 상황 속에서 신속한 계획 수립 및 집행을 의미한다. 평가 기획과 모니터링을 위해 활용할 수 있는 문서가 아예 존재하지 않을 수 있다. 인도주의활동 목적 자체도 불분명하거나, 상황이 급변하면서 초기 계획은 빠르게 그 의미를 잃게 될 수도 있다. 이런 상황에서 평가팀이 평가의 시작점을 찾기란 매우 어렵다. 이런 경우, 평가팀은 평가대상이 되는 위기와 그에 대응하는 인도주의활동들에 대한 연대기 또는 일지를 구성하여 평가지점을 찾는 것도 하나의 방법이 될 수 있다. 인도주의 활동 수행 기관 인력과 인터뷰를 수행하여 모호하거나 암묵적이던 개입의 목적을 확인할 수도 있을 것이다.

분쟁 환경에 대한 접근 제약

대상 지역과 피해 집단에 대한 접근 문제는 인도주의활동평가에서 가장 빈번하게 나타나는 어려움 중 하나이다. 분쟁 상황에서 안전 문제는 평가팀의 현장 접근 자체를 어렵게 할 수도 있다. 이런 경우, 평가팀은 우선 평가가 꼭 필요한지부터 판단해야 한다. 분쟁의 위험이 있더라도 식량 원조를 수행하는 것은 감수해야 할 위험 대비 활동 수행의 타당성이 있을 수 있다. 그러나 평가 데이터를 수집하기 위해 위험 지역을 방문하는 것은 같은 의미를 가질 수는 없을 것이다. 우선, 평가 관련 인력의 안전성, 위험 지역에서 평가 수행에 필요한 비용, 위험 지역 주민들이 평가에 참여함으로써 갖게 될지 모르는 위험성과 같은 평가 관련 다양한 위험성에 대해 분석을 수행하여, 평가 수행의 필요성과 적절성을 확인한다. 한편, 현지 조사 이외 데이터 수집 방법이나 평가 수행 방법을 모색한다.

평가팀이 활용할 수 있는 방법 중 하나는 원격으로 평가를 수행하는 것이다. 예를 들어, 현지 인력을 고용하여 평가 관련 훈련을 실시하고, 현지 인력을 통해 피해 주민과 인터뷰, 설문 조사와 같은 면담 조사를 실시할 수 있다. 가능한 경우, 녹음이나 녹화를 통해 현지 조사 결과를 간접적으로 확인할 수도 있다. 그러나 분쟁의 장기화 등으로 현지 인력 또한 접근이 불가능한 경우는 이 방법도 사용이 어려울 수 있다.

문자, 휴대전화, 인터넷 등을 활용하여 설문 조사를 실시하거나, 트위터 등의 소셜미디어 정보를 활용한 크라우드소싱데이터를 활용할 수도 있다. 피해 주민이 피해 지역을 떠나 평가팀의 조사가 가능한 시장이나 도시 지역으로 나왔을 때 조사를 실시할 수도 있다. 그러나 이러한 조사는 모두 편향의 문제가 있다. 휴대전화, 인터넷 기반 조사는 모두 서비스를 사용할 수 있는 사람만을 대상으로 한다는 편향이 있다. 크라우드소싱데이터 역시 트위터 등의 소셜미디어를 사용하는 문해력이 있고, 서비스 접근성을 갖춘 주민만을 대상으로 한다는 편향성이 있다. 한편, 시장에 올 수 있는 주민은 대부분 남자 성인일 가능성이 높다는 편향의 문제가 있다.

따라서 평가결과보고서를 작성할 경우, 평가팀은 평가 수행 과정에서 평가팀이 직면했던 한계와 제약 조건을 명확하게 서술하여 평가 결과의 지나친 일반화의 오류를 경계한다. 가능한 경우, 삼각측량법을 활용하여 원격으로 얻은 정보를 다른 정보들과 비교하고 확인하는 것이 바람직하다. 만약, 여러 제약으로 인해 평가 결과나 제언을 확증할 수 없다면 그 사실을 그대로 평가결과보고서에 적시하고, 추가 조사나 데이터 수집을 제안할 수도 있을 것이다.

파괴된 인프라만 남은 외진 지역에서의 인도주의 위기

인도주의 위기가 외진 지역이나 인프라가 파괴된 지역에서 발생하는 경우, 지역에 대한 접근 자체가 어려울 수 있다. 이런 경우, 현재 상황을 잘 알고 있는 관계자를 섭외하고, 이동 시간과 접근 제약 조건 등을 고려하여 주의 깊게 현지 조사 계획을 수립하는 것이 중요하다. 또는 현지 파트너 기관과 평가팀이 마련한 현지 조사 계획을 공유하고, 긴밀한 의사소통을 통해 현지 상황을 반영한 조사 계획을 수립할 수도 있다. 계획 수립 시에 위기 대응 시간을 고려하여 일정 계획을 수립한다.

피해 집단의 시간 제약

생존이 위협을 받을 수도 있는 피해 집단이 평가를 위해 시간을 내는 것은 거의 불가능하다. 따라서 포커스그룹과 같은 장시간이 소요되는 평가 기법을 피하고 피해 집단이 배급이나 이동을 기다리는 시간 등을 활용하여 상담이나 직접 관찰을 실시한다. 평가자는 평가 기획 단계부터 시간 제약 상황을 고려하여야 한다. 필요한 경우, 평가 시점을 피해 집단이 안정화된 이후로 조정한다.

데이터 미비

위기 상황에서 기존 데이터는 파괴되었거나 또는 위기로 인한 상황 변화로 더 이상 유의미한 관련성이 없게 되었을 수도 있다. 예를 들어, 기후 위기로 지역 인구가 다른 지역으로 대규모로 이주하였다면, 기존의 데이터는 큰 의미를 갖기는 어렵다. 이런 경우, 해당 지역의 핵심정보원 또는 피해 주민 인터뷰를 통해 위기로 인한 변화와 관련된 상황을 파악할 수 있다.

인도주의활동의 경우, 특히 피해 주민의 의견과 관점이 평가에 중요한 정보가 될 수 있다. 설문 조사를 수행할 수 있는 경우, 질문지에 위기의 영향과 변화와 관련된 의견에 대한 설문을 포함하여 데이터를 구할 수도 있다. 다만 피해 주민을 대상으로 조사를 수행할 때는 인도주의 상황에 따라 그 파급 효과와 주민에게 미칠 영향을 고려해야 한다. 예를 들어, 피해 주민이 폭력의 표적이 되거나 폭력 피해의 대상이 될 위험이 큰 경우에는 그들의 안전이 확보될 때까지는 인터뷰나 조사를 수행하지 않는다. 피해 지역에서 권력을 차지한 집단이 조사 과정을 통제하려 할 수도 있다. 따라서 정치 집단들의 권력 관계를 파악하고, 주변화marginalized되거나 권력이 없는 집단에 대한 조사를 병행하여 수행하는 방법을 고려한다.

피해 주민이 피해로 인해 트라우마trauma를 보이는 경우도 주의해야 한다. 고통스러운 기억을 다시 떠올리게 하여 상태를 악화시키지 않도록 주의한다. 민감한 질문을 피하고 조사보다는 도움을 줄 수 있는 서비스를 먼저 제공하는 것이 윤리적으로 바람직할 것이다. 위기 상황으로 피해자 집단 내의 신뢰 관계에 부정적인 영향이 있었는지 먼저 확인하고, 집단의 신망을 받는 주민들에게 평가에 대해 투명하게 설명하고 동의를 구하는 절차를 먼저 진행하는 것도 좋은 방법이 될 수 있다.

인도주의활동 인력이 겪는 어려움

인도주의활동 인력들은 스트레스가 높은 환경에서 업무를 수행한다. 긴장된 상태에서 과중한 업무에 시달리는 인력들이 평가 인터뷰에 시간을 할애하는 것은 우선순위가 매우 낮은 업무이다. 특히 위기 대응 초기에 모든 것이 혼란스러운 상태에서 평가를 실시하게 되면 활동 인력들의 평가참여 의지는 더욱 낮을 것이다. 따라서 평가자는 활동 인력이 직면하고 있는 압력과 스트레스에 주의하며, 그들과 교류할 방법을 모색한다. 예를 들어, 짧은 반추학습reflective-learning 활동은 적절히 추진하면 높은 성과를 낼 수도 있다. 활동 인력들에게 인도주의활동에 대해 알고 싶은 사실들을 확인하고, 활동인력이 속한 기관의 업무 방식에서 필요한 개선 사항을 문의하는 방식으로 인터뷰를 수행한다.

한편, 인도주의활동 인력 간의 불분명한 업무 분장과 책임 관계는 책무성 분석과 개입 영향 분석을 위한 인과 관계 확인에 걸림돌이 된다. 특히, 많은 인력이 투입되는 대규모 위기 상황에서는 이런 어려움은 더 고조된다. 이런 경우, 평가자는 귀인 분석attribution analysis 보다는 기여도

분석(contribution analysis)에 집중한다. 아울러, 특정 한두 개 기관의 영향을 인위적으로 분리하여 분석하기보다는 국제 사회의 인도주의 대응 전체 또는 주요 기관들의 종합적인 영향을 탐색한다.

빈번한 인력 이동

인도주의활동 인력은 매우 높은 이직률을 가지며 특히, 외국 국적 인력들의 교체율은 더욱 높다. 이러한 상황에서 평가자는 핵심정보원을 찾기 어려울 수 있다. 평가자는 인력 명단을 확인하고 이전 근무자나 부재 근무자들과 이메일이나 온라인으로 인터뷰를 수행할 수 있다. 온라인 설문 조사를 실시하는 것도 고려해 볼 수 있다. 한편, 상대적으로 이직률이 낮은 현지 국적의 인력을 최대한 활용할 수도 있다. 그러나 이 경우에는, 통역이나 번역을 위한 별도의 준비가 필요하다.

믿을 수 있고 유능한 통역사를 찾는 것은 매우 어렵지만 현지 조사의 성패를 가를 정도로 중요한 부분이다. 가능한 최상의 실력을 갖춘 통역사를 구하기 위해 노력한다. 좋은 통역사는 현지 상황에 대한 정보와 문맥을 전달하며 현지 조사를 더욱 풍성하게 할 수도 있지만, 그렇지 않은 경우 현지 조사가 난항에 빠질 수도 있다. 특히, 분쟁과 위기 상황인 경우는 어려움은 더하다. 개입을 평가할 때, 관련 기관을 통해 상대적으로 쉽게 통역이나 번역 서비스를 구하는 경우가 빈번하게 발생한다. 그러나 이해관계 충돌을 피하고 서비스 신뢰도를 높이기 위해 가능한 경우, 독립적인 통, 번역 전문가를 구하는 것이 바람직하다. 독립적 통, 번역 전문가를 구하기 어려운 경우, 통역이나 번역의 정확성을 교차 확인하는 방법을 사용한다.

관점의 극단화와 신뢰의 붕괴

분쟁은 종종 서로 다른 관점을 더 강화한다. 한편, 관점의 차이가 위기를 촉발할 수도 있다. 갈등이나 인도주의 위기가 정치화되고 광범위한 트라우마, 공포, 학대가 발생한 경우, 신뢰는 무너지고 정확한 정보를 얻기는 어려울 것이다. 이런 경우 객관적인 평가를 수행하기는 더욱 어려워진다. 따라서 트라우마와 공포에 민감한 피해 집단에 대해 데이터를 수집할 때는 이를 주의하여 준비하도록 한다.

평가자는 갈등의 시작 지점을 분석하고 가능한 다양한 관점을 수집한다. 특히, 분쟁이나 갈등 관련 서로 다른 입장을 갖는 다양한 집단에 대한 자료 수집과 분석을 강화하고, 평가결과보고서에 이러한 상대되는 의견이 모두 서술될 수 있도록 한다. 극단적인 관점이 대립하는 상황에서 평가의 독립성을 보장하기는 더욱 어려울 것이다. 만약 평가의 독립성이 저해되는 부분이 있다고 판단된다면, 이에 대한 분석과 함의도 평가결과보고서에 가감 없이 기술한다.

젠더 고려 필요성

인도주의활동평가에서도 젠더(gender)를 고려하는 것이 필요하다. 조사팀을 남녀 동수로 구성하고, 여성이나 소녀를 대상으로 한 인터뷰는 여성이 진행과 통역을 수행하도록 한다. 또한 인터뷰 대상자나 정보원에 마을이나 집단을 잘 아는 여성을 포함하여 여성의 의견과 관점이 반영될 수 있도록 한다. 예를 들어, 시장의 주요 여성 상인, 간호사나 간호조무사, 여교사 등이 조사 대상에 포함될 수 있다. 포커스그룹을 진행할 때도 여성이 절반이 되도록 구성한다. 단, 여성과 남성을 섞어서 토론을 진행할 경우, 남성이 토론을 주도하는 경향이 있다는 점을 고려하여 토론은 여성과 남성을 분리하여 진행하는 것이 바람직하다.

보호에 대한 평가의 어려움

인도주의활동 중 보호protection 활동은 그 개념 자체가 정확하게 정의되지 못하고 있다. 또한 보호는 정량화할 수 없으며, 반사실 증명도 어렵다. '보호 활동이 치안 상황을 20% 개선하였다.' 라거나 '보호 활동이 없었다면 사망률이 증가했을 것이다.'와 같은 문장은 모두 정확하게 확인하는 것이 불가능하다. 그렇지만 평가를 수행하는 것이 평가를 수행하지 않는 것보다는 유용할 것이다. 평가자는 상황에 따라서 엄정함과 신뢰도를 잃지 않고 평가를 수행하도록 주의한다.

실험적 접근법 활용 제약

'만약 가뭄 피해 인구가 식량 원조를 받지 않았다면, 많은 인구가 사망하였을 것이다.'라는 가정은 반사실counterfactual이다. 실험적 접근법은 비교군과 실험군을 통해 반사실을 검증한다. 그러나 이 가정을 검증하기 위해 식량 원조를 제한한다면 이는 윤리적인 문제를 초래할 것이다. 따라서 인도주의활동평가에서 실험설계법이 활용되지 못하는 경우가 빈번하게 발생한다. 이런 경우, 윤리적으로 문제가 발생하지 않는 다른 평가 방법을 활용한다.

과도한 TOR과 한정된 자원

인도주의활동평가 TOR은 현지에서 실제 수행하기에는 비현실적으로 기획되었을 수도 있다. 예를 들어, TOR 상에서는 두 명이 일 년간 수행하기로 기획된 업무를 현지에서는 홀로 사 개월 간 수행해야 할 수도 있다. 따라서 평가자는 평가 기획 단계에서 초기 보고서에서 업무 범위를 명확히 하고, 그에 따라 시간과 예산을 조정하여 배분한다.

짚어 보기

1. 인도주의활동의 정의와 네 가지 원칙을 설명해 본다.
2. 인도주의활동평가의 주의 사항을 설명해 본다.

생각해 볼 문제

1. 인도주의활동평가의 제약 조건들을 고려할 때, 효과적으로 평가를 수행하기 위해 평가팀이 준비하거나 고려할 사항들을 논의한다.
2. 공동평가를 수행할 때 주의사항을 논의해 본다.

제13장
평가 품질과 윤리

개발협력평가의 목적은 학습과 책무성 강화이다. 평가를 통해 교훈을 얻고 개선을 이행하며, 평가 결과를 투명하고 책임감 있게 공유해야 한다. 이를 위해서 평가는 적정한 품질 수준을 갖추어야 한다. 평가자는 엄정한 평가 규정에 따라 이해관계에 편향되지 않는 양질의 결과를 도출할 의무를 갖는다. 한편, 평가는 수원국 이해관계자들, 특히 수혜자들에 대한 책무성을 놓치지 말아야 한다. 평가팀은 엄정한 윤리 규정을 준수하여 평가에 참여한 이해관계자가 평가 참여로 인해 불이익을 받거나 피해를 받는 경우가 발생하지 않도록 주의한다. 개발협력에서 평가가 강조되고 평가의 개수가 증가하면서 평가 윤리 규정 준수 요구 또한 높아지고 있는 것이 사실이다. 특히, 인터넷 활용과 정보화가 가속화되면서 평가 조사 과정에서 개인 정보 보호 및 피평가자 보호의 노력이 더욱 강조되고 있다. 이 장에서는 평가 품질 관리에 가장 많이 활용되는 두 가지 기준을 살펴본 뒤, 평가에서 정치적 영향과 윤리 문제에 대해 논의한다.

1. 평가 품질

평가 품질 측정과 관련해서는 여러 가지 기준이 있으나, 두 개의 기준 체계가 가장 널리 활용된다. 첫 번째는 교육평가품질공동위원회Joint Committee on Standards for Educational Evaluation, JCSEE가 개발한 프로그램 평가 기준Program Evaluation Standards으로 유용성, 타당성, 정당성, 정확성, 책무성의 다섯 개의 기준으로 구성된다. JCSEE는 홈페이지homepage를 통해 각 기준별로 세분 기준과 설명을 제공하고 있다.

프로그램 평가 기준

유용성utility 기준은 평가 과정과 산출물이 이해관계자들의 요구 수준에 최대한 부합하는 품질을 갖기 위해 평가가 갖춰야 할 요소들을 포함한다. 예를 들어, 유용한 평가결과보고서가 도출되기 위해서는 평가자는 충분한 능력과 자질을 보유해야 하며, 본인이 제공하는 정보의 활용과 정보 자체의 적절성, 유의미함, 연관성에 주의해야 한다. 또한, 평가는 모든 이해관계자의 사적, 문화적 가치를 포괄적으로 존중한다.

〈표 13-01〉 유용성 세부 기준과 설명

기준	설명
평가자 신뢰도	평가는 평가 문맥에서 신뢰성을 구축하고 유지하는 적격성을 갖춘 사람에 의해 수행되어야 한다.
이해관계자에 대한 주의	평가는 평가에 의해 영향을 받으며 평가대상에 투자한 모든 개인과 집단에 주의를 기울여야 한다.
협의된 목적	평가 목적은 이해관계자의 필요needs에 맞춰 지속적으로 확인되고 협의되어야 한다.
구체적인 가치	평가는 평가 목적, 과정, 판단의 중심을 이루는 개인적, 문화적 가치를 명확히 특정한다.
연관 있는 정보	평가 정보는 이해관계자의 긴요한 필요를 확인하는 데 기여해야 한다.

기준	설명
의미 있는 과정과 산출물	평가는 참여자가 그들의 이해와 행동을 수정하거나, 재해석하거나 재발견하도록 격려하는 방식으로 모든 활동과 설명과 판단을 구성해야 한다.
적기성과 적절성을 갖는 의사소통과 보고	평가는 여러 청중(audience)의 지속적인 정보 필요에 주의를 기울여야 한다.
영향과 결과에 대한 주의	평가는 의도하지 않은 부정적 결과나 오용에 주의하는 동시에 책임 있고 적용 가능한 활용을 촉진해야 한다.

출처: evaluationstandards.org/program

타당성(feasibility) 기준은 자원의 효과적인 사용과 관리와 관련된다. 즉, 타당성 기준은 평가가 높은 효과성과 효율성을 갖기 위해 지켜야 할 원칙들을 보여 준다. 이 기준에 따라 평가자는 평가를 둘러싼 문화적, 정치적 환경과 이해관계자의 이익을 포함한 실용적 요구나 위기에 적절하게 대응하도록 요구된다.

〈표 13-02〉 타당성 세부 기준과 설명

기준	설명
프로젝트 관리	평가는 효과적인 프로젝트 관리 전략을 사용한다.
실용적 절차	평가 절차는 프로그램이 작동하는 방식을 반영하며 실용적이어야 한다.
문맥적 실행가능성	평가는 개인과 집단의 문화적 정치적 이익과 요구를 인식하고, 모니터링하고 균형을 맞춰야 한다.
자원 활용	평가는 자원을 효율적이고 효과적으로 사용해야 한다.

출처: evaluationstandards.org/program

정당성(propriety) 기준은 적절하고, 공정하고, 합법적이고, 올바르며 정당한 평가 추진과 관련된다. 따라서 정당성 기준은 평가가 사회 정의를 고려하고 권력 차이, 다른 불균형, 차별, 압제 등을 중단하도록 요구한다.

〈표 13-03〉 정당성 세부 기준과 설명

기준	설명
포용적이고 호응적인 기원	평가는 이해관계자와 그들의 지역 사회를 반영해야 한다.
공식 협정	평가 관련 협정은 고객과 다른 이해관계자의 문화적 문맥과 기대, 요구를 고려하고 명확한 의무를 포함하여 협의한다.
인권과 존중	평가는 참여자와 다른 이해관계자의 존엄을 유지하고 인권과 법적 권리를 보호하도록 기획되고 진행되어야 한다.
명확성과 공정성	평가는 이해관계자의 요구와 목적을 반영하여 공정하고 이해가능하게 이루어져야 한다.
투명성과 공개	평가는 법적 의무와 적정 의무를 위반하지 않는 한, 모든 이해관계자에게 발견, 한계, 결론과 관련된 완전한 설명을 제공해야 한다.
이해관계 상충	평가는 평가를 손상시킬 수 있는 실제적이거나 인지된 이해 상충을 공개적이고 정직하게 식별하고 해결해야한다.
재무적 책임성	평가는 모든 사용된 자원을 고려하고 건전한 재무절차와 프로세스를 준수해야 한다.

출처: evaluationstandards.org/program

정확성(accuracy) 기준은 평가 결과, 제언, 평가가 발견한 사실들의 신뢰성과 신인도를 높이도록 하는 문제와 관련된다. 따라서 정확성 기준은 평가자가 평가를 정교하게 기획하고 고품질의 데이터를 수집하도록 요구한다. 평가는 엄격한 분석과 함께 정확한 보고를 수행해야 하며, 대상 프로그램의 범위 내에서 정당한 논리를 갖춘 유효한 발견을 생산해야 한다.

〈표 13-04〉 정확성 세부 기준과 설명

기준	설명
정당한 결론과 결정	평가 결론과 결정은 평가 결과가 영향을 미치는 문화와 문맥에서 명시적으로 정당화되어야 한다.
유효한 정보	평가 정보는 유효한 해석을 지지하고 의도한 목적을 지원해야 한다.
신뢰성 있는 정보	평가 절차는 의도한 사용을 위해 일관성 있고 충분히 신뢰할 만한 정보를 제공해야 한다.
구체적인 프로그램과 문맥 설명	평가는 평가 목적에 부합하는 적절한 세부 사항과 범위와 함께 프로그램과 그 문맥을 문서화해야 한다.
정보 관리	평가는 체계적인 정보 수집, 검토, 검증 및 저장 방법을 활용해야 한다.
건실한 기획과 분석	평가는 평가 목적에 적합하며 기술적으로 적절한 기획과 분석을 채택해야 한다.
구체적인 평가 논리	정보와 분석에서 발견, 해석, 결론 및 판단에 이르는 평가 추론은 명확하고 완전하게 문서화되어야 한다.
의사소통과 보고	평가 커뮤니케이션은 적절한 범위를 가져야 하며 오해, 편견, 왜곡 및 오류로부터 보호되어야 한다.

출처: evaluationstandards.org/program

책무성accountability 기준은 평가 과정과 산출물의 책무성과 품질 향상을 위해 평가가 메타평가meta evaluation적인 관점을 포함하고 적절하게 문서화되도록 요구한다. 따라서 평가자는 평가 목적, 데이터 수집에 활용된 평가 기획서와 그 결과를 포함하여 수행한 업무의 모든 다양한 측면을 기록해야 한다. 책무성 강화를 위해 평가에 대해서 평가팀 자체 심사, 동료 평가 또는 이해관계자의 외부 심사가 권고된다.

〈표 13-05〉 책무성 세부 기준과 설명

기준	설명
평가 문서화	평가는 협의된 목적과 실행된 기획, 절차, 데이터, 결과를 모두 완전히 문서화해야 한다.
내부 메타평가	평가자는 이 기준이나 다른 적용 가능한 기준을 사용하여 활용된 평가 기획과 절차, 수집한 정보와 결과에 책무성을 검토해야 한다.
외부 메타평가	프로그램평가 후원자, 고객, 평가자나 다른 이해관계자는 이 기준이나 다른 적용 가능한 기준을 사용하여 외부 메타평가를 수행하도록 권장한다.

출처: evaluationstandards.org/program

미국평가협회의 평가자를 위한 원칙

미국평가협회(American Evaluation Association: AEA)에서도 평가자를 위한 안내 원칙을 수립했다. JCSEE의 프로그램 평가 기준은 좋은 평가가 지켜야 할 원칙을 설명하고 있다면, AEA의 '평가자를 위한 원칙(Guiding Principles for Evaluators)'은 평가 품질 향상을 위해 평가자가 선택해야 할 행동들에 초점을 맞추고 있다. 따라서 프로그램 평가 기준과 평가자를 위한 원칙은 상호 보완적으로도 활용될 수 있다.

〈표 13-06〉이 보여 주듯 평가자를 위한 원칙은 체계적 탐구(systematic inquiry), 숙련도(competence), 진실성(integrity), 사람에 대한 존중(respect for people), 공공선과 공정(common good and equity)의 다섯 가지 항목으로 구성된다. 첫 번째 원칙인 체계적 탐구는 평가자가 평가 목적과 평가 질문을 이해하고 평가를 적절하게 기획, 분석, 보고하는 것과 관련된다. 두 번째 원칙인 숙련도, 세 번째인 진실성, 네 번째 사람에 대한 존중은 모두 평가자의 개인적 특성과 행동과 관련된다. 마지막 원칙은 평가자가 고려해야 할 다양한

공공 이익과 가치와 관련된다. 평가자는 평가가 공공 이익과 사회 복지에 미칠 영향을 고려해야 한다.

〈표 13-06〉 AEA의 평가자를 위한 원칙

체계적 탐구: 평가자는 철저하고 체계적이며, 맥락과 관련된 데이터 기반의 탐구를 수행한다.	
1	평가의 규모와 사용 가능한 자원에 주의하며, 사용하는 방법에 적절한 최상의 기술적 기준을 준수한다.
2	주요 이해관계자와 핵심 평가 질문의 한계와 강점을 탐구하고, 평가 질문에 답을 구하는 데 활용될 수 있는 접근법을 논의한다.
3	다른 사람들이 업무를 이해하고, 해석하고, 비평할 수 있도록 충분한 세부 사항까지 방법론과 접근법을 정확하게 소통한다.
4	평가와 그 결론의 한계를 명확히 한다.
5	조사 결과에 대한 평가자의 해석에 크게 영향을 미치는 가치, 가정, 이론, 방법, 결과 및 분석에 대해 문맥적으로 적절한 방식으로 논의한다.
6	평가 실무에서 새로운 기술을 사용할 때 윤리적 영향을 신중하게 고려한다.
숙련도: 평가자는 이해관계자에게 숙련도 있는 전문 서비스를 제공한다.	
1	평가팀이 평가를 유능하게 완료하는 데 필요한 교육, 능력, 기술 및 경험을 보유하고 있는지 확실히 한다.
2	가장 윤리적인 선택이 평가팀의 전문적인 준비와 역량의 범위를 벗어나 추가적인 요청이나 위원회 진행이 필요한 경우, 평가에 대해 발생할 수 있는 중요한 한계를 명확하게 전달한다. 부족하거나 취약한 역량을 직접적으로 또는 외부의 도움을 통해 보완하기 위해 모든 노력을 기울인다.
3	평가팀이 평가의 문화적 맥락 속에서 일하는데 필요한 역량을 집합적으로 보유하거나 역량을 찾도록 확실히 한다.
4	지속적으로 관련 교육, 훈련 또는 감독을 수행하여 유능한 평가 실무에 필요한 새로운 개념, 기법, 기술 및 서비스를 학습한다. 지속적인 전문성 개발에는 공식 교육 과정과 워크샵, 자율 학습, 관행에 대한 자율 또는 외부평가, 다른 평가자와 함께 평가 기술 전문 지식을 배우고 다듬는 것이 포함될 수 있다.
진실성: 평가자는 평가의 진실성을 보장하기 위해 정직하고 투명하게 행동한다.	

1	평가의 한계를 포함한 모든 측면에서 고객 및 관련 이해관계자와 진실하고 공개적으로 소통한다.
2	평가를 수락하기 전에 이해상충(또는 이해상충의 가능성)을 공개하고 평가 중에 충돌을 관리하거나 완화한다.
3	원래 협의된 평가계획에 대한 변경 사항, 변경의 근거 및 평가 범위와 결과에 대한 잠재적 영향을 기록하고 신속하게 전달한다.
4	평가의 수행과 결과에 대한 이해관계자, 고객 및 평가자의 가치, 관점 및 관심사를 평가하고 명시한다.
5	평가 절차, 데이터 및 결과를 정확하고 투명하게 표현한다.
6	오해의 소지가 있는 평가 정보나 결론을 도출할 가능성이 있는 절차나 활동과 관련된 우려를 명확히 전달, 정당화 및 해결한다. 문제가 해결되지 않을 경우, 적절한 진행 방법에 대한 제안을 동료와 상의하고, 필요한 경우 평가를 거부한다.
7	평가를 위한 재정적 지원의 모든 출처를 공개하고, 평가를 위한 요청의 출처를 공개한다.

사람에 대한 존중: 평가자는 개인의 존엄성, 웰빙well-being, 가치를 존중하고 그룹 내 또는 그룹 간의 문화의 영향을 인지한다.

1	일반적으로 포함되지 않거나 반대되는 관점을 포함하여 개인과 그룹이 평가에 가져오는 관점과 관심 범위를 이해하고 공정하게 다루도록 노력한다.
2	평가 참가자와 관련된 현행 전문 윤리, 표준 및 규정(정보 제공 동의, 기밀 유지 및 유해 방지 포함)을 준수한다.
3	평가와 관련된 그룹 및 개인에 대한 편익을 극대화하고 불필요한 위험이나 피해를 줄이기 위해 노력한다.
4	데이터에 기여하고 위험을 감수하는 사람들이 기꺼이 그렇게 하도록 하고, 평가의 이점을 얻을 수 있는 지식과 기회를 갖도록 해야 한다.

공공선과 공정: 평가자는 공정하고 정의로운 사회 발전과 공동선을 위해 기여하도록 노력한다.

1	평가의 무결성을 보호하는 동시에 고객, 다른 이해관계자 및 공동의 이익을 인식하고 균형을 잡는다.
2	특히 특정 이해당사자의 이익이 민주적이고 공정하며 정의로운 사회의 목표와 상충되는 경우, 평가의 공동 이익에 대한 잠재적 위협을 식별하고 해결하기 위해 노력을 기울인다.
3	역사적 불이익 또는 불평등을 악화시키는 평가의 잠재적 위험을 식별하고 해결하기 위해 노력을 기울인다.

4	사람을 존중하고 기밀 유지 약속을 지키는 형식의 정보에 대한 공정한 접근을 목표로 데이터와 결과의 투명성과 적극적인 공유를 촉진한다.
5	평가의 맥락으로 인해 발생할 수 있는 편향 및 잠재적 전력 불균형을 완화한다. 자신의 특권과 문맥 내에서의 위치를 스스로 평가한다.

출처: eval.org/About/Guiding_Principles

2. 평가와 정치

평가에는 여러 가지 정치적인 문제가 얽혀 있으며, 이는 직, 간접적으로 평가에 영향을 미친다. 예를 들어, 긍정적 평가 결과를 확신하는 사업 기관은 기관 홍보나 예산 추가 확보 등의 목적으로 불필요한 평가를 실시할 수도 있다. 어떤 평가자가 이런 사업 기관의 의도에 부응하여 평가를 수행한다면 이는 위장 평가라고 여겨질 수 있다. 역으로 사업 중단의 빌미를 마련하기 위해서도 평가가 이용될 수 있다. 즉, 사업이나 정책의 효용을 객관적으로 측정하기 위해서가 아니라, 특정한 의도를 갖고 평가가 기획될 수 있으며, 이러한 평가가 의도대로 수행된다면 이는 위장된 평가라 할 수 있다. 이때, 평가자는 평가 수행 자체를 거부하거나 계약상에 의무 관계와 업무 범위를 명확하게 하여 이러한 상황에 대응할 수 있다. 그러나 정치적 의도가 처음부터 명확하게 드러나지 않을 수도 있다는 점에 유의한다.

가치, 윤리와 정치

평가는 그 자체로 정치적이다. 많은 평가자나 평가를 의뢰하는 고객은 평가가 가치중립적이며 비정치적일 것으로 기대한다. 사람들은 평가가 기획 단계에서 작성된 프로그램이론에 따라 지표들을 분석하고 기대 효과를 성취했는지 객관적이고 중립적으로 분석할 것으로 여긴다. 그러나 사실상 평가는 특정 가치나 정치적 영향에서 자유롭지 못하다. 개발협력정책이나 사업은 모두 특정한 가치에 기반하고 있으며 정치적 영향에서 자유롭지 못하다. 따라서 그에 대한 평가 역시 정치적이며 가치 편향적이다. 예를 들어, 사업 성과라는 단어 자체도 가치 중립적이지 못하다. 누군가 특정 목표에 성과라는 가치를 부여한 것이며, 이는 그 가치를 부여한 사람의 의도와 이해관계를 반영하고 있기 때문이다.

특정 사업이나 정책 추진의 결정과 실행은 모두 다양한 정치 집단의 영향을 받는다. 예를 들어, 어떤 정치집단은 RCT를 통한 객관적인 사업 추진과 평가를 선호하지 않을 수 있다. 또는, 사업 평가 결과가 혹시 자신들의 정치적 이익에 영향을 미칠까 하는 우려로 평가 추진이나 데이터 수집에 비협조적일 수도 있다. 따라서 평가자는 평가 관련 이해관계자의 선호, 편향, 이해관계, 정치적 영향을 고려하여 평가를 수행해야 한다.

이해관계자 정치

다양한 이해관계자들의 의견은 평가에 많은 영향을 끼칠 수 있다. 특히 평가에 비호의적인 이해관계자는 평가활동을 방해하거나 비협조적인 태도를 보일 수 있다. 따라서 평가자는 이해관계자들과의 협력을 위해 사업의 성과와 주요 문제점을 명확히 파악하고 있어야 한다. 또한, 이해관계자별 편향 정도를 확인하고 어떤 집단으로부터 어떤 정보를 수집할 것인지 명확한 계획을 수립한다. 이해관계자 분석을 통해 각 그룹별로 사업에 대한 태도, 사업 수혜 정도, 권력 관계, 의사소통 가능 정도 등 주요 이슈에 대한 정보를 확인하는 것이 필요하다.

평가자는 가능한 모든 이해관계자를 파악하고, 다양한 이해관계자의 요구를 반영하여 평가를 수행하도록 요구된다. 그러나 사실상 이는 쉬운 일은 아니다. 우선 이해관계자는 단일한 집단이 아니며, 각각 상이한 권력, 이해관계, 욕구, 의지, 역량 등을 갖는다. 예를 들어, 지역 개발 사업에서 소수 민족이며 낮은 카스트 여성과 카스트가 높고 경제 권력을 갖춘 지주 남성이 사업에 관여하거나 미칠 수 있는 영향은 동등할 수 없을 것이다. 비단 종교, 성별, 재력만이 아니라, 다른 문제도 영향을 줄 수 있다. 만약 평가자가 현지어를 구사하지 못한다면 평가는 통, 번역 문제로 인해 참여 가능한 이해관계자에 제한이 있을 수 있다.

한편, 전통적으로 평가자들은 사업관리자에게 평가를 위한 데이터나 정보를 의존해 왔다. 그러나 이는 평가가 사업관리자의 입장을 대변하는 '관리의 편향'을 초래할 위험이 있다. 평가자가 고객 만족을 위해 수행하는 활동도 잘못하면 평가에 그릇된 영향을 미칠 수 있다. 최근 다양한 이해관계자의 평가 참여가 강조되고 있지만, 사실상 시간, 예산, 환경 등의 제약을 고려할 때 이는 쉬운 일은 아니다. 그렇지만 평가자는 최소한 평가가 편의주의적으로 진행되지 않도록 노력해야 하며, 사업 수혜자 집단, 수혜자는 아니지만 사업으로 영향을 받은 집단,

사업관리자 등 주요 이해관계자의 입장을 골고루 고려하도록 노력해야 한다.

전문가 정치

평가자의 평가방법론에 대한 선호나 평가 목적에 대한 견해는 평가에 영향을 미칠 수 있다. 동일한 프로그램에 대해서 서로 다른 방법론을 활용하여 평가했을 때 방법론에 따라 평가 결과가 달라질 수도 있다. 한편, 평가팀 구성원 개개인의 가치, 윤리, 평가에 대한 견해도 평가에 영향을 미칠 수 있다. 따라서 평가팀을 구성하고 운영할 때 평가팀 내부의 갈등이나 차이를 적절히 조정하도록 한다.

이해관계자와 데이터 수집

이해관계자들은 평가에 각기 다른 입장을 갖는다. 만약 수원국 담당자들이 평가가 이후 지원 지속 여부 등을 결정할 판단 근거가 될 것으로 생각한다면, 평가 관련 데이터를 선별적으로 제공할 수도 있다. 사업대상지가 여러 곳이라면 상대적으로 성과가 우수한 곳만을 현장 방문을 위해 준비할 수 있다. 또는 여성 참여를 중요 평가 요소로 본다면 실제 사업 추진 과정에서 여성이 참여하지 않았어도 평가 회의나 평가자의 현장 방문 시 여성을 참여시킬 수도 있다.

한편, 이해관계자의 입장은 평가가 진행되면서 변화할 수 있다. 평가 의뢰자의 경우 초반에는 평가를 통해 성과를 공정하게 측정하겠다는 의도를 갖고 평가자와 우호적인 관계를 맺을 수 있다. 그러나 만약 평가 의뢰자가 예상하지 못한 부정적인 결과가 나온다면 의뢰자의 태도는 변할 수도 있다. 평가자는 이해관계자의 입장과 태도가 평가를 왜곡하지 않도록 데이터 취득 방법과 취득원(data source)을 다변화하는 한편, 이해관계자와의 열린 소통을 통해 불필요한 오해나 적대심이 발생하지 않도록 주의한다.

보고 편향과 평가 결과 오남용

평가결과보고서를 제출할 때 평가자는 의뢰자를 만족시키기 위해 긍정적인 부분을 강조할 가능성이 있다. 특히, 평가 수행 계약 취득 여부가 생계에 크게 영향을 미치는 개인 컨설턴트(consultant)나 민간 기업은 더욱 그런 유혹에 취약할 수 있다. 한편, 평가결과보고서가 사업 종료를 위한 하나의 통과 의례로 취급되면서 평가 결과가 피드백되지 못하는 경우도 많다. 이보다 더 큰 문제는 평가 결과의 오용(misuse)이다. 긍정적인 분석과 부정적인 분석이 혼재하는 평가결과보고서를 받은 이해관계자는 자신의 이해관계에 맞춰 긍정 분석이나 부정 분석을 과장하거나 편향되게 해석하여 자신의 이익을 위해 활용할 수 있다. 따라서 평가자는 평가 결과의 오용을 막기 위해 계약서에 관련된 조항을 넣는 등 주의를 기울여야 한다.

3. 평가 윤리

연구 윤리의 변천

　개발협력평가는 개입에 대해 논리적인 틀을 수립하고 조사를 수행하여 교훈을 도출한다는 점에서 사회과학연구의 한 분야로 포함될 수 있다. 따라서 평가 역시 사회과학연구를 수행할 때 고려하고 준수해야 할 윤리 문제를 동일하게 고려하는 것이 필요하다. 사회과학연구에서 윤리에 대한 고민의 시작은 1950년대로 거슬러 올라간다. 제2차 세계 대전 중 나치 독일은 유대인 수용소에서 각종 인체 실험을 자행했다. 이후 연구를 통한 비윤리적 행동을 막기 위해 뉘른베르크 국제 군법 재판에서 연구 윤리에 대한 뉘른베르크 강령Nuremberg Code이 수립되었다. 뉘른베르크 강령은 이후 과학의 이름 아래 자행될 수 있는 잘못된 행동을 방지하는 가이드라인으로 작용했다. 실험 참여자는 사전에 실험 내용에 대한 정보를 받아야 하며, 실험은 참여자의 동의가 있어야 하고, 실험 참여자는 위험으로부터 적절히 보호되어야 한다는 등의 내용을 골자로 하는 뉘른베르크 강령은 이후 연구 윤리 규정의 시발점이 되었다.

〈상자 13-01〉 뉘른베르크 강령

1. 실험 대상자의 자발적인 동의는 절대적으로 필수적이다. 자발적 동의란 실험 대상자가 동의할 수 있는 법적 능력이 있고, 강압, 사기, 기망, 협박, 기만, 기타 어떠한 형태의 강제나 강압의 개입 없이 자유로이 선택권을 행사할 수 있는 상황에 있으며, 합리적이고 합당한 결정을 내릴 수 있도록 실험과 관련된 모든 요소들에 대한 충분한 지식과 이해를 갖춘 상태에서의 동의이다. 앞의 모든 요소는 실험 성격, 기간, 목적과 실험 수행 방법과 수단, 합리적으로 예측가능한 모든 불편함과 위험들, 실험 대상자의 건강과 신상에 대한 실험의 영향을 포함하는 사항들이며, 이 모든 요소는 실험 대상자의 긍정적 결정을 접수하기 전에 실험 대상자에게 알려져야 한다. 실험 대상자에 대한 고지의 의무와 책임은 실험을 시작, 지시, 또는 관여하는 각각의 개인에게 부여되는 개인의 의무이자 책임으로 면책되거나 타인에게 위임될 수 없다.
2. 실험은 다른 연구 방법, 수단에 의해서는 얻을 수 없는 사회적 이익을 위해 유익한 결과를 낳을 수 있는 것이어야 하며, 무작위로 행해지거나 불필요한 것이어서는 안 된다.
3. 실험은 그로 인하여 기대되는 결과가 해당 실험의 실행을 정당화할 수 있도록 동물 실험의 결과와 연구 대상이 되는 질병의 자연 발생사 및 기타 문제에 관한 지식에 근거하여 계획되어야 한다.
4. 실험을 할 때는 모든 불필요한 신체적, 정신적 고통과 침해를 피해야 한다.
5. 사망 또는 불구의 장해가 발생할 수 있으리라고 추측할 만한 이유가 있는 경우에는 실험을 행할 수 없다. 단, 실험을 수행하는 의료진이 대상으로 포함되는 실험의 경우에는 예외로 할 수 있다.
6. 실험으로 인하여 감수해야 하는 위험의 정도는 실험으로 해결되는 문제의 인도주의적 중요성 정도를 초과할 수 없다.
7. 상해, 불구, 사망 발생의 최소한의 가능성으로부터 실험대상자를 보호하기 위해 적당한 시설과 적절한 준비를 마련해야 한다.
8. 실험은 과학적으로 자격을 갖춘 자에 의해서만 행해져야 한다. 실험을 시행하고 이에 참여하는 사람에게는 실험의 전 과정에서 최고 수준의 기술과 주의가 요구된다.
9. 만약 실험 대상자가 신체적, 정신적으로 실험이 불가능하다고 느낀다면, 실험 대상자는 실험의 전체 과정에서 언제든지 실험을 자유롭게 종료시킬 수 있어야 한다.
10. 실험을 책임지는 과학자는 그/그녀에게 요구되는 선의, 뛰어난 기술과 주의 깊은 판단력에 기초하여, 실험 지속이 실험 대상자에게 상해, 불구, 사망을 일으킬 가능성이 있다고 믿을만한 상당한 이유가 발생하면, 실험이 진행되는 동안 언제든지 실험을 중지시킬 수 있도록 준비하고 있어야 한다.

출처: research.unc.edu/human-research-ethics/resources/ccm3_019064/

이후 연구 윤리에 관한 국제 기준은 지속적으로 강화되었다. 세계의학협회World Medical Association는 뉘른베르크 강령을 개정 보완하여 1964년 헬싱키 선언Helsinki Declaration을 만들고 이후 이를 지속적으로 개정하여 인간을 피실험자로 하는 의료 연구를 위한 윤리 원칙Ethical Principles for Medical Research Involving Human Subjects으로 관리하고 있다. 이 원칙은 지속적으로 수정 보완되고 있으며, 2013년 브라질에서 열린 제64차 세계의료협회 총회에서 최신 개정이 이루어졌다.

한편, 미국에서 발생한 일련의 사건들은 연구 윤리의 더욱 엄정한 강화를 요구하는 계기가 되었다. 터스키기Tuskegee 실험 사건은 특히 미국 정부가 1974년 벨몬트보고서Belmont Report를 통해 연구 윤리를 더욱 강화하고 제도검토위원회Institutional Review Board에서 그 준수 여부를 심사하도록 하는 일련의 조치를 탄생시켰다. 벨몬트보고서는 모든 임상 연구의 기초가 되는 세 가지 기본 윤리 원칙을 제시한다. 벨몬트 원칙이라고 불리는 세 가지는 인간 존중Respect for persons, 선행Beneficence, 정의Justice의 원칙이다. 인간 존중의 원칙이란 개인을 목적을 위한 수단으로 사용하지 않고 자율성을 갖춘 존재로 존중하는 것이다. 따라서 연구를 위해서는 관련 정보를 제공하고 자발적인 동의서를 받아야 하며, 실험대상자의 사생활을 존중해야 한다. 선행의 원칙은 공리주의에 따라 위험을 최소화하고 이익을 최대화함과 관련 있다. 실험은 위험을 충분히 관리하고 위험 대 이익 비율이 적절하게 계획, 관리되어야 한다. 정의의 원칙은 연구의 부담과 이득이 동등하게 분배되도록 하며 참여자를 공정하게 대우하는 것과 관련이 있다. 따라서 실험 대상자를 공정하게 선정하고 취약한 피험자를 착취하거나 이용하지 않아야 한다.

〈상자 13-02〉 터스키기 매독 실험

1932년 미국 알라바마 주 터스키에서 미국 공중보건국은 '나쁜 피' 연구 조사 참여자로 622명의 가난한 흑인 남성을 선정하여 그들에게 의약품, 음식과 사망 보험을 제공했다. '나쁜 피'란 매독을 포함한 성병 질환을 지칭하는 은어였다. 실험자들은 실험 대상들이 매독에 걸렸음을 알리지 않고 악화되는 증상을 관찰했으며 실험 자금 지원이 중단된 이후에는 의약품 제공도 중단했으며, 심지어 이후 페니실린 공급이 가능해진 때에도 이를 공급하지 않아 실험 참여자들을 사망으로 이끌었다. 약속된 의료 지원은 없었으며, 실험자들은 실험 대상자들이 감염에서 사망에 이르기까지의 과정을 관찰하고 연구했다. 실험은 1972년 언론에 의해 폭로되기 전까지 40년간 계속되었고, 1997년 빌 클린턴 대통령은 미국 국민을 대표하여 희생자들에게 공식적으로 사과했다.

출처: cdc.gov/tuskegee/about.html

위의 역사적 사례가 강조하는 윤리는 참여자의 동의와 이익 추구, 비밀 보장이다. 연구를 수행할 때 참여자는 명시적으로 연구 참여에 대해 동의해야 하며, 연구는 참여자에게 해를 주어서는 안 된다. 또한, 참여자의 정보에 대해서 익명성과 비밀이 보장되어야 한다.

평가에서 윤리적 원칙

개발협력평가에서도 윤리 준수에 대한 요구는 강화되고 있다. 예를 들어, 개입에 대한 평가를 수행할 때, 수혜자의 평가 참여를 당연시하거나 암묵적으로 강요하는 경우가 있기도 하다. 그러나 개입의 수혜자라는 사실이 수혜자의 평가 조사 참여로 자동적으로 이어진다고 생각해서는 안 된다. 평가 조사의 대상자는 언제나 참여를 거부할 권리를 가져야 하며, 평가에 자유의사로 참여할 수 있도록 권한을 공지 받아야 한다. 또한 평가팀은 평가 참여가 참여자에게 위해로 이어지지 않도록 해야 한다. 이러한 위해는 터스키기 사례와 같은 극단적인 위험

만이 아니라 보다 간접적이고 묵시적인 위험도 포함한다. 예를 들어, 외부인의 조사에 참여했다는 사실이 폭력 피해로 이어지거나 마을 공동체에서 배제되는 위해로 이어지지 않도록 해야 한다.

평가에서 윤리 문제는 이제 참여자 동의와 같은 소극적이고 지엽적인 문제에서 벗어나 평가자가 평가를 수행하면서 갖게 되는 권력을 책임감 있게 사용하도록 하고, 평가 결과의 신뢰도를 높이며, 평가 자원을 책임 있게 활용하도록 하는 문제를 모두 포괄한다. 평가 기획부터 실행, 관리를 수행하는 모든 이해관계자는 도덕적, 윤리적 원칙에 따라 업무를 수행해야 한다. 하지만 윤리 문제가 '올바름'과 연관되어 있으며, '올바름'은 서로 다른 문화와 문맥에서 각자 다르게 정의되고 해석되기 때문에, 윤리 문제에 대한 합의된 정의는 수립되지 못했으며, 서로 다른 기관이 다양한 접근법과 기준을 사용하고 있다.

UNEG는 2020년도에 개정된 '평가 윤리 가이드라인(Ethics Guidelines for Evaluation)'에서 평가에서 윤리의 정의를 포함했다. UNEG에 따르면 평가에서 윤리는 '평가가 위탁되고 수행되는 문화적으로 특정하게 정의되는 문맥 안에서 개인의 행동을 지배하는 올바른 또는 합의된 원칙과 가치(UNEG, 2020: 4)'로 정의된다.[12] UNEG의 가이드라인은 진실성(Integrity), 책무성(Accountability), 존중(Respect), 선행(Beneficence)으로 구성된 평가 윤리 원칙을 정하고, 각 원칙에 대해서, 조직의 리더, 평가 위탁 조직, 평가

---

12) 원문은 'the right or agreed principles and values that govern the behaviour of an individual within the specific, culturally defined context within which and evaluation is commissioned or undertaken.'

수행자별로 준수해야 할 사항들을 구체적으로 제시하고 있다.

한편, 영국의 원조 총괄 기관이었던 국제개발부(Department for International Development, DFID)[13]의 경우, 2019년에 '국제개발부 연구, 평가, 모니터링을 위한 윤리원칙과 기준(DFID's ethics principles and standards for research, evaluation and monitoring)' 에서 네 개의 평가 원칙과 일곱 개의 평가 기준을 제시했다. DFID의 평가 원칙은 '이익을 최대화하고 해를 최소화하며, 사람들의 권리와 존엄을 존중하고, 정직하고 유능하게 책임감을 갖고 행동하고, 진실성과 가치가 있는 산출물을 제공한다.'라는 문장으로 구성된다. 즉, 사용된 단어는 차이가 있으나, UNEG와 DFID 모두 진실성, 책무성, 존중, 선익 추구를 공통적으로 강조하고 있다. 〈표 13-07〉은 UNEG 평가 윤리 가이드라인에 제시된 평가 원칙별 의미와 구성 요소를 보여 준다.

〈표 13-07〉 UNEG 평가 윤리 가이드라인의 평가 원칙

원칙	의미	구성 요소
진실성	책임 있는 평가 수행의 핵심이 되는 도덕적 가치와 전문 직업 기준을 적극적으로 준수함을 의미한다.	정직과 참됨 전문성 독립성, 불편부당, 청렴결백
책무성	정해지고 이행된 모든 결정에 대해 응답할 의무, 조건이나 예외 없이 책무를 이행할 의무, 적절한 채널을 통해 잠정적인 또는 실재하는 위해를 보고할 의무를 의미한다.	투명성 민감성 책임 이행 이해관계자 옹호 및 정확한 보고

---

13) DFID는 2020년 영국 외무부(Foreign and Commonwealth Office)와 통합되어 외무영연방개발부(Foreign, Commonwealth & Development Office)로 변경됨.

원칙	의미	구성 요소
존중	평가와 관련된 모든 이해관계자의 성별, 젠더, 인종, 언어, 출신 국가, 성적 지향성, 연령, 배경, 종교, 민족, 능력과 문화적, 경제적, 물리적 환경을 고려하며, 그들의 존엄, 웰빙, 주체로서 존중하며 대한다.	모든 이해관계자가 평가과정과 결과물에 접근 가능 모든 이해관계자에 대한 공정한 대우와 의미 있는 참여 제공 다른 목소리와 견해에 대한 공정한 대표성
선행	평가라는 개입으로부터 발생할 위해를 최소화하고 인류와 지구에 대해 선익을 제공하기 위해 노력한다.	위험과 이득에 대한 구체적이고 지속적인 고려 편익 최대화 위해 금지 평가의 종합적인 긍정적 기여 보장

출처: UNEG, 2020.

평가에서 윤리 문제는 이제까지 평가 품질 기준이나 윤리 원칙을 준수했는지를 간단히 확인하는 정도에 그쳤다. 그러나 최근 이러한 수동적 경향에서 벗어나 좀 더 적극적인 접근이 나타나고 있다. 예를 들어, 존중(respect) 기준은 평가가 이해관계자 간의 공평하고 공정한 관계를 추구하고, 더 큰 권력을 가진 이해관계자의 질문이나 이해관계가 평가를 주도할 위험을 줄이도록 권고한다. 따라서 평가자는 관련된 이해관계자 모두의 서로 다른 가치를 존중해야 한다.

그러나 특정 문화나 환경에서는 기존의 정치 문화적 규범이 일부 단체의 이익을 보호할 수 있으며, 보다 큰 권력을 가진 집단의 요구가 그렇지 않은 집단의 요구에 비해 상대적으로 더 큰 주목을 받는 불공정한 상황이 발생할 수 있다. 이런 상황에서 평가는 민주 사회의 기본적 가치로서 포용성을 따라야 한다는 논리가 발생한다. 존중 기준에 따라 평가자는 공공 업무 수행자로서 다양한 집단과 문화, 전통적으로 취약한 집단의 존엄성을 존중하고 촉진해야 한다. 또한 평가자는 권력을 갖지 못한 자들의 요구에 부응해야 한다. 따라서 평가는 민주화의 수단이 된다. 이러한 논리는 현재 첨예한 토론과 논박의 주제이다.

책무성에 대한 해석도 강화되고 있다. 평가에 책무성 기준이 있지만, 평가자 개인이 평가가 윤리적으로 수행되었는지 또는 효과적으로 수행되었는지에 대해 책임을 지는 경우는 드물었다. 그러나 평가가 갖는 잠재적 영향력을 고려 시 수행에서의 책무성 강화가 필요하며, 책무성 기준의 실천을 보다 적극적으로 추진할 필요가 있다. 평가 참여자의 보호 문제는 정보화 시대의 개인 정보 보호 문제와 함께 점차 중요성이 강조되고 있으나, 여전히 평가참여자에 대한 제도적 보호나 심사가 완벽하지는 못하다. 책무성 강화를 위한 규제가 평가의 정확성과 유효성을 저해할 수도 있다. 평가참여자 보호를 위해 일부 이해관계자에 대한 접근이 차단된다면 그들이 갖고 있을지 모르는 중요한 정보가 누락될 수도 있으며 이는 평가의 질 저하로 이어진다. 이해관계자의 권리를 보호하면서도 양질의 평가를 생산하기 위해서는 보다 많은 논의와 연구가 필요하다.

많은 국가들은 자국 고유의 평가와 연구 윤리 규정 갖고 있다. 이러한 윤리 규정이 없거나, 평가나 연구가 국제적으로 수행될 때는 국제 규범이 공백을 메울 수 있다. 그러나 국제개발협력에서 평가는 주로 공여 기관이나 국제기구가 발주하여 개입의 현장인 개도국에서 수행된다. 이 경우, 한 국가의 규정이 다른 국가의 규정과 상충하게 될 가능성이 있다. 또는 규정의 엄정함을 비교하여 상대적으로 규정이 느슨한 국가에서 관련 승인을 획득하는 방식으로 꼭 필요한 윤리적 기준을 우회하여 평가를 진행할 수도 있다.

역사적으로 가난한 국가의 시민들이 선진국의 이해관계에 따라 생물학이나 의학 연구에 부적절하게 이용된 사례가 있다. 개발협력개입이 빈곤 감소는커녕 오히려 빈곤을 악화하는 결과를 초래하거나, 권력을 갖지 못한 가난한 이들에게 해를 끼치기도 하였다. 특히 인종, 젠더, 종교나 기타 분야에서 소수자minority인 취약 집단은 이러한 위험에 노출될 가능성이 더 크다. 따라서 국제개발협력에서 평가를 수행할 때, 엄정한 윤리 기준에 따라 평가를 수행하고 수혜자에게 유익한 고품질의 결과물을 생산할 수 있도록 평가자는 주의해야 있다.

짚어 보기
1. 미국평가협회의 평가자를 위한 원칙을 설명해 본다.
2. 개발협력평가에서 윤리의 중요성을 설명해 본다.

생각해 볼 문제
1. UNEG 평가 윤리 가이드라인을 확인하고, 평가에 관련된 서로 다른 집단에게 평가 윤리 원칙이 어떻게 적용되는지 논의해 본다.
2. 데이터를 수집할 때 발생 가능한 윤리적 문제들과 대응 방안에 대해 논의해 본다.

제14장
조직성과관리

지금까지 이 책에서는 개발협력 개입에 대한 평가를 논의하였다. 이 장에서는 개별 개입이 아닌 개발협력기관의 기관 차원 성과관리 논의에 대해 다루고자 한다. 1990년대 이전까지 공공 기관은 투입한 예산으로 계획한 산출물을 생산하는 과정을 관리하는 투입중심관리input-based management를 수행했다. 그러나 투입의 성과 달성 정도를 정확히 측정해야 한다는 요구가 높아지며 투입 예산이 도출한 실제 성과를 계량적으로 보여 주는 성과중심관리results-based management가 강조되고 있다. 점차 많은 개발협력기관들이 자신들의 성과를 체계적으로 관리하기 위해 조직 차원의 성과관리체계를 구축하고 성과를 계량적으로 보여 줄 수 있는 시스템을 도입하고 있다. 따라서 이 장에서는 개발협력에서 조직성과관리의 의미를 먼저 살펴보고, 실제 개발협력기관에서의 성과관리체계를 사례로 분석한 뒤, 성과관리의 필요성과 한계에 대해 논의한다.[14]

---

14) 이 장의 내용은 박수영, 장혜진 (2019) 《개발협력에서 조직성과관리 정책 및 체계 분석》에 기초하고 있다.

1. 배경과 의미

성과중심관리와 공공 개혁

성과중심관리Results-Based Management는 경영학에 그 뿌리를 두고 있다. 1952년 피터 드러커Peter Drucker는 그의 책《경영의 실제The Practice of Management》에서 최초로 목표관리Management by Objectives, MBO를 소개했다. MBO는 조직의 목표와 목적 체계로서, 구성원 각자는 특정 목표를 갖게 되고, 참여형 정책 결정 과정과 한시적 일정 관리, 성과평가와 피드백의 특성을 갖는 성과 위주의 목표관리체계를 의미한다.

경영학에서 시작된 성과관리 흐름의 영향과 함께 공공 분야 개혁 요구로 이어진다. 1990년대 경제, 사회, 정치적 압력으로 인해 OECD 회원국들은 대규모로 공공 분야 개혁을 추진했다. 정부 재정 적자와 세계화로 인한 경쟁력 강화의 압박, 공공 분야 구조적 문제들은 공공 분야 개혁을 위한 경제적 압박으로 작용했다. 한편, 정부에 대한 대중의 불신, 고객 친화적인 서비스에 대한 요구 증대, 또는 세금의 적절한 사용을 통한 책무성 강화 요구 등이 개혁의 사회적, 정치적 압력 요소로 작용했다. 공공 분야 개혁의 중심에는 정부 업무 실행을 개선하고 정부의 정책이나 행위가 의도한 성과를 달성하도록 보증하는 성과관리가 있다(OECD, 1997).

1990년대 말부터 국제개발협력분야에서도 공공 분야 개혁의 흐름을 반영한 개선 요구가 증대되었다. 특히, 반세기 이상 계속되는 개도국 지원에 대한 선진국 국민의 원조 피로Aid fatigue는 해외 원조에 대한 세금 사용의 정당성 증명 요구로 이어졌다. 즉, 이제 선진국 국민들은 더 나은 세계 건설을 위한 원조라는 고귀하지만 모호한 명분보다 구체적이고 실질적인 성과를 요구하기 시작했다.

이에 대해, 2000년 공여국들은 인간의 기본적 욕구 충족과 절대빈곤 퇴치 등을 목표로 전 지구적 개발 목표 체계인 천년개발목표Millenium Development Goals: MDGs를 수립한다. MDGs는 측정 가능한 계량 목표치와 지표를 포함하는 최초의 국제적 개발 목표 체계로 이제 공여국들은 보다 명확히 원조의 성과를 측정, 관리할 수 있게 된다. MDGs를 효과적으로 달성하기 위한 방법how으로서 공여국과 수원국은 원조 효과성 제고를 위한 논의를 시작한다. OECD는 2005년 '원조 효과성에 관한 파리 선언The Paris Declaration on Aid Effectiveness'을 채택하고 효과적인 원조 수행을 위한 다섯 가지 원칙을 선정하였다.[15] 성과중심관리Management for Results: MfR는 파리 선언의 네 번째 원칙으로 사업이 계획 당시 의도한 결과가 나올 수 있도록 관리하며 종료 후 그 결과를 향후 의사 결정에 반영하도록 하는 유기적 관리 시스템을 의미한다.

MfR 원칙에 따라서 수원국은 국가개발전략과 예산 편성 간의 연계성을 강화하고, 국가개발전략 및 분야별 전략의 주요 추진실적을 모니터링 할 수 있는 성과 중심 보고 및 평가 체제를 구축할 의무를 갖게 되었다. 이에 대해 공여국은 수원국 지원 사업에 대해 성과중심관리가

---

15) 파리 선언의 5가지 원칙은 주인의식, 원조일치, 원조조화, 성과중심관리, 상호책무성이다.

가능토록 하며 더 나아가 자체 사업성과관리를 수원국 성과평가시스템과 연계할 의무를 갖게 되었다. 또한 공여국은 수원국의 성과중심 보고 및 평가시스템 활용도 제고를 위해 수원국과 함께 시스템 개선 작업을 실시하며, 수원국 정부의 통계, 모니터링과 평가 시스템에 의존 가능해질 때까지, 정기 보고를 위해 공여 기관 간 통일된 모니터링 및 보고 양식을 작성한다는 이행 사항을 갖게 되었다. 마지막으로 수원국과 공여국은 공동 이행 사항으로 성과중심관리를 위한 수원국 정부 역량 강화를 위해 협력할 의무를 갖게 되었다. 즉, MfR은 개도국과 공여국 모두 투입이 아닌 성과를 측정하고 생산하는 관리체계를 갖춰야 한다는 의미이다.

이러한 국내외적인 성과관리 요구와 논의에 따라 공여국들은 자국 원조 체계를 투입 중심에서 성과 중심으로 개편하기 위해 성과관리전략을 수립한다. 원조 기관들은 원조 수행 체제 전반을 포괄하는 성과틀results framework을 수립하고 체계적인 성과관리 시스템을 도입하기 시작하였다.

개발협력에서 성과중심관리

앞서 서술한 바와 같이 개발협력에서 성과results는 성과사슬results chain에 나타난 투입input으로 시작하여 활동activities를 거쳐 산출물output, 결과outcome, 영향impact으로 구성되는 개발 활동의 결과물들을 의미한다. 성과사슬에서 투입과 활동은 개발협력활동의 과정이며, 과정의 결과물인 산출물, 결과, 영향의 세 가지가 개발협력의 성과results이다. 따라서 개

319

발협력기관의 성과중심관리란 "더 나은 활동과 산출물, 개발목적, 영향력 달성에 집중하는 경영전략이다 A management strategy focusing on performance and achievement of outputs, outcomes and impacts (OECD, 2010: 34)."

따라서 개발협력기관의 성과중심관리체계는 기관이 예산 등의 자원을 투입하여 거두는 산출물, 결과, 영향의 성과를 체계적으로 관리하도록 구성된다. 개발협력기관은 세 개의 층위로 구성되는 성과를 도출한다. 먼저 제3층위에 개입별 성과가 있다. 기관은 다양한 개입을 수행하며 각 개입은 성과를 생산한다. 제2층위는 기관의 개입별 성과를 종합하여 귀인 요인contribute을 갖는 성과이다. 개발협력기관이 수행한 개별 개입들의 성과를 국별national, 지역별regional, 주제별thematic, 분야별sectoral로 종합하면 기관 직접 성과가 된다. 제1층위에는 기관이 직접 성과를 통해 장기적으로 달성에 기여contribute하는 기관 기여 성과가 있다. 최상 층위 성과는 기관의 비전, 장기 목표 또는 국제적 개발 목표로 나타난다. 〈그림 14-01〉는 세 개 층위로 구성된 개발협력기관 조직성과관리틀을 보여 준다.

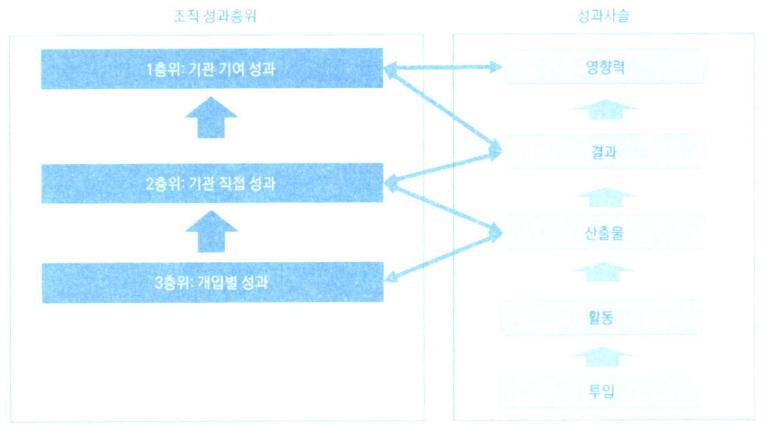

〈그림 14-01〉 개발협력기관 조직성과관리틀

〈그림 14-01〉이 보여 주듯 조직성과층위는 성과사슬의 결과들과 1대1의 대응 관계를 갖지는 않는다. 제1층위 성과는 기여 성과로 성과사슬의 영향력에 해당하지만 일부는 결과로 직접 달성될 수도 있다. 제2층위 역시 동일하다. 기관은 직접 귀인 요인을 갖는 결과뿐 아니라 대규모의 주제별 또는 지역별 프로그램 등을 통해 산출물을 생산할 수도 있으므로 제2층위 성과도 결과와 산출물의 두 성과와 연계된다. 제3층위 성과는 2층위 성과의 구성 요소로 기관의 개입별 직접 산출물이 된다.

2. 사례 분석

성과관리의 이론적 틀이 실제 개발협력기관 기관성과관리체계 운영에 어떻게 활용되는지 비교 분석하여, 개발협력기관 조직성과관리의 장단점을 확인하고 개선 사항을 도출하는 것이 필요하다. 한국과 유사한 원조 규모와 질적 수준을 갖추고 있으며 기관성과관리체계의 우수성을 인정받은 네덜란드 사례를 〈그림 14-01〉의 분석 체계에 따라 살펴본다.

제1층위: 기관 기여 성과

네덜란드의 성과체계는 직관적이며 단순하다는 특징을 보인다. 네덜란드는 SDGs 달성을 최상위 목표로 하여 개발협력성과를 정의하고 상위 전략 목표부터 사업 단위까지 체계적인 성과틀을 운영하고 있다. 네덜란드 정부는 개발 촉진을 위한 무역 관계 확대와 원조 활용을 강조하고 있다. 이에 따라, 외교부는 무역, 투자, 원조를 통합하는 정책을 수립하였고, 절대 빈곤 감소, 전 지구적인 포용적 지속 가능 성장 촉진, 네덜란드 기업의 해외 성공 확대라는 세 가지의 목표를 적시하였다(MFA, 2013). 그에 따라, 네덜란드 정부는 네덜란드가 강점을 보이는 개발 주제theme 4개와 추가적인 지원이 필요한 3개 주제를 선정하였다. 네덜란드가 강점을 갖는 주제는 식량 안보, 물, 성·생식보건과 권리, 안보 및 법치 4개 주제이며 여성 권리와 성 평등, 민간 부문 발전과 기후 변화를 추가하였다. 네덜란드 정부는 또한, 인도주의지원과 중저소득국에서의 시민 사회 강화를 모니터링 대상으로 추가하고, 총 9

개의 주제를 중심으로 〈그림 14-02〉와 같이 성과체계를 수립하였다 (MFA, 2013).

〈그림 14-02〉 네덜란드 원조 성과체계

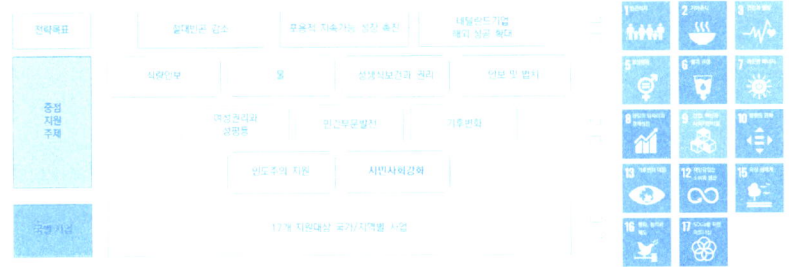

출처: 네덜란드 개발성과 홈페이지 (http://www.dutchdevelopmentresults.nl/) 를 바탕으로 작성.

〈그림 14-02〉는 네덜란드 원조 성과체계가 SDGs와 연계되어 3단계로 체계적으로 구축되어 있음을 보여 준다. 제1층위 성과는 절대 빈곤 감소, 포용적 지속가능 성장 촉진, 네덜란드 기업 해외 성공 확대라는 3개의 장기 성과 목표로 구성된다. 이 장기 성과 목표가 네덜란드 외교부가 국별, 지역별, 주제별 성과를 통해 기여하게 되는 기관 기여 성과이다. 성과체계의 핵심인 기관 직접 성과 즉, 제2층위 성과는 제1층위 전략 목표와 연계된 9개의 중점 지원 주제별 성과와 국별, 지역별 성과이다. 9개의 주제는 모두 SDGs 중 하나 이상의 목표와 연관성을 갖는다.

네덜란드는 성과 강화를 위해 선택과 집중의 지원 전략을 채택하였다. 네덜란드의 원조 예산은 한국보다 많으나, SDGs 중 17개 중 목표, 4번 양질의 교육, 11번 지속 가능한 도시와 공동체, 14번 해양생태계의 4개 목표를 지원 대상에서 제외하였다. 특히, SDGs의 광범위성이라는 한계에 대응하여 각 목표에서도 전 부문을 포괄하는 것이 아니라, 식량, 성·생식, 젠더, 물 등으로 지원 주제를 특정하게 한정하여 예산 효용의 집중도를 높이고 성과관리를 보다 용이하게 한다.

제2층위: 기관 직접 성과

네덜란드의 조직성과체계는 기관이 직접 생산하는 산출물과 결과에 해당하는 제2층위를 중심으로 수립되었다. 제2층위의 9개 주제는 각 주제별로 성과를 측정할 수 있는 세부 지표가 개발되어 있다. 네덜란드는 9개 주제에 대해 36개 성과영역별로 89개의 세부 지표를 관리한다. 예를 들어, 제1주제인 기후의 성과 영역 중 하나인 재생 에너지의 경우, 재생 에너지 접근권을 갖게 된 수혜자 수(number of people that have access to renewable energy)와 연간 감소된 이산화탄소 배출량(CO_2 emissions avoided per year)의 두 개의 지표로 그 성과가 측정된다.

네덜란드의 전략적 선택과 집중은 중점 지원 분야와 국가 선정에서도 나타난다. 네덜란드 원조 규모는 한국 원조보다 많지만 중점 지원 대상은 2개 지역과 15개 국가뿐이다. 네덜란드는 상위 전략에서 선정된 9개 주제별 성과를 관리하는 한편, 2개 지역과 15개 국가별 성과 또한 보고한다. 네덜란드 정부는 지원 대상 국가와 지역별로, 전략에서 선정된 9개 주제 중 1-4개의 중점 지원 주제를 선정하였다. 〈표 14-01〉은 네덜란드의 지원 지역별 중점 지원 주제를 보여 준다. 다만, 인도주의지원은 개발협력과는 성격이 다른 바, 포함되지 않으며, 중저소득국에만 지원하는 시민 사회 강화도 국별 프로그램에는 포함되지 않음이 나타난다. 주요 지원은 네덜란드 정부가 강점이 있다고 선정한 4개 주제와 여성 권리 및 성평등에 집중되어 있음이 나타난다.

〈표 14-01〉 네덜란드 중점 지원 주제와 국별프로그램 연계

국별 중점 지원 주제	기후	식량과 영양 안보	인도주의지원	민간 부문 발전	안보와 법치	성생식 보건과 권리	시민 사회 강화	물	여성 권리 및 성평등
아프가니스탄					O				O
방글라데시		O				O		O	
베냉		O				O		O	
브룬디		O			O	O			
에티오피아		O			O	O			O
가나		O				O		O	
Great Lake Region*	O	O			O	O		O	
Horn of Africa**					O				
인도네시아		O			O			O	
예멘					O	O		O	O
케냐		O			O			O	
말리		O			O	O		O	
모잠비크		O				O		O	O
우간다		O			O				
팔레스타인		O			O			O	
르완다		O			O			O	O
남수단		O			O			O	

*Great Lake Region: 빅토리아호수를 포함하는 아프리카의 대호수를 둘러싼 지역으로 네덜란드 정부는 브룬디, 콩고민주주의공화국, 르완다, 우간다 4개국에 대해 통합지원을 실시한다.
**Horn of Africa: 아덴만 남쪽과 홍해남서쪽에 면한 동아프리카의 반도 지역으로 네덜란드정부는 수단, 남수단, 지부티, 에리트리아, 에티오피아, 소말리아, 소말리랜드에 대한 지원을 실시한다.

네덜란드는 한편, 중점 지원 국가별로 전략 계획(Multi Annual Strategic Plan, MASP)을 수립하고 그에 따라 원조를 수행한다(MFA, 2013). MASP는 지원 국가별 개발협력 현황과 각 해당 국가별 지원 주제에 대한 분석을 포함하며, 분석에 기초한 지원 계획을 예산 계획과 함께 보여 주어 원조의 예측 가능성을 높인다. 네덜란드는 각 국별로 중점 지원 주제별 주요 성과를 연도별로 정리하여 공유한다.

네덜란드는 지원 분야, 주제, 국가와 지역 선정에서 선택과 집중을 통해 자국 원조의 직, 간접적인 성과를 체계적으로 분석하여, 학습과 개선, 책무성 강화를 통해 원조 효과성을 높이고 있다.

제3층위: 개별 개입 성과

네덜란드는 국제기구나 타 공여 기관과의 공동 프로그램에 참여하거나 기금을 지원하는 방식으로 사업을 추진하여 실제 집행의 부담을 덜고, 개발협력 성과측정과 목표 달성 여부에 집중한다. 네덜란드 정부의 개발성과 홈페이지는 직접 수행하는 프로젝트나 프로그램 성과에 대해서는 상세 정보를 제공하지 않으며, 제2층위인 국별, 주제별 성과 정보 제공과 관리에 집중하고 있는 것으로 나타난다.

네덜란드 정부는 성과 정보를 국별, 주제별로 포괄적으로 관리하는 한편, 프로젝트나 프로그램별 사업 정보는 원조 투명성이니셔티브(International Aid Transparency Initiative, IATI) 기준에 따라 별도로 관리한다. 네덜란드 정부는 OECD 회원국 중 최초로 IATI 기준에 따른 정보 공개를 실시하였고, 현재는 IATI 기준에 따라 사업 정보를 제공하는 별도의 웹사이트를 구축, 운영하며,[16] 원조 사업 정보 공개 확대를 위해 지속적으로 노력하고 있다(OECD, 2016).

즉, 네덜란드 외교부는 적정 사업 선정과 기획, 개발협력 관련 담론 분석과 정책 수립, 성과관리 및 평가에 집중하는 것으로 보인다. 네덜란드의 MASP는 해당 기관에 지원할 프로그램이나 프로젝트의 개요와 목표를 포함하여 상위 전략과 정책에 따라 개별 프로젝트나 프로그램의 사업 목표가 연계되도록 주의한다. 그러나 선정된 프로젝트나 프로그램의 개별 개입 성과 관리는 사업을 실제 수행하는 기관이 담당한다.

3. 의미와 한계

개발협력기관의 성과중심관리는 단순히 개별 업무의 완료 또는 종료를 목적으로 하지 않고, 업무 완성을 통해 실질적으로 산출한 성과에 집중하도록 하여, 기관 각각의 업무가 기관의 고유 미션(mission)과 목표와 연계되어 달성되도록 한다. 또한 성과관리를 통해 수집된 데이터와 정보는 기관 발전을 위한 지식으로 활용되어 토론과 학습을 장려하는 긍정적인 효과를 가져오기도 한다. 사실상 많은 개발협력기관들이 체계적인 성과관리를 통한 학습과 성장을 강조하고 있다. 그러나 성과중심

---

16) https://openaid.nl 에서 IATI 기준에 따른 네덜란드 개발협력 원조 사업 정보를 확인할 수 있다.

관리를 실제 수행하는 데 여러 어려움이 따른다. 특히, 개발협력기관들은 개도국을 대상 지역으로 한다는 특성으로 인해 다른 기관과는 상이한 어려움을 가지며, 개발협력기관의 성과관리 시스템은 수립과 유지에 많은 예산과 노력이 요구된다.

성과 위계 간의 취약한 연관성

성과관리는 측정 가능하고 명확한 성과를 가정하고 그 성과들 사이에 계층적이며 논리적인 연관 관계가 있음을 가정한다. 이는 개별 개입 차원이나 국별, 분야별 차원에서는 작동하는 논리이지만, 조직 차원 또는 국가 차원에서는 단순하고 명확하게 나타나지 못한다. 개발협력기관은 다양한 국가와 환경 속에서 업무를 수행한다. 또한, 보건, 교육, 환경 등 다양한 분야에서 다양한 사업들을 수행한다. 따라서 다양한 국별, 분야별 성과를 하나의 틀 안에 아우르며, 〈그림 14-01〉이 제시한 것과 같은 피라미드형의 통합 지표를 최종 목표로 제시하는 것은 어려운 문제가 된다.

앞선 사례는 이러한 취약성을 잘 보여 준다. 네덜란드는 개발협력 활동 전체를 통합하는 비전이나 목표 달성 정도를 측정할 전략 목표 준위에서의 단일 통합 지표를 제시하지 못하고 있다. 이는 다양한 분야와 지역을 아우르는 개발협력 업무의 특성상 당연한 결과라고도 하겠다. 네덜란드의 경우 지원 분야와 주제를 줄이려고 노력하였으나, 여전히 보건부터 기후변화, 거버넌스와 같이 하나의 지표로는 대표될 수 없는 서로 상이한 다분야에 걸쳐 지원을 수행하고 있다.

네덜란드가 수원국별 지원 주제를 한정하며 통합적인 성과관리를 위한 노력을 기울였음에도 국별 활동의 총합이 전체 네덜란드 원조의 성과로 직접적으로 연계되지는 않는다. OECD 통계에 따르면, 네덜란드 원조의 70%는 지역별 구분이 불가능한 것으로, 78%는 소득 그룹별 구분이 불가능한 것으로 보고되었다. 즉, 네덜란드 정부의 중점 지원국별 성과보고서는 결국 전체 원조 예산의 약 30%만을 반영하는 결과이다. 기후 변화부터 교육, 보건까지 다양한 분야의 사업을 남아메리카, 아프리카, 아시아 등의 상이한 지역에서 추진하는 원조 기관의 성과를 하나로 아우르는 것은 사실상 원조 기관 업무 특성과 맞지 않으며 불필요한 노력일 수도 있다. 따라서 개발협력에서의 성과관리는 단일 목표로 통합되지 않는 다층성과 다면성을 고려하여 개선되어야 할 것이다.

외부 효과와 변동성

두 번째 한계는 개입 이외의 외부 효과와 시간차의 문제이다. 개발협력에서 장기 성과인 사회적 성과나 영향은 특히 개입의 통제 외부에서 발생하는 경우가 많다. 한편, 장기 성과는 개입이 기여contribute할 뿐 귀인 요인attribute은 되지 못한다. 즉, 개발협력기관의 활동 이외의 많은 다른 외부 요소들이 성과에 긍정적, 부정적 영향을 미치게 된다. 성과 달성에 여러 환경적, 경제적, 문화적 요소가 기여하였다고 하면 정확히 어떻게 하나의 개발협력기관의 기여도를 측정할 수 있을까?

한편, 개발협력성과가 나타나기까지 많은 기간이 소요된다. 그러나 대부분의 기관별 성과관리는 연도별 성과를 측정하도록 되어 있다. 올해에 종료되는 국별 지원 계획의 영향이나 파급효과가 2-3년 후에 나타난다면, 그 성과는 어느 회계연도에 속한다고 해석해야 하는가? 성과 측정과 분석의 목표가 학습과 성장이라고 한다면 이러한 한계를 극복할 수 있도록 끊임없는 논의와 개선이 필요하다.

계량 측정이 어려운 목표의 존재

개발협력기관의 조직성과관리는 성과들이 계량적으로 측정 가능하다는 가정하에 지표와 목표치를 설정한다. 그러나 개발협력에서 성과는 수량적인 측정이 불가능하거나 어려운 경우가 많다. 개발협력기관들은 지속적으로 새로운 영역에서 사업을 추진해 왔다. 이러한 새로운 영역에서의 성과중심관리의 경험이 축적될 시간이 필요하다. 한편, 개발협력에서는 쉽게 측정과 비교 가능한 표준 성과 지표가 부재한 경우가 많다. 예를 들어, 한 개발협력기관이 A와 B 두 국가에서 각각 교육 분야와 보건 분야에 사업을 추진하였다면, 두 국가에서의 성과를 비교하기는 어려울 것이다. 국별 환경의 차이와 분야의 상이성으로 인해 성과 결과만으로 비교하는 것은 논리적이지 못한 것이다.

한편, 개도국의 통계와 데이터 환경의 한계로 인해 기존의 지표나 표준 지표를 사용하지 못하고 개별적으로 별도의 지표와 목표치를 개발해야 하는 경우도 많다. 변화의 정도가 주관적이거나 무형이어서 측정 자체가 불가능한 경우도 있다. 예를 들어, 개도국 지역 개발 사업에서 사업 이후 참여 마을 여성 주민의 권리 증진 정도 또는 소수 민족의 정치 절차에 대한 참여 의식 증진과 같은 성과는 달성 여부를 객관적으로 측정하는데 한계가 있을 것이다. 그러나 성과관리는 객관적으로 측정 가능한 지표로 성과를 관리한다. 이는 사업이 우수하다 하여도 계량 지표 관리가 어려운 경우, 사업이 선정되지 못하는 결과로 이어질 수도 있다.

역선택의 가능성

이와 관련하여 기관성과관리에 대한 지나친 강조는 오히려, 성과관리를 수행하기 상대적으로 쉬운 사업을 선택하는 역선택의 결과를 초래할 수 있다. 해당 국가에 최우선으로 필요하거나 최대의 효과성을 도출할 수 있는 사업을 선택하는 것이 아니라, 경영진에게 또는 국회나 감사 기관과 같은 상위 기관들에게 적절히 보고하기 용이한 사업들, 즉 계량 지표를 상대적으로 쉽게 선정, 관리할 수 있는 사업이 선택될 가능성이 있다.

데이터 수집의 어려움

계량 측정과 관련한 데이터 수집의 어려움도 있다. 개발협력사업 현장은 개도국이다. 따라서 지표 측정과 관련 데이터 수집 및 분석 등의 과정은 당연히 개도국에서 수행된다. 그러나 아직 개도국은 관련된 역량이 한정되고, 사용 가능한 데이터의 양과 질에 한계가 있는 경우가 많다. 성과중심관리는 정확하고 객관적인 지표로 성과를 과학적으로 측정할 수 있다는 가정하에서 출발한다. 그러나 정확하고 객관적인 데이터 수집이 어려운 경우가 많은 국제개발협력에서 성과중심관리는 많은 어려움에 봉착한다.

이중 책무성의 문제

마지막으로 국제개발협력에서의 성과중심관리는 이중 책무성의 문제가 있다. 앞서 서술한 바와 같이 개발협력기관은 원조를 제공하는 납세자에게 뿐만 아니라 원조를 제공받는 수혜자에게도 책무성을 갖는다. 그러나 공여 국가의 성과중심관리에 관한 법규나 감사시스템은 수원국의 요구나 이해관계, 역량과는 차이가 있는 경우가 많다. 이중의 책무성은 잠재적인 갈등으로 작용할 수 있다.

예를 들어, 우리나라의 공공 기관들은 경영 평가를 통해 고객 만족도를 높이기 위한 방향으로 업무를 수행했는지 여부를 심사받는다. 대부분의 국내 공공 기관은 시민과 관련 업체 등을 고객으로 구분한다. 그러나 개발협력기관의 고객 범위는 다르다. 개발협력기관의 고객은 국내 이해관계자뿐 아니라 해외의 프로젝트 수혜자, 수원국 담당 기관, 때로는 국제기구 등을 포함한다. 이러한, 방대한 범위의 다양한 고객들의 요구와 이해를 모두 만족시키는 것은 어쩌면 불가능할 수도 있다.

원조업무에 대한 통합성과관리는 국제개발협력업무의 특성을 고려하여 구축되어야 한다. 개발협력기관에 대한 조직성과관리는 적절히 활용된다면 개발협력기관의 효율성과 효과성 증대에 도움이 될 수 있다. 기관들은 조직성과관리를 통해 자체 업무 프로세스 개선을 도모할 수 있다. 한편, 개도국의 주민부터 정부 기관까지 다양한 이해관계자들은 명료한 성과체계를 확인하고 그에 따라 사업에 참여할 수 있다. 공여국 시민들도 측정 가능한 정보를 투명하게 확인하여 세금의 유용한 활용 여부를 검증할 수 있다. 그러나 정확한 정보에 기초한 체계적인 성과관리를 위해서는 관련된 이해관계자들의 역량, 예산, 적절한 관리 시스템 등이 우선적으로 갖추어져야 할 것이다.

짚어 보기
1. 개발협력에서 조직성과관리의 의미를 설명해 본다.
2. 개발협력기관의 조직성과관리의 특징과 한계를 설명해 본다.

생각해 볼 문제
1. 한 개의 개발협력기관을 선택하여, 이 장에서 제시한 분석틀에 따라 기관성과관리체계를 분석하고, 특성을 논의해 본다.
2. 우리나라 개발협력 시행기관들의 성과관리체제를 조사하고 결과를 서로 비교 분석해 본다.

참고문헌

박수영. 2009. 《프로젝트 관리와 평가: 프로젝트 기획, 모니터링 및 평가 방법론》. 성남: 한국국제협력단.
박수영. 장혜진. 2019. 《개발협력에서 조직성과관리 정책 및 체계 분석》. 성남: 한국국제협력단.
한국국제협력단. 2008. 《사업관리자를 위한 개발협력사업평가 가이드라인》. 성남: 한국국제협력단.

Alkin, Marvin C., and Anne T. Vo. 2018. *Evaluation Essentials from A to Z*. Second edition. NY: The Guilford Press.
ALNAP. 2016. *Evaluation of Humanitarian Action Guide*. London: ALNAP/ODI.
American Evaluation Association. 2014. "What is evaluation?" https://www.eval.org/p/bl/et/blogaid=4
Babbie, Earl. 2021. *The Practice of Social Research*. 15th edition. MA: Cengage.
Bickman, Leonard. 1987. *Using program theory in evaluation*. San Fransisco: Jossey-Bass.
Chen, Huey-tsyh. 1990. *Theory driven evaluation*. Newbury Park, CA: Sage.
Chen, Huey-tsyh. 2015. *Practical program evaluation: Theory-driven evaluation and the integrated evaluation perspectives*. 2nd edition. CA: Sage.
Cosgrave, John, Ben Ramalingam, and Tony Beck. 2011. "Real-time evaluations of human action: An ALNAP Guide." alnap.org/system/files/content/files/main/rteguide.pdf
Davidson, E. Jane. 2005. *Evaluation Methodology Basics: The Nuts and Bolts of Sound Evaluation*. CA: Sage.
Davies, Rick. 1998. "An evolutionary approach to facilitating organisational learning: an experiment by the Christian Commission for Development in Bangladesh." *Impact Assessment and Project Appraisal*, 16(3), pp. 243-50.
Davies, Rick and Jess Dart. 2005. "The Most Significant Change (MSC) Technique: A Guide to Its Use." http://mande.co.uk/docs/MSCGuide.pdf
DFID. 2019. "DFID ethical guidance for research, evaluation and monitoring activities." assets.publishing.service.gov.uk/

government/uploads/system/uploads/attachment_data/file/838106/DFID-Ethics-Guidance-Oct2019.pdf
Donaldson, Stewart I. and Christina A. Christie. 2006. "Emerging career opportunities in the transdiscipline of evaluation science." in S.I. Donaldson, D.E. Berger, & K. Pezdek(eds). *Applied psychology: New frontiers and rewarding careers* (pp.243-259). Lawrence Erlbaum Associates Publishers.
Funnell, Sue C. and Patricia J. Rogers. 2011. *Purposeful program theory: Effective use of theories of change and logic models*. San Francisco: Jossey-Bass.
Gertler, Paul J., Sebastian Martinez, Patrick Premand, Laura B. Rawlings, and Christel M.J. Vermeersch. 2011. *Impact Evaluation in Practice*. First edition. Washington DC: World Bank.
_____. 2016. *Impact Evaluation in Practice*. 2nd edition. Washington DC: Inter-American Development Bank and World Bank.
Khandker, Shahidur R., Gayatri B. Koolwal, and Hussain A. Samad. 2010. *Handbook on Impact Evaluation: Quantitative Methods and Practices*. Washington DC: World Bank.
Krejcie, Robert V., and Daryle W. Morgan. 1970. "Determining Sample Size for Research Activities." *Educational and Psychological Measurement*. 30, pp. 607-10.
Mayne, John. 2001. "Addressing attribution through contribution analysis: using performance measures sensibly." *Canadian Journal of Programme Evaluation*, 16, pp. 1-14.
_____. 2008. Contribution Analysis: An Approach to Exploring Cause and Effect. Institutional Learning and Change Brief No.7.
_____. 2011. "Contribution analysis: addressing cause and effect." in Forss, Kim, Mita Marra, & Robert Schwartz(eds.) *Evaluating the Complex*. (pp.53-96). New Brunswick, NJ: Transaction Publishers.
McLaughlin, John A. and Gretchen B. Jordan. 1999. "Logic models: a tool for telling your program's performance story." *Evaluation and Program Planning*. 22(1). pp. 65-72.
MFA. 2013. "Policy Document-a world to gain: a new agenda for aid, trade and investment." https://www.government.nl/binaries/government/ documents/leaflets/2013/04/05/a-new-agenda-for-aid-trade-and-invest ment/summary-a-new-agenda-for-aid-trade-and-investment-april-201 3.pdf (접속일: 2019.3.10.).
MFAT. 2015a. "New Zealand Aid Programme Strategic Plan 2015-2019." available at https://www.mfat.govt.nz/assets/Aid-Prog-docs/New-Zealand-Aid-Programme-Strategic-Plan-2015-19.pdf (접속일: 2019.4.10.).

_____. 2015b. "New Zealand Aid Programme Investment Priorities 2015-2019." https://www.mfat.govt.nz/assets/Aid-Prog-docs/Policy/NZ-Aid-Investment-Priorities-2016-19.pdf (접속일: 2019.4.10.).

_____. 2018. "Pacific and Development Group Strategic Results Framework (SRF)." https://www.mfat.govt.nz/assets/Aid-Prog-docs/Policy/NZ-MFAT-PDG-Strategic-Results-Framework-A3-2018-20.pdf (접속일: 2019.4.15.).

Morra Imas, Linda G. and Ray C. Rist. 2009. *The Road to Results: Designing and Conducting Effective Development Evaluations*. Washington DC: World Bank.

OCHA. 2012. *OCHA on message: humanitarian principles*. New York: OCHA.

OECD. 1997. "In Search of Results: Performance Management Practices." https://www.oecd.org/sweden/36144694.pdf (접속일: 2019.4.16.).

_____. 2010a. "Glossary of Key Terms in Evaluation and Results Based Management." https://www.oecd.org/dac/evaluation/2754804.pdf (접속일: 2019.4.16.).

_____. 2010b. *Managing Joint Evaluation*. Paris: OECD.

_____. 2016. "Results-Based Decision Making in Development Cooperation Effective Results Frameworks-Drivers and Users of Results Information." https://www.oecd.org/dac/results-development/docs/Effective_Results_Frameworks_Drivers_and_Users_of_Results_Information.pdf (접속일: 2019.4.16.).

_____. 2017. "Case Studies of Results-based Management by Providers: New Zealand." https://www.oecd.org/dac/peer-reviews/results-case-study-new-zealand.pdf (접속일: 2019.4.17.).

_____. 2021. *Applying Evaluation Criteria Thoughtfully*, OECD Publishing, Paris, *https://doi.org/10.1787/543e84ed-en*.

OECD/DAC. 1991. "Principles for evaluation of development assistance" oecd.org/development/evaluation/2755284.pdf

OECD/DAC. 1999. "Guidance for Evaluating Humanitarian Assistance in Complex Emergencies." oecd.org/dac/evaluation/2667294.pdf

OECD/DAC. 2002. "Glossary of Key Terms in Evaluation and Results Based Management." oecd.org/dac/evaluation/2754804.pdf

OECD/DAC. 2012. *Evaluating peacebuilding activities in settings of conflict and fragility: improving learning for results*. Paris: OECD.

Patton, Michael Quinn. 1997. *Utilization-focused evaluation: The new century text*. Thousand Oaks, CA: Sage.

Preskill, Hallie, and Rosalie T. Torres. 1999. *Evaluative inquiry for learning in organization*. Sage. https://doi.org/10.4135/9781452231488

Rossi, Peter H., Howard E. Freeman, & Mark W. Lipsey. 1999. *Evaluation: A systematic approach*, 6th edition. Thousand Oaks, CA: Sage.
_____. 2004. *Evaluation: A Systematic Approach,* 7th edition. Thousand Oaks, CA: Sage.
Russ-Eft, Darlene, and Hallie Preskill. 2009. *Evaluation in organizations: A systematic approach to enhancing learning, performance, and change*. 2nd edition, NY: Basic Books.
Scriven, Michael. 1991. *Evaluation thesaurus*. CA: Sage.
Shadish, William R., Thomas D. Cook, & Donald Thomas Campbell. 2002. *Experimental and Quasi-Experimental Designs for Generalized Causal Inference.* Houghton Mifflin, Boston.
Stufflebeam, Daniel L. 1973. "Evaluation as enlightenment for decision-making." in Worthen Blaine, and James R. Sanders(Eds.) *Educational evaluation: Theory and Practice*(pp.143-147). Charles A. Jones Publishing.
Suchman, Edward. 1968. "Action for what: A methodological critique of evaluation studies." Paper presented at the annual meeting of the American Sociological Association.
The Annie E. Casey Foundation. 2022. "Developing a Theory of Change: Practical Guidance." aecf.org/resources/theory-of-change
UNEG. 2009. "Handbook on Planning, Monitoring and Evaluating For Development Results." web.undp.org/evaluation/handbook/documents/english/pme-handbook.pdf
_____. 2010. "UNEG Quality Checklist for Evaluation Reports." unevaluation.org/document/detail/607
_____. 2020. "Ethical Guidelines for Evaluation." unevaluation.org/document/detail/2866
UNICEF. 2014. "Impact Evaluation Series." unicef-irc.org/KM/IE/impact.php
Vedung, Evert. 1997. *Public policy and program evaluation*. Transaction Publishers.
Wanzer, Dana L. 2021. "What is evaluation? Perspectives of how evaluation differs (or not) from research," *American Journal of Evaluation*, 42(1), pp. 28-46.
Weiss, Carol H. 1995. "Nothing as Practical as Good Theory: Exploring Theory-Based Evaluation for Comprehensive Community Initiatives for Children and Families" in 'New Approaches to Evaluating Community Initiatives.' Aspen Institute.
_____. 1997. *Evaluation: Methods for studying programs and policies.* 2nd edition. NJ: Prentice Hall.
Wholey, Joseph S. 1987. *Organizational excellence: Stimulating quality*

      and communicating value. Lexington, MA: Lexington Books.
Wholey, Joseph S., Harry P. Hatry, & Kathryn E. Newcomer. 2010. *Handbook of Practical Program Evaluation,* 3rd edition. CA: Jossey-Bass.
WK Kellogg Foundation. 2004. "Logic Model Development Guide." http://www.wkkf.org/knowledge-center/resources/2010/Logic-Model-Development-Guide.aspx
WK Kellogg Foundation. 2004. "Evaluation Handbook." wkkf.issuelab.org/resource/evaluation-handbook.html
WK Kellogg Foundation. 2017. "The Step-by-Step Guide to Evaluation. WK Kellogg Foundation." wkkf.issuelab.org/resource/the-step-by-step-guide-to-evaluation-how-to-become-savvy-evaluation-consumers-4.html
Yarbrough, Donald B., Lyn M. Shula, Rodney Hopson, & Flora A. Caruthers. 2010. *The program evaluation standards: A guide for evaluators and evaluation users.* 3rd edition. Thousand Oaks, CA: Sage.
Zwart, Rosie. 2017. "Strengthening the Results Chain: Synthesis of case studies ofresults-based management by providers." OECD Development Policy Papers No.7. https://www.oecd-ilibrary.org/docserver/544032a1-en.pdf? expires=1559086810&id=id&accname=guest&checksum=8007D560E6EFB927 584E9D01BBEAFC23 (접속일: 2019.4.17.)